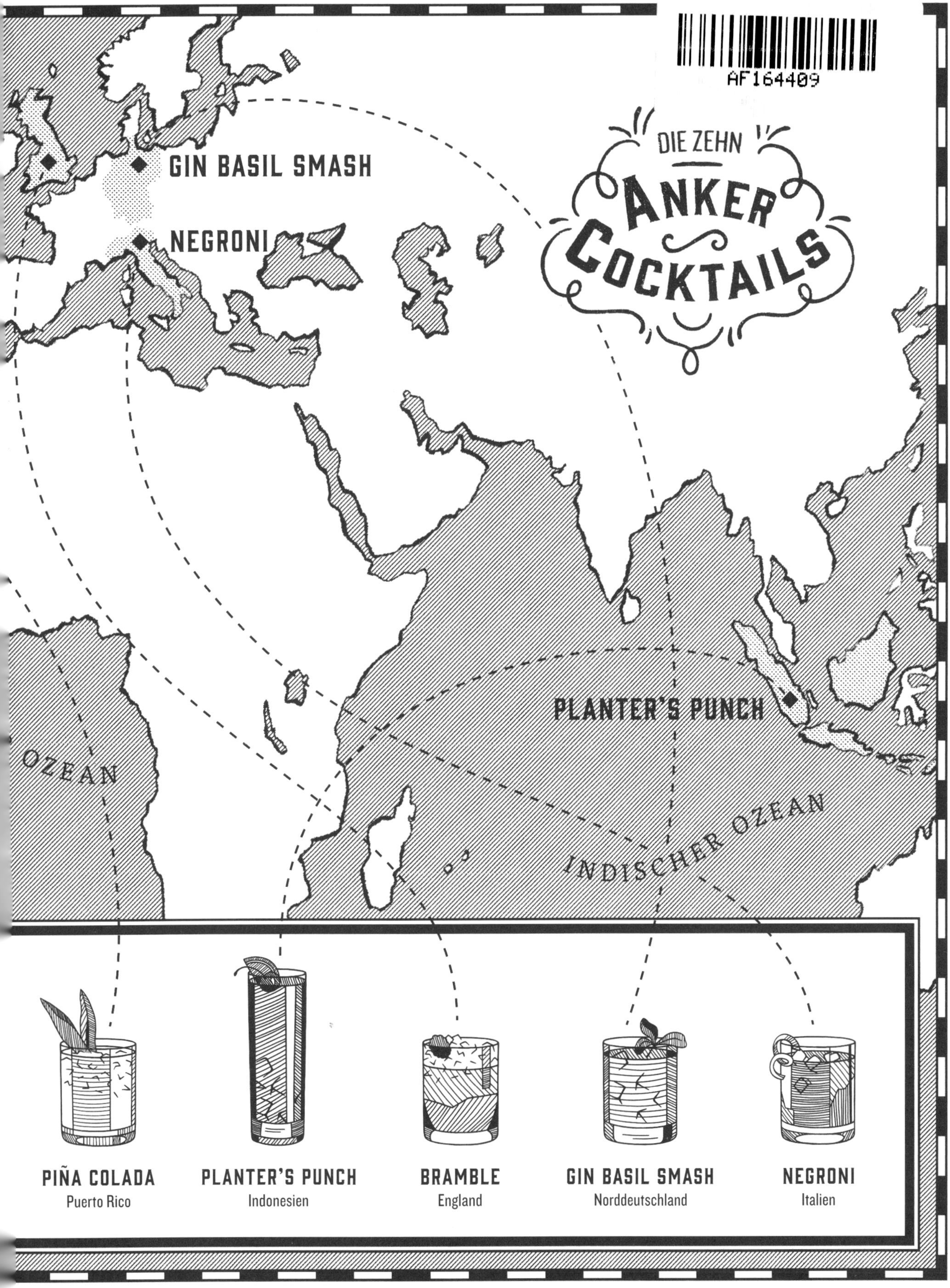

DIE ZEHN ANKER COCKTAILS

AF164409

- **GIN BASIL SMASH**
- **NEGRONI**
- **PLANTER'S PUNCH**

OZEAN

INDISCHER OZEAN

PIÑA COLADA	PLANTER'S PUNCH	BRAMBLE	GIN BASIL SMASH	NEGRONI
Puerto Rico	Indonesien	England	Norddeutschland	Italien

• MIXED BY MIXOLOGY •

COCKTAILS

GESCHICHTE – BARKULTUR – REZEPTE

Hallwag

INHALTSVERZEICHNIS

VORWORT 5

1 ✦ **PUNCH, PIRATEN, SEEMANNSGARN** 7

2 ✦ **ÄRZTE, ABENTEURER, APOTHEKER** 19

3 ✦ **JERRY & HARRY** 33

4 ✦ **FROM USA WITH LOVE** 47

5 ✦ **DON CAMILLO & NEGRONI** 67

6 ✦ **IM TIKI-LAND** 77

7 ✦ **FRUCHT DER KARIBIK** 91

8 ✦ **STERNE IN DER FINSTERNIS** 103

9 ✦ **DIE RENAISSANCE** 115

10 ✦ **DAS NEUE GOLDENE ZEITALTER** 127

ARBEITSGERÄTE 146
ARBEITSTECHNIKEN 152
SPIRITUOSENKUNDE 156
Rum 156, Whiskey 160, Gin 168, Cognac 174, Brandy 178, Tequila 182, Vodka 186, Eau de Vie 190, Likörweine 198, Wermut 202, Champagner 206, Cocktail Bitters 210, Absinth 214, Amaro 218, Liköre 222

BAR-OBST 230
KRÄUTER & GEWÜRZE 232
GLÄSER 234
HOMEBAR 236
INDEX 250
IMPRESSUM 256

VORWORT

Cocktails gehören heute mehr denn je zur kulinarischen Landschaft und haben sich in den vergangenen Jahren endgültig neben Wein oder Whisky als gleichberechtigte Gattung in der Trinkkultur etabliert. Doch das war nicht immer so ...

Wann und wie wurde aus zweifelhaftem Rum oder Gin der erste Cocktail? Woher stammt dieser eigenartige Begriff, den wir heute so selbstverständlich im Munde führen? Was unterscheidet einen Sour von einem Punch? Und ist ein Punch nicht eigentlich ein warmes Getränk für den Winter?

Wir laden Sie mit *Cocktails* zu einer Entdeckungsreise ein, die in dieser Form neu ist: Cocktail- und Rezeptbücher gibt es mittlerweile so zahlreich, dass es schwer wird, den Überblick zu behalten. So gut wie keines dieser vielen Bücher jedoch erzählt die Geschichten und die Geschichte hinter dem Glas. Viel zu selten fragt jemand danach, warum unsere Drinks heute so schmecken, wie sie schmecken, warum sie so aussehen, wie sie aussehen.

Denn die Historie der gemischten Getränke geht nicht erst in den mondänen Bars der Metropolen los, sie nimmt ihren Beginn wesentlich früher. Sie ist eine Geschichte voller Charakterköpfe. Eine Geschichte, die unbedingt erzählt werden will: Sie handelt von zum Ritter geschlagenen Piraten, von abenteuerlustigen Giftmischern, untreuen Seemännern, Militärärzten und findigen Apothekern. Sie versammelt das organisierte Verbrechen, lasterhafte und verschlagene Glücksspieler und Schmuggler zusammen mit den ersten Menschen, die im Bar-Beruf eine ernsthafte Profession gesehen haben. Und sie erzählt von gewieften Unternehmern, cleveren Geschäftsleuten, von Künstlern und Lebenskünstlern und nicht zuletzt von akribischen Aromentüftlern, die die heutige Bar auf einer Stufe mit der gehobenen Küche sehen.

Einige dieser unzähligen und oft im Hintergrund gebliebenen Menschen möchten wir Ihnen in unserem Buch vorstellen, das die Geschichte des Cocktails in zehn Kapiteln beschreibt – von der kolonialen Seefahrt im 17. Jahrhundert bis ins Hier und Jetzt, wo Cocktailbars ihre zweite große Blütezeit erleben.

Natürlich gibt es kein Cocktailbuch ohne Rezepturen. Anstatt Ihnen Hunderte von Cocktails aufzulisten, haben wir jedoch entschieden, uns in der Kunst der Zurückhaltung zu üben: So ist jedem Kapitel, also jeder Epoche, ein »Ankercocktail« zugeordnet, der die Entwicklungen seiner Zeit am besten ausdrückt und für seine Ära steht. Passend dazu finden Sie in jedem Kapitel eine kleine, aber sorgfältige Auswahl an Cocktails, die ebenso für ihre Zeit sprechen oder aber aktuelle Neubearbeitungen darstellen. Und keine Angst: Vom ikonischen Martini Cocktail über einen aromatischen Mojito bis zur cremig-fruchtigen originalen Piña Colada werden Sie keinen wichtigen Klassiker vermissen. In jedem Fall sind alle Drinks, die Sie im vorliegenden Band finden, solche, die auch wir uns selbst und – noch wichtiger – unseren Gästen jederzeit mixen und servieren würden. So wie wir Ihnen mit unserer Begeisterung dieses Buch ans Herz legen!

– *Helmut Adam, Jens Hasenbein & Nils Wrage*

N° 1

PUNCH, PIRATEN, SEEMANNSGARN

Das erste Getränk, das man als Vorläufer eines Cocktails bezeichnen kann, wurde im 16. Jahrhundert auf hoher See gemischt. Nicht von ungefähr: Der Beginn der Cocktailgeschichte ist eng verbunden mit den Gefahren der Seefahrt, den Entdeckungen der Welt und schlichtweg den Versuchen, lange Schifffahrten zu überleben. Ein bisschen Vergnügen darf natürlich auch nicht fehlen.

◆ PLANTER'S PUNCH ◆

GLAS: Highball

GARNITUR: frisch geriebene Muskatnuss, Früchte der Saison

ZUTATENLISTE:
- 3 Teile gereifter Jamaikarum
- 2 Teile frischer Limettensaft
- 1 Teil Zuckersirup (2:1)
- 2 Dashes Angostura Bitters
- Soda

ZUBEREITUNG: Alle Zutaten bis auf das Soda im Shaker auf Eiswürfeln 10- bis 15-mal kräftig schütteln. Auf frische Eiswürfel im Glas abseihen und mit wenig Soda auffüllen.

KARIBISCHER KLASSIKER

Der Planter's Punch ist ein erfrischender Cocktail, der auf der klassischen Formel Spirituose, Säure und Zucker basiert. Er hat im Laufe der Jahre viele Abwandlungen erfahren, sodass er heute bisweilen mit jedem verfügbaren Fruchtsaft gemacht zu werden scheint. Wir haben uns für die entschlackte Version von David A. Embury aus dessen wegweisendem Buch *The Fine Art of Mixing Drinks* aus dem Jahre 1948 entschieden.

Im 21. Jahrhundert ist es eine der selbstverständlichsten Sachen der Welt, in eine Bar zu gehen und einen Cocktail zu trinken. Das war nicht immer so. Genau genommen ist diese Form des Trinkens erst seit knapp 200 Jahren möglich – minus der Zeitspanne des dunklen Zeitalters der 1970er und 1980er Jahre, in dem man zwar zweifelsohne überall auf der Welt einen Cocktail bestellen konnte, aber bis auf wenige Ausnahmen eine synthetische Kanone aus vorgemixten Präparaten bekommen hätte, zubereitet von einem mit Flaschen jonglierenden Barkeeper – eine Karikatur dessen, was wir in diesem Buch unter einem Cocktail verstehen.

Getränke sind schon immer Zeugen gesellschaftlicher Entwicklungen gewesen. Geschmäcker überwinden mühelos die von Menschen und Politik definierten Grenzen einer Welt, in der aus religiösen, medizinischen oder – am Ende – bekömmlichen Gründen schon immer getrunken wurde. Gerade auch Cocktails spiegeln die gesellschaftlichen Strömungen wider, in denen sie entstanden sind. Ihre Entwicklung wurde von Freiheitskämpfern im kubanischen Dschungel ebenso beeinflusst wie vom amerikanischen Goldrausch, sie begleiten die Entdeckung der Neuen Welt ebenso wie das Zeitalter der Industrialisierung. Nicht selten hat der Wunsch nach besserem Alkohol Ideen, die das Geschehen der Welt beeinflusst haben, erst mit angestoßen. So mag es ein Zufall sein, dass ein Physiker namens Joseph Black im Jahre 1761 herausfand, dass Wasser bei 100 Grad Celsius seinen Maximalpunkt erreicht, ganz egal, wie viel Holz man noch ins Feuer schmeißt, und dann als Vater der modernen Thermalwissenschaft und Freund von James Watt an dessen verbesserter Dampfmaschine beteiligt war. Jedoch war es kein Zufall, dass viele Studenten von Joseph Black Söhne von Whiskyproduzenten waren, die den Erfinder so lange mit Fragen löcherten, wie das Ergebnis von Destillieranlagen verbessert werden könnte, bis er mit seiner Entdeckung die Industrielle Revolution ankurbelte. Aber halt, so weit sind wir noch nicht.

Die Selbstverständlichkeit des Genusses

Erst mal zurück zur Frage der Selbstverständlichkeit, im 21. Jahrhundert einen Cocktail zu bestellen. Nehmen wir den *Whiskey Sour*, ein einfaches Getränk, heute selbst in Bars zu bekommen, in denen ein Shaker in der hintersten Ecke des Regals verstaubt: Whiskey – in diesem Fall meist amerikanischer Bourbon –, Zuckersirup und frischer Zitronensaft werden auf Eiswürfeln geschüttelt und in einen Tumbler auf Eis oder, seltener, in ein Fizzglas ohne Eis abgeseiht.

Wie aber könnte das im Jahr 1651 ausgesehen haben, im *Angel Inn*, dem ersten Coffee House der westlichen Welt, gegründet im englischen Oxford von einem jüdischen Gastronomen, von dem lediglich der Name Jacob überliefert ist? Die Destillierkunst ist gerade am Erwachen, Aqua Vitae, das »Lebenswasser« und Urahne des Whiskys, wurde erstmals 1494 urkundlich erwähnt und steckt noch in den Kinderschuhen. Bourbon gibt es noch nicht. Nicht viel besser sieht es mit der Verfügbarkeit der anderen Zutaten aus: Zitrussäfte kennt man in der westlichen Welt vor allem in Süditalien, Zucker ist ein Luxusgut für die Reichen. Und Eis oder gar Eiswürfel? Es wird noch einige hundert Jahre unmöglich sein, Wasser künstlich zu gefrieren, und selbst wenn man es könnte, wäre es keine gute Idee: Wasser ist im 17. Jahrhundert keine Erfrischung, sondern eine mit Bakterien versetzte, oft gesundheitsschädigende, nicht selten tödliche Gefahr. Deswegen trinken die Menschen vor allem Bier und Wein. Von einem Shaker, in dem die perfekte Verbindung aus Geschmack, Verwässerung und Aroma der nicht vorhandenen Zutaten hätte stattfinden sollen, hat man erst recht noch nie gehört.

Die Entwicklung des Cocktails dauert noch lange. Sie ist ein Prozess, der von überlebensnotwendigem Pragmatismus, menschlicher Neugier oder schlichtweg Zufall vorangetrieben wird. Seine Protagonisten sind wahnwitzige Abenteurer, furchtlose Pioniere, narzisstische Angeber, akribische Apotheker oder karibische Seemänner. Manche davon kennen wir, viele kennen wir nicht. Jedem bekannten Namen, den wir heute als prägende Figur nennen, steht vermutlich ein Unglücklicher gegenüber, der unerkannt sein Leben in einer Kloake ausgehaucht hat und womöglich als Erster Gin mit Wermut verrührt hat – aber wir werden es nicht wissen. Die Wurzeln des Cocktails reichen in die Zeit der Renaissance zurück, also keine Zeit, in der eine Information mit einem Interneteintrag unlöschbar war. Nicht zuletzt deshalb ist die Geschichte der Cocktails eine Geschichte der Eventualitäten, der Mutmaßungen und der in der Zeit verloren gegangenen Wegbereiter.

Sir Francis Drake
1540–1596

Nach dem britischen Freibeuter und Weltumsegler ist der möglicherweise erste gemischte Drink benannt: der »El Draque«, ein Vorläufer des Mojito.

Der Zorn des Seedrachen

Doch die Zeiten ändern sich. Das wiedererwachte gesellschaftliche Interesse an Cocktails sorgt dafür, dass auch nach den Ursprüngen der Trinkkultur geforscht wird. Nach alten Rezepturen, ursprünglichen Arbeitsmethoden und verloren geglaubtem Wissen. Und somit natürlich auch nach Menschen, die die Entstehung des Cocktails mitgeprägt haben und nun aus der Versenkung der Geschichte auftauchen.

So wie Richard Hawkins. Kaum jemand kennt den britischen Seefahrer, denn die Welt kennt vor allem seinen wesentlich berühmteren Großcousin, Sir Francis Drake. Dieser ist der erste englische Weltumsegler, bekannt als Entdecker, Freibeuter oder Pirat – je nachdem, wen man im 16. Jahrhundert dazu befragt hätte. Für die Briten ist der um 1540 im westenglischen Travistock geborene Seemann ein furchtloser Verfechter ihrer aufstrebenden Seemacht, ausgestattet mit einem royalen Freibrief zum Plündern. Dem spanischen König Philipp II. hingegen ist der Erzfeind, der seine Schiffe reihenweise versenkt und den sie im Süden nicht ohne Respekt »El Draque«, den Drachen, nennen, ein Kopfgeld von 20.000 Dukaten – heute etwa vier Millionen britische Pfund – wert.

Aufgrund seiner Rolle im afrikanischen Sklavenhandel ist Drake eine kontroverse Figur, Fakt ist jedoch, dass es den Emporkömmling und Pastorensohn selten lange Zeit an Land hält. Er mag seit einem frühen Zusammenstoß auf hoher See, bei dem er nur schwimmend sein Leben retten kann, die Spanier nicht, und von denen gibt es auf britischem Festland herzlich wenige; jeder Anlass, ihnen eins auszuwischen, kommt dem Meeresstrategen gerade recht. So auch 1585, als Philipp II. britische Schiffe, die ihm in einer Notlage von der englischen Königin Elisabeth I. geschickt wurden, stürmen lässt. Wenig überraschend schickt die erzürnte sowie blamierte Monarchin ihren Seedrachen los, um die unter spanischer Herrschaft stehenden Städte an der südamerikanischen Küste zu brandschatzen.

Francis Drake greift mit seiner Flotte die Städte Santa Domingo und Cartagena im heutigen Kolumbien an, aber ein geplanter Angriff auf Panama wird aufgeschoben. Der Drache speit kein Feuer mehr, er ist krank, und auch ein Großteil seiner Mannschaft liegt darnieder. Selbst für El Draque, um kühne Manöver nie verlegen, ein Zeichen zum Rückzug. Es ist hier, im Jahre 1586, dass die beiden amerikanischen Trinkhistoriker Anistatia Miller und Jared Brown den von der Geschichte verschluckten Richard Hawkins aus der Versenkung heben. Denn obwohl sich Drakes Flotte vor Panama auf das Meer zurückzieht, unternimmt sie kurze Zeit darauf einen Angriff auf St. Augustine an der Ostküste Floridas. In diesen schwülen Gefilden, in denen plündernde Europäer nicht selten unter Gelbfieber, Malaria und sonstigen Magenverstimmungen leiden, soll, so die beiden, der damals 26-jährige Hawkins seinem Flottenführer und Großcousin einen Mix aus *Aguardente de Cana*, Minze, Zucker und Limette kredenzt haben, sprich: einen Ur-Mojito.

In der Zitrus liegt die Kraft

Aguardente de Cana ist ein Zuckerrohrschnaps und ein Vorläufer des Rums, der erst kurz darauf auf der Spirituosen-Landkarte auftaucht. Daher ist anzunehmen, dass es sich bei der verwendeten Spirituose um eine Form von Cachaça handelt, der damals bereits bekannt ist. Ob Hawkins wirklich Minze verwendet, ist nicht erwiesen, aber es wäre wenig verwunderlich, da Drake bei seinen Raubzügen auf die Hilfe von entlaufenen Sklaven zurückgreift, die nicht nur seine Aversion gegen die spanischen Besatzer teilen, sondern von der beruhigenden Wirkung von Minze auf den Magen wissen – in diesem Fall *Hierba Buena*, eine karibische Variante der Minze. Die Verwendung von Limetten ist wahrscheinlich. Sie sind unter Seemännern als Mittel gegen Skorbut bekannt, und der junge Hawkins ist ein aufmerksamer Beobachter. In seinen Aufzeichnungen *Observations in His Voyage Into the South Sea* notiert der Kapitän zu einem Feldzug 1592, nachdem seine Crew an Skorbut erkrankte: »Am meisten geeignet gegen diese Krankheit sind saure Orangen und Zitronen.«

Zitronen oder Limetten, zwei für die Cocktailhistorie wesentliche Zitrusfrüchte, werden erst im Laufe des 18. Jahrhunderts begrifflich getrennt. Leicht vorstellbar jedenfalls, dass ein Seefahrer wie Richard Hawkins, gewohnt, sich mit lokalen Gepflogenheiten auseinanderzusetzen, die Kraft der Minze erkennt und einen Ur-Mojito zusammenmuddelt, der Francis Drake und seine Besatzung auf

Vordermann bringt. Ab diesem Zeitpunkt hält ein Getränk namens *El Draque* Einzug in das kollektive Bewusstsein der karibischen Inseln und verweilt dort bis heute, bekannt auch unter dem Namen *Draquecito*. So schreibt Ramón de Palma y Romay in seinem 1838 erschienenen *El Cólera en La Habana*, ein Protagonist nehme täglich um 11 Uhr »einen Draquecito mit Aguardente de Cana und Zucker, und er bekommt [ihm] vorzüglich«.

Sir Richard Hawkins
1562–1622

Der Großcousin von Francis Drake soll jenen »El Draque« gemischt haben. Lange Zeit wurde der Verdienst seinem Vater John Hawkins zugeschrieben.

Während aber Francis Drake zum Sir geadelt wird und Hotels und Plätze, auf denen seine Statue thront, nach ihm benannt werden, bringt der mixologische Wurf des Richard Hawkins diesem wesentlich weniger Ruhm ein. Das ist nicht ungewöhnlich: Die Geschichte des Cocktails ist oft die Geschichte jener, die damit anstoßen. Nicht jener, die ihn machen. 1595 jedoch hilft Francis Drake auch kein Draquecito mehr. Der englische Volksheld stirbt nach einer erfolglosen Schlacht vor Panama an den Folgen der Ruhr und wird auf eigenen Wunsch in voller Ausrüstung vor dem heutigen Portobelo, Kolumbien, auf See bestattet. Nach dem Metallsarg wird heute noch gesucht. Vermutlich wird man diesen eher finden als die Antwort auf die Frage, ob Minze in seinem El Draque war oder nicht.

Lucky Punch

Zum Zeitpunkt des Todes von Francis Drake breitet sich von der anderen Seite des Globus ausgehend bereits ein Phänomen aus, das seinem El Draque nicht unähnlich ist und ebenfalls die Frühgeschichte der Trinkkultur einleitet: der *Punch*. Das Wort *Punch* ist eine Abwandlung aus dem Hindi-Wort *panch*, was »fünf« bedeutet und für die ursprüngliche Anzahl der Zutaten steht, die in diesem Getränk zur Anwendung kommen: Das sind Arrack, Zucker, Zitrone, Wasser und Tee bzw. Gewürze. Arrack wird heute irrtümlich gerne als Spirituosengattung angesehen, als eine Form von asiatischem Rum, ist jedoch lediglich eine in Asien und dem Nahen Osten verwendete Überbezeichnung, so wie im Deutschen das Wort »*Spirituose*« verwendet wird. Arrack kann vergorene Stutenmilch sein, aber auch aus Datteln oder Palmzuckersaft gewonnen werden, wie es Marco Polo von seinem Aufenthalt in Indonesien 1292 beschreibt.

Der Punch erscheint Anfang des 17. Jahrhunderts auf der Cocktail-Landkarte. Seemänner der British East India Company, der ältesten Handelsgesellschaft, die das britische Geschäft auf dem fernen Subkontinent regelt, kommen mit den lokalen Gepflogenheiten in Berührung. Trinken ist nicht nur Völkerverständigung, sondern auch Mittel zum Trost, und den haben die Handelsmänner nötig: Eine stets von tropischen Krankheiten oder Schiffsunglücken bedrohte Existenz, fernab von allen Lieben in einer improvisiert hingezimmerten Bretterbude an einem dunstigen Strand, ist mit Punch leichter zu ertragen. Die älteste Erwähnung des Wortes Punch geht laut dem Historiker David Wondrich auf das Jahr 1632 zurück. 1644 berichtet ein Mitarbeiter der British East India Company namens Bennin von einem Punch namens *Bouleponge*, der aus Arrack, schwarzem Zucker (ein mit Melasse angereicherter Zucker), Zitronensaft, Wasser und etwas süßem Wein gemacht wird. Einzug in die vom Europa des 17. Jahrhunderts rasch importierte Punchkultur finden hauptsächlich der Batavia-Arrack aus Indonesien sowie der Palm-Arrack aus Goa.

Punch breitet sich rasch von Indien und Asien über Europa bis nach Amerika und in die Karibik aus. Arrack wird anfangs zunehmend durch den leichter verfügbaren Rum ersetzt, später auch durch Gin oder Brandy. Auf die Erfolgsspur helfen gerade zu Beginn auch medizinische Überlegungen: 1617 empfiehlt John Woodall, Generalstabsarzt der British East India Company, seinen Männern jeden Morgen zur besseren Gesundheit den Saft einer Zitrone, »und wenn man einen Löffel Aqua Vitae hinzugibt, ist es auf den nüchternen Magen umso besser«. *Aqua Vitae*, das Lebenswasser, ist zu diesem Zeitpunkt kein ganz Unbekannter mehr. 1572 wurde in London das erste Aqua Vitae Haus eröffnet, in einer Gegend an der Themse, in der ankommendes und auslaufendes Schiffsgut verladen wurde, passend zur trinkfreudigen Seemannskundschaft; übrigens im gleichen Jahr, in dem Robert Pike, ein Untergebener von Francis Drake, einen geplanten Hinterhalt vermasselt, weil er »zu viel Aqua Vitae getrunken hatte«, wie Drake missmutig notiert. Das eigentliche Problem sei gewesen, dass er es »ohne Wasser getrunken hatte«, also unverdünnt.

Der gute Mr. Pike muss hart im Nehmen gewesen sein, denn Aqua Vitae ist kein feinst verarbeitetes Destillat, das den Gaumen umschmeichelt wie etwa ein geschmeidiger Obstbrand heute. Erst ab 1800 entwickeln Pioniere wie Benjamin Delessert und Charles Derosne das Kohlefiltrationsverfahren, das Destillate von giftigem Fusel befreit. Rum ist zu Seemannszeiten ein Destillat, das von den rauen Schiffsgesellen als gut genug befunden wird, wenn ein damit befeuchtetes Schießpulver noch explodiert (wovon sich der englische Begriff *proof* für den Alkoholgehalt ableitet). Wasser und Aqua Vitae sind vielmehr eine pragmatische Symbiose als eine bewusste Kombination: Ersteres wird mit dem Destillat länger haltbar, desinfiziert und somit gesünder, Letzteres wird durch die Streckung mit Wasser erst trinkbar. Aber mit Zucker und Zitrone für den gesunden Körper kombiniert, ist das Ganze bekömmlicher.

Rum-kommandieren auf hoher See

Für einen weiteren Entwicklungsschub sorgt die Tatsache, dass die britische Marine im Jahr 1687 Rum zur offiziellen Ration für ihre Seemänner macht. Damit ersetzt die sich in dieser Zeit von ihrem semi-zivilen Status lösende Royal Navy die bis dahin übliche Tagesration an Bier oder Wein – zwei Flüssigkeiten, die viele Vorteile haben, jedoch auch den unüberwindbaren Nachteil, bei Temperaturschwankungen, langen Lagerzeiten und unvorhersehbaren Umständen, die die Seefahrt des

17. Jahrhunderts nun einmal mit sich bringt, zu verderben. Britische Offiziere verpönen aufgrund offener oder latenter Spannungen mit Frankreich den dortigen Brandy, Gin verweilt noch in seinem embryonalen Vorstadium als Genever in Holland. Also wählen die Engländer Rum. Dieser fließt schließlich in der Karibik in Strömen, seit der holländische Siedler Pietr Blower 1637 erstmals Zuckerrohr nach Barbados gebracht hat. Es ist ein Geschäft, von dem oft beide Seiten profitieren: Die Soldaten bekommen ihren Schnaps gratis und gewährleisten den Produzenten Schutz vor Piraten – ihrerseits ebenfalls keine Kostverächter, aber wesentlich weniger gewillt, für ihren Genuss zu zahlen. Der Punch ist jedenfalls bald überall. Kapitän William Dampier, dreimaliger Weltumsegler, schreibt 1699 in seinen Memoiren: »Schiffe, die von manchen der karibischen Inseln kommen, haben immer ausreichend Rum, Zucker und Limettensaft für Punch geladen, der die Mannschaft kräftigt und während der Arbeit bei Laune hält...« Der Punch ist ein Chamäleon in einer Schüssel. Von unterschiedlicher Hand hergestellt, gleicht kaum ein Punch dem anderen. Nichtsdestotrotz kristallisiert sich eine Faustregel heraus. W.J. Tarling erinnert in seinem *Café Royal Cocktail Book* aus dem Jahre 1937 an den Spruch, den karibische Plantagenbesitzer ihre Diener beim Zubereiten eines *Planter's Punch* aufsagen lassen: »One of sour, Two of sweet, Three of strong, Four of weak.«

Der Punch wandert von den rauen Piers und dem indischen Hinterland hinein in die höhere Gesellschaft, zuerst die englische, aber auch die amerikanische und die des restlichen Europas. In großen Schüsseln aus Glas oder Porzellan zubereitet, die als Erbstücke innerhalb der Familie weitergereicht werden, zeugt ein zünftiges Punchgelage von gehobenem sozialem Status. Neben dem Urvater *Arrack Punch* etablieren sich unzählige Kreationen. Sie heißen einfach nach der Wahl der Spirituose *Brandy Punch* oder *Gin Punch*, aber auch versponnener nach dem Ort ihres Entstehens *Meriton Letroon's Bantam Punch*, *Grub Street Punch Royal* oder *Philadelphia Fish House Punch*. So wandelbar wie die Zutaten ist auch seine Temperatur, denn was die einen zur Erfrischung konsumieren, genehmigen sich die anderen zur Erwärmung: Die Variante mit heißem Wasser, der *Toddy*, wird erstmals 1671 erwähnt. Dieser ist angereichert mit einem damals unverzichtbaren Accessoire, der Muskatnuss. Heute in jedem Supermarkt erhältlich, ist dieses Gewürz im 17. Jahrhundert ein Zeichen von Luxus und Wohlstand. Von 1621 bis 1770 ist ihr Handel ein Monopol der Holländer. Wer es sich leisten kann, trägt die kleine, aber ergiebige Muskatnuss um den Hals, um seine Mahlzeiten damit zu verfeinern. Kurz gesagt: Ist der El Draque der Vorläufer des Mojito, so ist die Muskatnuss ein Urahn der Rapper-Halskette.

Punch hält Einzug in den Alltag, in die Tavernen und in die Literatur, ob bei James Fennimore Cooper oder Charles Dickens. Innerhalb eines Jahrhunderts ist der Punch von seinem Gründungsmythos als medizinischer Seemannsdrink zum gesellschaftlichen Plaisir aufgestiegen, durchlebt eine Entwicklung vom exotischen Getränk einer Unterschicht zum urbanen Vergnügen seiner Zeit. Aus medizinischen Gründen trinkt ihn schon lange keiner mehr. Die Verbindung von Medizin und Alkohol ist jedoch noch lange nicht vorbei. Sie steht genau genommen erst vor einem weiteren Durchbruch.

Mojito

spritzig und frisch, oft falsch gemacht

5 cl weißer Rum, 2 cl frischer Limettensaft,
2–3 BL weißer Rohrzucker (oder 2 cl Zuckersirup),
4–5 Minzzweige, 4 cl Soda
/
GLAS: Highball
GARNITUR: Minzzweig
/
Minze leicht gegen den Handballen klatschen,
damit sich die ätherischen Öle der Blätter
entfalten. Mit den Zutaten ins Glas geben.
Mit Würfeleis auffüllen und verrühren.

Grilled Lime & Spiced Mojito

die würzige Mojito-Variante

5 cl Gewürzrum (Spiced Rum),
3 cl Limettensaft von gegrillten Limetten*,
2 cl Demerara-Zuckersirup*,
4–5 Minzzweige, Soda
/
GLAS: Highball
GARNITUR: Minzzweig
/
Minze leicht gegen den Handballen klatschen,
damit sich die ätherischen Öle der Blätter entfalten.
Mit den Zutaten ins Glas geben. Mit Crushed Ice auffüllen und verrühren, danach mit Soda auffüllen.

Gimlet

kräftiger Zweiteiler

6 cl Dry Gin, 2 cl Rose's Lime Cordial
/
GLAS: Coupette oder Martiniglas
GARNITUR: Limettenzeste
/
Alle Zutaten auf Würfeleis in einem Rühr-
glas verrühren, bis dieses beschlägt.
In das vorgekühlte Glas abseihen.

El Draque

*der mögliche Urahn – eher etwas
für den historischen Gaumen*

6 cl Cachaça, 2 cl frischer Limettensaft,
2 BL Rohrzucker, 6 Minzblätter, Wasser
/
GLAS: Tumbler
GARNITUR: Minzzweig
/
Minze etwas andrücken und gemeinsam mit
allen Zutaten und Eiswürfeln in ein Glas geben.
Mit Wasser (kein Soda) auffüllen und umrühren.

* *siehe Kapitel Homebar (Seite 244)*

Old Cuban

elegant, komplex und spritzig

4,5 cl gereifter Rum, 3 cl Zuckersirup,
2 cl frischer Limettensaft, 2 Dashes Angostura
Bitters, 6 Blätter Minze, Champagner

/

GLAS: Coupette oder großes Martiniglas
GARNITUR: Minze

/

Alle Zutaten bis auf den Champagner in den
Shaker geben und auf Eiswürfeln 10- bis 15-mal
kräftig schütteln. Doppelt in das vorgekühlte Glas
abseihen und mit Champagner auffüllen.

Birnen-Gimlet

würzig, fruchtig und floral

6 cl Dry Gin, 1 cl Rose's Lime Cordial,
1 cl Birnenbrand

/

GLAS: Martiniglas
GARNITUR: Birne

/

Alle Zutaten auf Würfeleis in einem Rührglas verrühren, bis dieses beschlägt.
In das vorgekühlte Glas abseihen.

Fedora Punch

kräftig, potent und frisch

3 cl Cognac, 2 cl Jamaikarum,
2 cl Bourbon Whiskey, 2 cl Orange Curaçao,
3 cl frischer Zitronensaft, 1 cl Ananassirup
/
GLAS: Highball
GARNITUR: Früchte der Saison
/
Alle Zutaten im Shaker auf gestoßenem Eis 10- bis 15-mal kräftig schütteln. Auf frisch zerstoßenes Eis abseihen.

Empire Riverside Punch

eine Schüssel Fruchtfreude (für 6–8 Gäste)

36 cl Gin, 12 cl Maraschino, 12 cl Pink-Grapefruit-Sirup, 12 cl frischer Zitronensaft, 1 Flasche trockener Champagner, 8 Zweige Rosmarin, 2 Handvoll getrocknete Kamillenblüten, 30 frische Brombeeren, 2 BL Peychaud's Bitters
/
Rosmarin und Kamillenblüten kräftig andrücken, in ein Tuch geben und dieses zubinden. In die Bowleschüssel geben und mit Gin, Saft, Maraschino, Sirup und Bitters füllen. 30 Minuten stehen lassen, Gewürzpäckchen ausdrücken und entnehmen. Einen Eisblock in die Schüssel geben, die Brombeeren und den Champagner zugeben und verrühren.

N° 2
ÄRZTE, ABENTEURER, APOTHEKER

Als das Wort Cocktail zum ersten Mal erwähnt wird, ist noch nicht genau klar, was damit gemeint ist. Es ist auf jeden Fall noch nicht das, was wir heute darunter verstehen. Die Reise dahin steht erst an ihrem Anfang, aber nimmt Fahrt auf. Begleitet wird sie von einigen Zaubertropfen – und viel Eis.

MINT JULEP

GLAS: Silberbecher bzw. Highball

GARNITUR: Minzzweig

ZUTATENLISTE:
- 6 cl Bourbon Whiskey
- 1 BL Zuckersirup
- 15–20 Minzblätter

ZUBEREITUNG: Minzblätter andrücken und mit allen Zutaten in den vorgekühlten Becher geben. Fünf Minuten ziehen lassen, dabei gelegentlich umrühren. Minzblätter entfernen, Glas mit gestoßenem Eis füllen und umrühren, bis das Glas von außen beschlägt. Noch einmal mit Eis auffüllen und mit Minzblättern dekorieren. Gut mit Trinkhalm zu trinken.

BELEBENDER UND EUPHORISIERENDER KLASSIKER

Die einen lassen die Minzblätter im Drink, die anderen schwören darauf, sie vor dem Genuss zu entfernen. Wichtig bei diesem Drink ist vor allem die langsam einsetzende Verwässerung durch das Eis, die den Mint Julep weicher macht. Richtig gemacht, ist der Mint Julep eine der ganz großen Erfrischungen aus den amerikanischen Südstaaten.

1798 ist ein mäßig spektakuläres Jahr in der Menschheitsgeschichte. Napoleon Bonaparte unternimmt seinen Ägyptenfeldzug, um die Vormachtstellung der Briten im Mittelmeer zu brechen. Ludwig van Beethoven stellt nach zweijährigem Schaffen seine Klaviersonate Nr. 5 fertig, und Friedrich Schiller schreibt die Ballade *Die Bürgschaft*, die noch Jahrhunderte später deutschsprachige Schüler mit dem Sturz eines Tyrannen beschäftigen wird.

Der »cock-tail« aus Downing Street

Etwas weiter nördlich, in London, wird etwas aufgeschrieben, das wesentlich weniger Aufsehen erregt: Es ist eine stinknormale Rechnung in einer Taverne. Für die Cocktailgeschichte bedeutet sie jedoch eine Art Urknall. *The Morning Post and Gazetteer* publiziert am 20. März die offene Rechnung eines Politikers namens Pitt, dem neben *L'huile de Venus* und *perfeit amour* noch eine bestimmte Anzahl von etwas anderem in Rechnung gestellt wird: *cock-tail*. Es ist die bis dato älteste schriftliche Aufzeichnung des Wortes *Cocktail*. Lange Zeit war man der Meinung, dass die erste schriftliche Erwähnung des Wortes 1803 in der *Farmer's Cabinet of Amherst* in New Hamsphire stattgefunden habe. Bis die Historiker Anistatia Miller und Jared Brown die Rechnung aus der Taverne in der Londoner Downing Street aus den Untiefen der Geschichte hervorzogen. Es ist eine sensationelle Entdeckung und eine, die uns – wie wir später sehen werden – noch etwas beschäftigen wird. Das bedeutet allerdings nicht, dass man je in Erfahrung bringen wird, was genau jener Mr. Pitt zu bezahlen hatte. Es ranken sich Mythen um die Entstehung des Wortes *Cocktail*, und um es gleich vorab zu sagen: Sie wird auch in diesem Buch nicht restlos aufgeklärt. Die Namensentstehung ist in der Geschichte verloren gegangen. Was nicht heißt, dass es nicht spannend ist, Vermutungen anzustellen. Ganz im Gegenteil.

Tatsache ist, dass die Bezeichnung *Cocktail* in ihrer Entstehung kein Oberbegriff ist, wie sie heute verwendet wird. Der Cocktail ist anfangs lediglich Teil einer sich aufsprengenden Getränkeentwicklung und steht gleichberechtigt neben anderem. Denn als der Punch an Land gekrochen ist und laufen lernt, zeugt er rasch Nachkommen und Abkömmlinge. Sie heißen *Toddy, Sangaree, Shrub, Cobbler, Flip* oder *Sling* – letzteres die Bezeichnung für die einfache Mischung aus Spirituose, Zucker und Wasser. Einer alkoholischen Kombination einen illustren Namen zu geben, scheint ein menschliches Grundbedürfnis zu sein. Die Verwunderung lässt natürlich nicht lange auf sich warten. So schreibt am 13. Mai 1806 ein neugieriger Leser der amerikanischen Zeitschrift *Balance and Columbian Repository* einen Brief: »Ich habe von einem Jorum gehört, von Phlegm-cutter und Fog Driver, von einem Wetting the Whistle oder Moistening the Clay, von einem Fillip, einem Spur in the head, Quenching the Spark in the Head, aber noch nie in meinem – an Jahren nicht armen – Leben habe ich von einem cock-tail gehört.« Harry Crosswell, der Herausgeber, lässt sich um eine Antwort nicht lange bitten: »Cock-tail«, antwortet er, »ist ein stimulierendes alkoholisches Getränk, zusammengesetzt von jeder Form von Spirituose, Zucker, Wasser und Bitters – es wird ordinär auch *bittered sling* genannt.«

Die bittere Wahrheit

Ein *Bittered Sling*. Um dieses kleine, aber elementare Wortkonstrukt der Cocktailhistorie zu verstehen, muss man ein wenig in die medizinischen Gegebenheiten des 17. und 18. Jahrhunderts eintauchen. Die Menschheit ist zu diesem Zeitpunkt noch einige Sprünge von der Kenntnis der ausgewogenen Ernährung entfernt, sie verbringt einen nicht unerheblichen Teil des Tages mit dem Akt der Verdauung. Um dieser auf die Sprünge zu helfen, werden Elixiere, Lösungen und Tonics eingesetzt, vornehmlich bestehend aus in alkoholischen Lösungen angesetzten Gewürzen, Kräutern und Wurzeln: sogenannte Bitters. Diese werden in Tropfenform konsumiert und helfen nicht nur bei der Verdauung, sondern werden generell als Kur- und Heilmittel eingesetzt. Sie sind akute Gegenmaßnahme wie auch aktives Präventionsmittel. Schon Richard Hawkins, der mögliche Urvater des Mojito, unternahm keine Schiffsreise ohne einen Proviant von *Dr Stevens' Water* an Bord, ein in der britischen Oberschicht verbreitetes anregendes Mittel, anzuwenden bei Erkältung, Lähmung, Wassersucht, Gicht, Blasensteinen, Kraftlosigkeit, Unfruchtbarkeit, Bandwürmern, Zahnschmerzen und *rayns of ye back*, was wie ein Song von Iron Maiden klingen mag, tatsächlich jedoch genitaler Ausfluss ist. Die Möglichkeit, sämtliche Kräuter vom Wegesrand in einer alkoholischen Basis reifen zu lassen und einer abergläubischen Bevölkerung zu predigen, dieses Gebräu helfe bei Verdauung, gegen Blindheit und überhaupt am Tag des Jüngsten Gerichts, bringt natürlich viele Entrepreneure auf den Plan. Eine Gesellschaft, die es gewohnt ist, den »11-Uhr-vormittags-Bitter« für ihr Wohlbefinden einzunehmen, greift für ihre Gesundheit gerne in die Börse. Selten jedoch sind diese Elixiere pur genießbar. Sie mögen trotz ihres Namens nicht immer bitter sein – die Verwendung des englischen Begriffs leitet im Deutschen in die Irre –, aber auf jeden Fall sind sie in Verbindung mit Zucker und Wasser bekömmlicher. Oder auch in Kombination mit einer Spirituose, um das Nützliche mit dem Angenehmen zu verbinden. Also einfach in den Sling getröpfelt. Den Bittered Sling.

Ein Preuße in Südamerika

Der erste Bitters wird von einem Pfarrer namens Richard Stoughton 1690 in London als *Stoughton's Great Cordial Elixir* patentiert und schafft es als *Dr Stoughton Bitter* zum bekanntesten Bitter seiner Zeit. Die alkoholische Gewürzzutat, die wie kaum eine andere die Entstehung der Cocktailkultur mitgeprägt hat, nimmt ihren Ausgang jedoch auf dem europäischen Festland: in Berlin. Dort studiert der 1796 in Groß Walditz geborene Johann Gottlieb Benjamin Siegert Medizin. Offensichtlich nicht auf eine Laufbahn in der Forschung erpicht, schließt sich der Jungarzt früh den preußischen Truppen im Kampf gegen Napoleon an, wo er 1815 Zeuge der Schlacht bei Waterloo wird. Fünf Jahre später geht der 24-Jährige nach Venezuela, um dort dem Unabhängigkeitskämpfer Simón Bolívar zur Seite zu stehen. »El Libertador«, wie Bolívar genannt wird, ernennt den jungen preußischen Arzt zum Generaltabsarzt seiner in der Stadt Angostura stationierten Armee, einem aufgrund der geografischen Lage strategisch wichtigen Punkt im Kampf gegen die spanische Krone. Siegert entwickelt ein Tonikum, das im Kampf gegen einen anderen, heimtückischeren Feind helfen soll: die Tropenkrankheit.

Schon damals weiß man über die Wirkung von Chinin gegen Malaria (was nicht zuletzt auch zu einer Erfindung namens Tonic Water führt), und auch Siegerts Bitters fokussieren sich auf den aus der Rinde des Chinarindenbaumes gewonnenen Stoff. 1824 patentiert er seinen *Amargo Aromatico*, lässt die Schlachtfelder bald hinter sich und widmet sich hauptsächlich dem Vertrieb seines würzigen Heilmittels. Oftmals falsch wiedergegeben – oder als Fehlinformation durch Nachahmerprodukte in die Welt gesetzt –, hat der Name des später von Siegerts Sohn zu *Angostura Bitters* umbenannten Produktes nichts mit der Rinde des Angosturabaumes zu tun. Diese ist nicht Teil des Originalrezepts. Die Tropfen sind schlichtweg nach der Stadt ihrer Entstehung, Angostura, benannt, dem heutigen Ciudad Bolívar.

Johann Gottlieb Benjamin Siegert
1796–1870

Sein Angostura Bitters wurde im Kampf gegen die Tropenkrankheit eingesetzt. Bald wurde es zum wesentlichen Element der Cocktailkultur.

Vom Tropfen zur Welle

Von dort tragen europäische Söldner, Seefahrer und Medizinerkollegen Siegerts die Kunde von dem Elixier in die Welt hinaus. Was sie nicht in die Welt hinaustragen, ist die Zusammensetzung der Tropfen, denn diese bleibt Siegerts Geheimnis. Auch heute noch sollen nur eine Handvoll Menschen in die wahre Zusammensetzung eingeweiht sein, und ob das Mythos oder geschickte PR ist, sei dahingestellt. Tatsache ist: Die nach Kardamom, Zimt, Jasmin, Chinin, Pfeffer und Orange schmeckenden Tropfen finden den Weg in die Hände der Männer, die in dieser Zeit der Morgendämmerung der Cocktailgeschichte, dem frühen 19. Jahrhundert, hinter den Tresen stehen. Sie sind auf jeden Fall zur Hand, als irgendwann nach 1880 im *Pendennis Club* in Louisville, Kentucky, erstmals das Wort *Old Fashioned* für ein Getränk aus Whiskey, Zucker, Eis und Bitters verwendet wird. Also das, was schon Harry Crosswell als *Bittered Sling* bezeichnet hatte. Angostura ist ein wesentliches Element im *Manhattan* oder im *Vieux Carré*, ebenfalls zwei große Klassiker.

New Orleans, Wiege der Drinkkultur

Zur gleichen Zeit, in der sich Siegerts Wundertropfen vom südamerikanischen Unabhängigkeitskampf aus in die Annalen der Cocktailkultur aufmachen, entsteht in den amerikanischen Südstaaten ein weiterer Monolith der Bittersgeschichte. Oder besser: Er schwimmt in einem Apothekerbecher.

Antoine Amédée Peychaud wird 1803 als Sohn eines wohlhabenden Kaffeeplantagenbesitzers im späteren Haiti geboren. Kurz darauf zwingt der dortige Sklavenaufstand die Familie zur Flucht, auf der Jung-Antoine von seiner Schwester getrennt wird, die er erst Jahrzehnte später nach intensiver Suche in Paris wiederfinden soll. Zu diesem Zeitpunkt hat er bereits eine Apotheke in der Rue Royale in New Orleans eröffnet, wo er eine rötlich schimmernde Eigenkreation vertreibt: *Peychaud's Bitters*. Wie es der Zeitgeist und die Mode wollen, stehen die Fläschchen mit dem selbst gemachten Elixier jedoch nicht einfach im Regal herum. Das auf Enzian basierende Peychaud's Bitters ist süßer und blumiger als das herbere Angostura, entfaltet bei purem Genuss jedoch auch eher eine abschreckende als eine anregende Wirkung. Der Apotheker bezirzt seine Kundschaft mit einer Kombination aus Brandy, Zucker und seinen Bitters, die er in einem – wir befinden uns im kreolischen Süden – *coquetier* genannten Eierbecher am Tresen serviert. Lange Zeit galt dieser mit Brandy gefüllte *coquetier* – von dem sich unschwer vorstellen lässt, wie er mit der Zeit und der schwerer werdenden Zunge zum *cock-tail* mutieren könnte – als mythischer Ursprung des Ausdrucks *Cocktail*. Diese Fehlinformation wird auch heute noch munter verbreitet. Wer darauf stößt, darf ruhig einen entsprechenden Kommentar zur Richtigstellung verschicken.

Der flüssige Inhalt von Peychauds *coquetier* jedenfalls kommt in der Bevölkerung blendend an. So gut, dass das 1859 eröffnete *Sazerac Coffee-House*, eine der ersten Adressen der Stadt, ihn in die Karte aufnimmt. Der Besitzer John B. Schiller wiederum ist Importeur des *Sazerac de Forge et Fils Cognac*, ein logischer Schritt also, einen populären Brandydrink zu integrieren. Als Schiller sein Café an seinen Sekretär Thomas H. Handy verkauft, ersetzt dieser den Brandy durch Whiskey. Dafür sprechen zwei Argumente: Importierter Brandy ist teurer als lokal hergestellter Rye Whiskey, und 1860 lässt die Reblausplage in Frankreich Wein sowie Brandy nahezu vom Erdboden verschwinden. Um 1870 schließlich gesellt sich durch den Bartender Leon Lamothe der Absinth in den Drink – der *Sazerac Cocktail* ist geboren und nimmt seinen Platz ein im Mount Rushmore der Cocktailgeschichte.

Oder Moment – etwa doch nicht? Der Cocktailforscher David Wondrich behauptet, dass vor 1895 niemand in New Orleans von einem *Sazerac Cocktail* gesprochen hätte. *Sazerac* sei vielmehr ein weit verbreiteter Name für Bars in den USA gewesen, und bestimmt hätte man in New Orleans einen Drink mit Brandy und Peychaud's Bitters bestellt, aber hatte man ihn auch *Sazerac* genannt? Erst 1895 habe das *Sazerac House* ein Patent für einen *Sazerac* beantragt, der jedoch wiederum keinen Absinth aufweist, aber dafür mit dem Kirschlikör Maraschino gemacht wird und damit im Grunde das ist, was Jerry Thomas als *Improved Whiskey Cocktail* bezeichnen wird.

In New Orleans diese Theorie aufzustellen ist natürlich so, als würde man in Berlin behaupten, Hildegard Knef sei eigentlich aus Stuttgart. Wo und wie genau die Namenswurzeln des Sazerac in den Boden der Historie geschlagen haben, mag noch mehrere Forscher beschäftigen. Tatsache ist aber, dass sich der Sazerac heute weltweit in seiner einen gängigen Form durchgesetzt hat: In ein mit Absinth benetztes Glas kommt eine zuvor auf Eis kalt gerührte Mischung aus Rye Whiskey und/oder Cognac, Zucker, Peychaud's und Absinth. Wahlweise mit einer Zitronenzeste abgespritzt, ist der Ahne, der auf einem Apothekertresen seinen Anfang genommen hat, als wiedererstarkte Ikone auf den Barkarten der Welt zu finden.

Oder doch der Hahn im Glas?

Die Beigabe dieser Bitters also macht den Sling zum Bittered Sling, der allmählich zum Cocktail mutiert, zu der Kombination aus Spirituose, Wasser, Zucker und Bitters. Zwei, drei *Dashes* genannte Spritzer entreißen das Getränk der Gesellschaft des Slings und schicken es als Cocktail wieder zurück aufs Tanzparkett. Viele Theorien jedenfalls sprechen dafür, dass sich aus diesen Bitters auch der Begriff des Cocktails ableitet. Zumindest auf irgendeine Art und Weise. In der Zeit ihres Entstehens wurden diese Tropfen nicht aus professionellen Ausgießern in den Drink gekippt, wie es heute Standard ist. Sie wurden durch den Keil einer Hühnerfeder, die im Flaschenkorken steckte, ausgekippt. Oder einer Hahnenfeder. Der Tropfen fand durch den *Cock's Tail* den Weg ins Glas. Eine wiederum andere Theorie ist, dass der Name durch exaltierte Bartender entstanden sei. Die aufgebauschten Geschichten, die sie zu ihre Getränken kredenzten, hätte man als *Cock's Tale* bezeichnet. Eine weitere Theorie bringt abermals Dave Wondrich ins Spiel. Der Cocktailhistoriker ist perplex über die Entdeckung von Miller und Brown. In jener mystischen Rechnung von 1798 steht unter dem Begriff *cock-tail* der Zusatz *vulgarly called ginger*. *Cock-tail* ist also eine Ersatzbezeichnung für etwas, das *ginger*, also Ingwer, heißt. Im *Classical Dictionary of the Vulgar Tongue* von Francis Grose aus dem Jahre 1785 findet Wondrich seine Erklärung. Eine allerdings nicht allzu appetitliche. Er stößt auf das alte Wort *to feague*, das bedeutet, einem Pferd Ingwer in den Anus zu schieben, damit es lebendiger wird und »den Schweif sichtbar trägt« (also *cock its tail*). Weiterhin stehe der Begriff auch symbolisch für »ermutigen oder ermuntern«. Also genau das, was auch Cocktails tun.

Für David Wondrich ein klares Indiz, dass das Wort *Cocktail* auf diesem aufputschenden Brauchtum fundiert. Es ist trotzdem kein Historikerkrieg zu befürchten. Praktischerweise ist er mit den Kollegen Anistatia Miller und Jared Brown befreundet. Vielmehr darf man weitere unterhaltsame Bücher erwarten, die Licht ins Dunkel bringen. Parallel zum Cocktail-Revival, das weltweit in den Gläsern und den Bars stattfindet, ist das Forschen in der Cocktailgeschichte ein faszinierender Wettlauf, ein Bohren in immer tieferen Gefilden nach der Frage, ob eine noch ältere Erwähnung zum Vorschein kommt. Derzeit stehen wir bei 1798. Aber das heißt nicht, dass das letzte Wort gesprochen ist.

Aufbruch in die neue Eiszeit

Eine andere Theorie, wie der Cocktail zu seinem Namen gekommen ist, bezieht sich auf eine optische Komponente. Ein Glas, in dem auf der einen Seite ein Stab steckt, um das Getränk zu rühren, und auf der anderen Seite ein Minzzweig, habe im Ganzen das Aussehen eines Hahnes. Diese Theorie mag erst nach dem dritten oder vierten Glas plausibel sein, und sie führt auch wieder weg von dem Ursprungsgedanken des Cocktails als Bittered Sling. Sie führt uns aber direkt hinein in das Imperium eines Drinks, der schon regiert, als der Cocktail noch ein König ohne Reich ist: des *Mint Julep*.

Der Mint Julep ist nicht nur ein erfrischendes Getränk, das im 18. und 19. Jahrhundert in den Südstaaten der USA zum Klassiker heranwächst. Er verdeutlicht auch, wie sich Geschmäcker über Grenzen hinwegsetzen, ja über ganze Kontinente. Das Wort *Julep* leitet sich von dem arabischen Wort *Julab* ab und bedeutet Rosenwasser: Wasser, das mit frischen Rosenblüten versetzt ist. Als dieses den Weg nach Europa findet, wird es in Form von süßem Sirup als Streckungsmittel für Medizin eingenommen und natürlich auch in Kombination mit Spirituosen. Französische Siedler importieren diese Tradition im 17. Jahrhundert in die USA, wo sie sich im heißen Süden rasch ausbreitet. Aus Rosenblättern werden Minzzweige. Zuerst noch mit Rum konsumiert – beginnend mit der ersten Rumproduktion 1654 in Neu-England gab es eine Zeit, in der Rum tatsächlich die populärste amerikanische Spirituose war –, wird der Mint Julep bald mit Whiskey getrunken. Die Kombination aus Whiskey, Minze und Wasser wird bald zum Nationalgetränk des Südens. Es ist jedoch kaum vorstellbar, dass der Mint Julep seinen Siegeszug entfaltet hätte, käme Anfang des 19. Jahrhunderts nicht ein anderes wesentliches Element ins Spiel. Dieses Element wird auch dem Cocktail seinen entscheidenden Schub geben: Eis.

Eis war nicht immer ein mit einem unkomplizierten Griff in den Eisschrank frei verfügbares Gut, sondern musste wie jede Erfindung einen Weg gehen, der ohne die Bruchlandungen und Wiederauferstehungen eines hartnäckigen Visionärs nicht möglich gewesen wäre. Dieser heißt Frederic Tudor und ist 21 Jahre alt, als er sich im Jahre 1805 auf einer Party in Boston die Frage stellt, was die Menschen in der Karibik wohl für gut gekühlte Getränke geben würden. Diese sind damals aufgrund vorhandener Kühlhäuser in Neu-England bereits nichts Ungewöhnliches, was gäbe daher wohl ein unter der karibischen Sonne dahinschmelzender Gentleman dafür?

Frederic Tudor
1783 – 1864

Der Geschäftsmann aus Boston ist der Erfinder des Handels mit gefrorenem Eis. Gekühlte Getränke waren somit weltweit erhältlich.

Beim Sich-Fragen bleibt es nicht. Und so sticht Tudor am 13. Februar 1806 vom Bostoner Hafen aus in See. Sein Schiff *Favorite* ist beladen mit 130 Tonnen gefrorenem Wasser. Als er in Havanna auf Kuba anlegt, ist das meiste seiner Fracht auch tatsächlich noch vorhanden. Nur die Abnehmer sind misstrauisch angesichts der seltsamen Ladung, die Tudor daher größtenteils unter den Händen davonschmilzt. Nichtsdestotrotz ist diese Reise der Startschuss für den internationalen Seehandel mit Natureis sowie die erste Etappe einer Unternehmergeschichte, die Tudor nach vielen Rückschlägen, Bankrotten und Gefängnisaufenthalten zum Eiskönig von Boston macht. Gerade für den amerikanischen Süden kommt die Vision des kleinen Unternehmers aus Massachusetts wie gerufen: Das Klima ist schwül und schweißtreibend, die Plantagenbesitzer setzen mit Baumwolle und Tabak genügend um, um sich vom Norden herbeitransportiertes Eis leisten zu können. Der Tag beginnt für einen ordentlichen Südstaatler mit einem Mint Julep, und er hört bestenfalls auch mit einem auf. Dazwischen? Da trinkt er ihn zur Erfrischung und zur besseren Gesundheit. Die *Vereinigung zur Verbreitung von medizinischem Wissen* verschreibt den Mint Julep 1784 neben einem Brechmittel bei »Bauchschmerzen, häufigem Würgen und Schluckbeschwerden«.

Unter der Kategorie Julep ist jedes Getränk zu verstehen, das mit Minze, Zucker und Wasser bzw. Eis und einer Spirituose gemacht wird, ganz egal, ob diese nun Whiskey, Cognac, Rum oder Gin ist. In dieser Zeit geht es dem Julep wie allen anderen Mischgetränken auch: Er ist noch nicht vom Cocktail aufgesogen worden, sondern segelt stolz unter eigener Flagge. Der Julep ist eine eigene Gattung, und eine der prominentesten. 1848 beschreibt George Foster, ein Reporter der *New York Tribune*, die Art, wie ein Bartender einen Drink zubereitet: »Mit seinen hochgekrempelten Ärmeln, in seinem Gesicht ein feuriges Glühen, scheint er Fäden von Juleps aus einer Blechtasse zu ziehen.«

Der Schritt in den Norden

Keineswegs ist der Julep jedoch auf den amerikanischen Süden beschränkt, sondern er erfreut sich auch im Norden starker Beliebtheit. In New York ist vor allem ein gewisser Cato Alexander in seinem *Cato's Inn* bekannt für seine Mint Juleps. Nicht dass das einen Plantagenbesitzer aus Virginia interessiert hätte: Cato Alexander ist ein Schwarzer, und ein Sklavenhalter aus Virginia würde sich wohl kaum in dessen eigener Bar einen Drink von ihm kredenzen lassen. Aber der Beruf des Bartenders hatte eben schon immer seine eigenen Regeln. Und er wird gerne von Menschen ausgeübt, die ihre eigenen Wege gehen.

Ebenso berühmt für seine Mint Juleps ist Orsamus Willard, auch genannt der »Napoleon der Bartender«. Der vermutlich um 1791 geborene Willard, den niemand beim Vornamen nennt, beginnt als einfacher Bürogehilfe und wird zum Star-Bartender des *City Hotel* in New York. Dieses eröffnet 1806, also im gleichen Jahr, in dem Frederic Tudor seine erste Ladung Eis in den Süden verschifft und in dem der Herausgeber Harry Crosswell seinem verwunderten Leser erklärt, dass ein *Cock-tail* ein Bittered Sling sei. In einer Zeit, in der noch vornehmlich in Inns übernachtet wird, ist es das erste Hotel seiner Art: Mit einem eigenen Barraum, in dem ein Barkeeper Drinks mixt. Trotzdem arbeitet Willard in einem Käfig: Die Bars der amerikanischen Hotels stehen in der Lobby und müssen abschließbar sein, wenn niemand anwesend ist. Was jedoch, wenn man Zeitzeugen glauben kann, ohnehin kaum der Fall war. »Er schläft niemals – weder tags noch nachts –, da er zu jeder Stunde an seinem Platz steht«, beschreibt ein Kommentar aus der Zeit Willard, »und niemals vergisst er einen Kunden, sollte er ihn auch zwanzig Jahre nicht gesehen haben.«

Mint Juleps macht Willard am laufenden Band. Auch sein *Willard's Apple Toddy*, gemacht aus Brandy, gebackenen Äpfeln, Zucker und Wasser, bringt es in die Schlagzeilen der lokalen Zeitung. Darüber hinaus soll auch sein *Peach Brandy Punch* für Furore sorgen. Denn das sind Anfang des 19. Jahrhunderts immer noch die gängigen Getränke: Punches, Slings, Juleps, Toddys. *Cocktail* mag als Wortgefüge da und dort bereits aufpoppen, aber es sind noch ungebundene Freigeister, die sich nicht fassen lassen, als wären sie nur da, um Historiker 200 Jahre später vor Rätsel zu stellen. Noch hat kein Barkeeper einen Drink auf Eis geschüttelt. Willard und Alexander rühren ihre Getränke in einem Tumbler mit einem Toddy-Stick. Vielleicht noch mit etwas Muskatnuss darüber gerieben.

Aber die Dinge nehmen allmählich ihren Lauf. Mit Angostura und Peychaud's dringen Bitters in die Barwelt ein. Das Trinkverhalten der Menschen verändert sich, aus dem Gemeinschaftspunsch des 18. Jahrhunderts wird ein zunehmend individualisierter Konsumwunsch. Sprich: Man will ein eigenes Getränk für sich anstatt aus einem großen Topf Punch zu saufen. Eis wird aufgrund des unermüdlichen Frostschiffers Frederic Tudor vom saisonalen Gut zur dauerverfügbaren Zutat und ersetzt zunehmend das Wasser. Gekühlte Getränke werden populärer. Die Spirituosen sind feiner und vielschichtiger, sie verändern sich vom schießpulvererprobten Spiritus zu reiferen Produkten. Hinter den Tresen stehen Männer, die diese Spirituosen zusammenmixen, neu in Szene setzen und zeigen wollen, was sie können. Das Goldene Cocktail-Zeitalter klopft an die Pforten der Geschichte.

Dr Stoughton Bitters

Angostura Bitters und Peychaud's Bitters sind heute die bekanntesten Bitters, da sie – vor allem ersterer – die Renaissance des Cocktails zum neuen Jahrtausend eingeläutet haben. Der Bitters, der das ganze startete, war Richard Stoughtons Ende des 17. Jahrhunderts in London erfundenes Stoughton's Great Cordial Elixir, auch bekannt als Dr Stoughton Bitters. Die Rezeptur starb jedoch mit ihrem Erfinder. In einer Edition des erstmals 1727 erschienenen »The Compleat Housewife« von Eliza Smith wird ein Bitters aus Brandy, Enzian, Bitterorange und Cochinelle vorschlagen. Eines ist sicher: Sollte jemals eine Originalflasche von Stoughtons Pioniertropfen auftauchen, steht die Sammlerwelt Kopf!

Dirty Old Bastard

(nach Klaus St. Rainer)

5–6 cl rauchiger Islay Single Malt,
1–2 BL Lapsang-Souchong-Sirup*,
1 cm Sriracha Chili-Sauce (Asiamarkt),
2 Dashes Angostura Bitters

/

GLAS: Tumbler
GARNITUR: keine

/

Chili-Sauce, Sirup und Bitters in den Tumbler geben und vermischen. Den Whisky dazugeben, kurz umrühren und das Glas mit Eiswürfeln befüllen. Mindestens 30 Sekunden lang kaltrühren. Erneut mit Eis befüllen.

Rusty Nail

aromatischer Zweiteiler auf Scotch-Basis

4 cl Scotch Whisky,
2 cl Drambuie Likör

/

GLAS: Tumbler
GARNITUR: keine

/

Alle Zutaten in den Tumbler geben und auf Eiswürfeln ca. 20 Sekunden verrühren.

Sherry Cobbler

(nach Jerry Thomas) frisch und fruchtig

10 cl trockener Oloroso Sherry,
1 BL Zuckersirup, frische Früchte
der Saison, in kleine Stücke geschnitten
(Beeren, Zitrusfrüchte, etc.)

/

GLAS: Highball
GARNITUR: Früchte nach Wahl

/

Fruchtstücke ins Glas geben und leicht andrücken. Zutaten hinzugeben, mit gestoßenem Eis auffüllen und gut umrühren.

Sazerac Cocktail

Schluck für Schluck kraftvolle Historie

6 cl Rye Whiskey oder Cognac,
1 BL Zuckersirup (2:1),
2 Dashes Peychaud's Bitters, Absinth

/

GLAS: Tumbler
GARNITUR: Zitronenzeste

/

Absinth mit Eis in den Tumbler geben, kurz umrühren und beiseitestellen; parallel alle anderen Zutaten im Rührglas auf Eiswürfeln ca. 30 Sekunden verrühren. Den Tumbler entleeren und den Inhalt aus dem Rührglas in den Tumbler abseihen.

* *siehe Kapitel Homebar (Seite 244)*

Vieux Carré

der komplexe Manhattan-Twist aus New Orleans

3 cl Cognac VSOP, 3 cl Rye oder Bourbon Whiskey,
3 cl roter Wermut, 0,75 cl D.O.M. Bénédictine,
1 Dash Angostura Bitters, 1 Dash Peychaud's Bitters
/
GLAS: Coupette
GARNITUR: Zitronenzeste
/
Alle Zutaten im Rührglas auf Eiswürfeln
ca. 30-mal verrühren und in die vorgekühlte
Cocktailschale abseihen.

Oaxaca Old Fashioned

(nach Phil Ward) fruchtig-rauchige Agaven-Variante des Klassikers

4,5 cl Reposado Tequila,
1,5 cl Mezcal, 1 BL Agavendicksaft bzw. -sirup,
2 Dashes Angostura Bitters
/
GLAS: Coupette
GARNITUR: flambierte Orangenzeste
/
Alle Zutaten im Rührglas auf Eiswürfeln
ca. 30 Sekunden verrühren und in die vorgekühlte Cocktailschale abseihen. Orangenzeste
flambieren und in den Drink geben.

Old Fashioned

der Vorreiter der aktuellen Cocktail-Renaissance

6 cl Bourbon oder Rye Whiskey,
1 BL Zuckersirup (2:1),
2–3 Dashes Angostura Bitters
/
GLAS: Tumbler
GARNITUR: Orangenzeste
/
Alle Zutaten in das Glas geben und zur Hälfte
mit Eiswürfeln füllen. Ca. 20-mal umrühren,
mit Eiswürfeln auffüllen und nochmals rühren.

Lemonbalm Julep

die florale Julep-Variante

6 cl Bourbon Whiskey,
1 BL Zuckersirup, 15 Blätter Zitronenmelisse,
3 Dashes Lemon Bitters
/
GLAS: Silberbecher bzw. Highball
GARNITUR: Zitronenmelisse
/
Zitronenmelisse andrücken und mit allen Zutaten
in den vorgekühlten Becher geben. Fünf Minuten
ziehen lassen, dabei gelegentlich umrühren.
Zitronenmelisse entfernen, Glas mit gestoßenem
Eis füllen und rühren, bis es von außen beschlägt.
Noch einmal mit Eis auffüllen und mit
Zitronenmelisse dekorieren.

N° 3

JERRY & HARRY

Der eine wird der »Professor« genannt, der andere wird als der »Dean« verehrt. Jerry Thomas und Harry Johnson sind zwei unterschiedliche Charaktere, die eine Sache eint: Sie sind maßgeblich an der Entwicklung des Cocktails im 19. Jahrhundert beteiligt. Jeder auf seine spezielle, unvergessliche Art.

MARTINI COCKTAIL					
	GLAS	Martiniglas oder kleine Coupette	ZUTATENLISTE	6 cl Dry Gin 3 cl trockener (»französischer«) Wermut 1–2 Dashes Orange Bitters	DER KLASSIKER: ZEITLOS UND ELEGANT — Das Paradebeispiel für die Kombination aus Gin und Wermut, die die klassische Cocktailkultur geprägt hat wie kaum eine andere. Übrigens: Die Olive kam erst später hinzu und hat nichts mit dem Original zu tun. Auch wir bleiben an dieser Stelle bei der Zitrone als Garnitur. Der Bitters ist optional.
	GARNITUR	Zitronenzeste			
	ZUBEREITUNG	Alle Zutaten in ein Rührglas geben und auf reichlich Eiswürfeln mindestens 30 Sekunden rühren. In das vorgekühlte Glas abseihen.			

Am 4. November 1849 legt ein Schiff namens *Ann Smith* im Hafen von San Francisco an. Kalifornien befindet sich im Goldrausch. Der Frachter unter der Führung eines gewissen Kapitäns Bowns hat zuvor Kap Hoorn umrundet und einige frostige Momente überstanden. Nahezu im gleichen Moment, in dem die Laderampe ausgefahren ist, läuft ein 19-jähriges Besatzungsmitglied an Land und »direkt in die Berge, um Gold zu suchen«, wie es Jerry Thomas später formuliert. Das kostbare Edelmetall wird er nicht finden, und es ist zweifelhaft, ob er tatsächlich ernsthaft danach gesucht hat. Es ist auch schwierig, sich den späteren exaltierten Selbstdarsteller in einem Flussbett vorzustellen, verdreckt im Schlamm wühlend. Der mit dem Meeresdasein fertige Jung-Seemann mag direkt in die Berge gelaufen sein, um Gold zu finden, aber in Wahrheit führt ihn sein Weg woanders hin: direkt auf den Cocktail-Olymp.

Jeremiah P. Thomas wird vermutlich am 1. November 1830 in Sackets Harbor, New York, geboren, einem verschlafenen Städtchen an der Mündung des Black River in den Ontariosee nahe der kanadischen Grenze. Wofür das »P« seines Mittelnamens steht, weiß man heute nicht mehr, und würde man ein Dokument mit der Erklärung finden, wäre das einer dieser Schätze, der das globale Mixologenuniversum in Aufruhr versetzen würde. Ebenso wenig weiß man über seine Eltern und die soziale Schicht, aus der er stammt. Nur dass Jerry Thomas einen jüngeren Bruder namens George hat, mit dem er später in New York Saloons führen wird, ist verbürgt. Seine erste Erfahrung in der Bar sammelt der 16-Jährige in einem Städtchen namens New Haven, wo er ein oder zwei Jahre in einer Kneipe arbeitet, bevor die See, das Gold oder das Abenteuer auf der *Ann Smith* rufen.

Das San Francisco, das der jugendliche Jerry Thomas 1849 vorfindet, bietet allerdings einen anderen Anblick als die idyllischen Hügel, die sich heute in Kinofilmen durchs Bild schlängeln. Mitte des 19. Jahrhunderts reihen sich Holzbuden an Zelte, verbunden durch knietiefen Dreck und die Spucke von Goldgräbern aus aller Herren Länder. Der Weg aus den Goldbergen zurück hinter den Tresen geht für Thomas jedenfalls schnell vonstatten. In den drei Jahren, die er in Kalifornien weilt, verbringt er die wenigste Zeit mit Goldschürfen, sondern beschäftigt sich mit der frühen Entwicklung seiner Barkönnerschaft. Möglicherweise arbeitet er im *El Dorado*, der größten Bar der Stadt mit barocken Möbeln, Glasspiegeln, Kronleuchtern und lasziven Ölgemälden, gesichert ist das jedoch nicht. Der umtriebige Glückssucher stellt auch eine Band von Banjo- und Fiddlespielern zusammen, mit der er bis nach Sacramento tourt. Schließlich aber treiben den 21-Jährigen eine Krankheit und vermutlich auch die Sehnsucht zurück an die Ostküste.

Hier beginnt der Aufstieg von Jerry Thomas zu einer der prägendsten und interessantesten Bar-Figuren des 19. Jahrhunderts, und viele sagen: der wichtigsten. Nach einigen Zwischenstationen, die ihn über New York und Chicago bis nach St. Louis und zu weiteren Engagements entlang des Mississippi führen, ist er 1858 wieder in New York. Kurz darauf eröffnet der mittlerweile 30-Jährige seine eigene Bar am 622 Broadway, wo er alles zur Schau stellt, was er in den zehn Jahren, seit er von Bord der *Ann Smith* gelaufen ist, an Barkünsten gelernt hat. Berühmt wird vor allem sein *Blue Blazer*, der weniger durch mixologische Feinsinnigkeit besticht als durch Showmanship: Es ist eine brennende Mischung aus Scotch Whisky und heißem Wasser, die Thomas zwischen zwei Metallbechern hin- und herwirft, wobei sie einen lodernden Feuerstrahl nach sich zieht. Den Drink serviert er in einem kleinen Tumbler mit einem Löffel pulverisiertem Zucker und einer Zitronenzeste. »Der Blue Blazer hat keinen klingenden, klassischen Namen, aber er ist für den Gaumen bekömmlicher, als er für das Ohr klingt«, beschreibt Thomas seinen Drink fast rechtfertigend.

Congratulations, Professor!

Bezeichnenderweise zeigt ihn die einzige erhaltene Illustration bei der Zubereitung seiner berühmten Kreation: Ein beleibter Mann mit einem dicken Schnauzbart und eleganter Weste, umrahmt von Gästen am Tresen, die die zwischen seinen ausgebreiteten Händen tanzende Flamme bewundern. Andere Bilder von Jerry Thomas gibt es nicht – so wird ihn die Nachwelt für immer in Erinnerung behalten. Die Nachahmung der Zubereitung des Blue Blazer sei ungeübten Fingern jedoch auch mehr als 150 Jahre später nicht empfohlen. »Um Übung darin zu erlangen, die Flüssigkeit von einem Becher in den anderen zu werfen, ist es notwendig, einige Zeit mit kaltem Wasser zu üben«, wusste schon der Erfinder.

Jerry Thomas
1830–1885

Der »Professor« genannte Amerikaner gilt als Urvater der Bartender. Als Erster veröffentlichte er Cocktailrezepturen in gedruckter Form.

Jerry Thomas ist bei weitem nicht der erste Bartender, schon 1856 wurde das Wort *Mixologe* im Monatsmagazin *The Knickerbocker* erwähnt. Der »Professor«, wie Jerry Thomas genannt wird, sorgt jedoch für ein ganz spezielles Novum: Er ist der erste Bartender, der ein Buch mit Rezepturen und Herstellungsanleitungen herausbringt und darin auch das Wort Cocktail erwähnt: Sein *Bar-Tenders'Guide, A complete cyclopædia of plain and fancy drinks* erscheint 1862. Thomas bricht dabei nicht nur mit der Gepflogenheit, seine Rezepturen zu hüten wie ein Geheimnis, sondern er definiert die Rezepte der darin befindlichen Getränke überregional und macht sie zugänglich. Er schützt Namen für bestimmte Rezepturen und verhindert, dass Dopplungen entstehen – was in einer Phase, in der Cocktails in den USA sprießen wie Pilze nach dem Regen, natürlich trotzdem passiert. Sein Buch bündelt alle wesentlichen Drinks der Zeit und verleiht ihnen eine Systematik in ihrer Aufteilung in Punches, Smashes, Juleps, Sours, Slings, Flips, Crustas – und eben Cocktails. Thomas beginnt sein Buch mit Punches, was demonstriert, dass zu diesem Zeitpunkt noch nicht abzusehen ist, dass bald alles unter *Cocktails* firmieren wird. Gerade einmal zehn als Cocktails bezeichnete Drinks finden Eingang in das Buch: der *Bottle Cocktail*, der *Brandy Cocktail*, der *Fancy Brandy Cocktail*, der *Whisky Cocktail*, der *Champagne Cocktail*, der *Gin Cocktail*, der *Fancy Gin Cocktail*, der *Japanese Cocktail*, der *Jersey Cocktail* und der *Soda Cocktail*.

»Der Cocktail ist eine moderne Erfindung und wird für gewöhnlich beim Fischen oder anderen sportlichen Zusammenkünften konsumiert, obwohl mancher Patient darauf besteht, dass er ein gutes morgendliches Stärkungsmittel ist«, schreibt Thomas. »Der Crusta ist eine Verbesserung des Cocktails, von dem behauptet wird, dass er von Santina erfunden wurde.« Dieser ist wiederum ein gefeierter Barbesitzer in New Orleans. Dieser von ihm als Verbesserung genannten Gattung der Crusta, die sich durch einen gezuckerten Glasrand auszeichnet, prophezeit Thomas auch eine erfolgreichere Lebensdauer als dem Cocktail. Man sieht: Auch Professoren können irren.

Wild Wild West

Mythos Saloon: Im Film ist er oft Schauplatz für Schlägereien, Pokerrunden und den berühmten Schluck Whiskey für den Cowboy nach dem Ritt durch die Prärie. Weniger bekannt ist jedoch, dass dort auch schon Mixgetränke wie »Hailstorm Juleps« ausgeschenkt wurden. Einer der aufmerksamsten Beobachter war Samuel Langhorne Clemens (1835–1910), besser bekannt als Mark Twain. Selbst kein Kostverächter, schrieb der Verfasser der Abenteuer von Tom Sawyer und Huckleberry Finn vor seinem Durchbruch über Saloons und Trinkkultur – 1862 auch aus der Goldgräberstadt San Francisco. In seinen Reiseaufzeichnungen erinnert er sich: »Der günstigste und einfachste Weg, ein einflussreicher Bürger zu werden, zu dem die Gemeinschaft aufblickt, ist hinter einer Bar zu stehen, eine diamantene Anstecknadel zu tragen und Whisky zu verkaufen.«

Der Cocktail jedenfalls tritt in der zweiten Hälfte des 19. Jahrhunderts seinen Siegeszug an, dafür verantwortlich sind neben Männern wie Thomas oder einem gewissen Long Eben genannten Barkeeper im *United States Hotel* in Santa Fe mehrere Dinge. Die USA erleben eine der größten Einwanderungswellen ihrer Geschichte. Aus allen Gegenden der Welt drängen Millionen von Menschen in der Hoffnung auf ein besseres Leben in die Vereinigten Staaten und bringen ihre Sitten, Bräuche und natürlich auch Speisen und Getränketraditionen mit. Durch die Märzrevolution von 1848 und ihre Folgen gelangen nicht zuletzt zahlreiche deutsche Emigranten in die Neue Welt. Im Laufe des 19. Jahrhunderts sind es acht Millionen, viele davon finden den Weg in die Gastronomie. Die Nachfrage dieser Einwanderer nach ihnen bekannten Geschmäckern bringt europäische Getränkehersteller dazu, mit ihren Produkten den Sprung über den großen Teich zu wagen. Die Folge ist eine enorme Bereicherung um Produkte wie Wermut, Sherry, Cognac, Bitters wie Campari und viele verschiedene Liköre, die den amerikanischen Bartendern die Möglichkeit gibt, aus einem wachsenden Pool an Zutaten zu schöpfen.

Zusätzlich zu dieser Vielfalt bringen die Neo-Amerikaner auch aktuelles Wissen über das sich stark entwickelnde Brennhandwerk mit in die neue Heimat, sodass auch die traditionellen lokalen Gattungen wie Whiskey, aber auch der karibische Rum einen immensen Qualitätsschub erleben. Ein Drink wie der *Martinez*, ein Cocktail aus Gin, Bitters, rotem Wermut und Maraschino, mag uns heute alltäglich, nicht besonders oder gar altmodisch vorkommen – zur Zeit von Jerry Thomas aber war er Ausdruck höchster Aktualität und Exklusivität.

Der Martinez steht auch symptomatisch für die illustren Blüten, die aus dieser Morgendämmerung des Cocktailzeitalters hervorgehen. So soll der Drink im gleichnamigen Städtchen in Kalifornien entstanden sein, als ein Barkeeper namens Julio Richelieu im Jahre 1874 für einen glücklichen Goldgräber, der ihm ein paar Nuggets auf den Tresen legt und »etwas Besonderes« verlangt, eine Mischung erfindet: Richelieus Mischung besteht aus Gin, Wermut und einem Dash Orange Bitters, also dem, was man heute unter einem klassischen trockenen *Martini* versteht – je nachdem, ob man die Variante mit oder ohne Bitters bevorzugt. Nachdem ein paar Gläser dieser vermeintlichen Erfindung die trockenen Kehlen hinabgerutscht sind, soll passiert sein, was bei übermäßigem Alkoholkonsum eben passiert: Man spart an den zunehmend schwerer auszusprechenden Buchstaben, in diesem Fall am »z«. Somit sei nicht nur der Martinez dort erfunden worden, sondern gleichzeitig der Martini. Eine abenteuerliche Behauptung, aber eine, der man in der kalifornischen Stadt nichtsdestotrotz eine Gedenkplakette gewidmet hat. Ein Detail ist an dieser Geschichte dennoch bezeichnend: Gold gegen Cocktails. Zur damaligen Zeit sind Cocktails Getränke für eine zahlungskräftige Klientel. Der Arbeiter trinkt Bier oder, in seltenen Fällen, einen puren Schnaps. Cocktails gibt es vornehmlich in Hotelbars, die nicht für jedermann zugänglich sind, und trotz einer steigenden Produktvielfalt sind Zitrusfrüchte, Liköre oder Weine teure Zutaten. Oft wird lediglich ein Likör mit dem anderen ausgetauscht oder Absinth oder Maraschino beigemengt. Das erklärt die Ähnlichkeit vieler dieser Drinkkreationen der zweiten Hälfte des 19. Jahrhunderts. Der Grund ist jedoch nicht mangelnde Fantasie, sondern purer Pragmatismus.

Meet the Dean!

Trotzdem ist diese Zeit die Gründerzeit der bis heute klassischsten und ikonischsten Drinksgattung überhaupt: des *Martinis*. Der in der ersten Auflage des Buches von Jerry Thomas erwähnte Gin Cocktail ist eine Mischung aus Gin, Zucker, Bitters und Orangenlikör. Der Professor ist schon mal nahe dran. Aber es sind die 1880er Jahre, die den Wermutwein als bis heute charakteristischen Partner der Wacholderspirituose etablieren. Es ist auch ein anderer, der die Paarung aus Gin und Wermut erstmals schriftlich als Martini erwähnt: Harry Johnson.

Der »Dean«, wie Johnson in seiner Laufbahn genannt wird, erblickt 1845 im preußischen Königsberg das Licht der Welt. Mit sieben Jahren übersiedelt auch er nach San Francisco, also in etwa in der Zeit, in der der 21-jährige Jerry Thomas der Stadt den Rücken kehrt. (Könnten sich die beiden am Pier begegnet sein? Eine lustige Vorstellung.) Laut eigenen Angaben arbeitet Johnson bereits als 15-Jähriger in Saloons und Hotels, früh, aber für damalige Verhältnisse nicht ungewöhnlich. Bald wirkt er in Chicago, wo ihm die Feuerkatastrophe von 1871 eine weitere Zukunft verbaut. Sein Weg führt ihn über Philadelphia schließlich nach New York – die Stadt, auf die man im Laufe der Jahrhunderte immer wieder stößt, wenn es um Cocktails, ihre Entwicklung und ihre Evolution geht.

Er ist zu diesem Zeitpunkt bereits mit seiner Frau Bertha verheiratet, einer deutschen Emigrantin. Nachdem er im *Delmonico's* anheuert, einem der frühen stilprägenden Restaurants der Stadt, wo er die Leitung über die Bar und den Weinkeller innehat, eröffnet er schon bald seine eigene Bar:

das *Little Jumbo*. Als Standort wählt er das Bowery-Viertel im südlichen Teil von Manhattan. Diese älteste Durchfahrtsstraße der Insel hatte immer eine Affinität zur Unterhaltung, das *Bowery Theatre* ist zum Zeitpunkt seiner Eröffnung 1826 das größte seiner Art in ganz Nordamerika. Zur Zeit des amerikanischen Bürgerkrieges ist die Gegend jedoch bereits bekannt für ihre Mischung aus Bordellen, deutschen Biergärten, Pfandhäusern und sogenannten *Flophouses*, Massenbilligschlafstätten, sowie als Revier der *Bowery Boys*, einer der ersten Straßengangs New Yorks mit William »Bill the Butcher« Poole als Anführer, über dessen Kampf gegen die rivalisierende *Dead Rabbits*-Gang man spätestens seit Martin Scorceses Film *Gangs of New York* allgemein Bescheid weiß. In der Gegend ist laut George Chauncey, der als Historiker über das schwule New York schreibt, auch die schwule Subkultur weitaus sichtbarer und integrierter als im Rest der Stadt.

In dieser illustren Ecke der Stadt eröffnet Harry Johnson trotz diverser Warnungen sein Little Jumbo, und die Bar unter einem Bahnviadukt wird rasch zum Erfolg. Der Workaholic Johnson steht die meiste Zeit selbst hinter dem Tresen – und wenn nicht, vor der Tür, um dafür zu sorgen, dass keine allzu betrunkenen Gäste oder Minderjährige in das Lokal gelangen. Diese Zielstrebigkeit passt zu einem Mann, der sagt: »Glaube an dich selbst, und andere werden an dich glauben.«

Passend zu dieser Philosophie widmet Johnson zwei Drittel seines 1882 erschienenen Buches *Harry Johnson's Bartenders' Manual* nicht den Getränken, sondern anderen Aspekten der aufstrebenden Barwelt. Es reicht von Regeln und Pflichten des Gastgebertums bis hin zu wirtschaftlichen Tipps, die einer Unternehmung wie einer Bar zum Erfolg verhelfen. Diese Betrachtungsweise ist es, die Johnson zu dem ersten seiner Art und einer bedeutenden Figur macht. Er beschäftigt sich mit den beruflichen und gesellschaftlichen Anforderungen des Bartenderberufs, seine Überlegungen und Regeln handeln von Hygiene und Arbeitssicherheit, von der richtigen Behandlung und Verarbeitung von Bier, Wasser, Champagner, Kräutern, Früchten und Eis. Es ist ein 286 Seiten langes Manifest der Barkultur, das auch heute noch jede Lektüre wert ist.

Harry Johnson
1845 – 1933

Der »Dean« wurde im preußischen Königsberg geboren und in New York neben Jerry Thomas zum führenden Bartender seiner Zeit.

Natürlich sind darin auch Rezepte für Cocktails enthalten. Johnson ist ein Meister seiner Zunft, auf den Erfindungen wie der *Morning Glory Fizz* oder der *Bijou* zurückgehen. Aus mixologischer Sicht ist jedoch, wie erwähnt, vor allem die erstmalige Bezeichnung des Martini interessant, in seinem Fall noch angereichert durch Orange Curaçao, Gum (=Zucker), Boker's Bitters und eine Zitronenzeste.

Hinzu kommen verwandte Drinks wie der *Turf Club* oder die *Marguerite*, die beide ebenfalls die Paarung von Gin und Wermut postulieren. Parallel dazu erwähnt ein gewisser O. H. Byron in seinem ebenfalls 1882 erschienenen *Modern Bartenders' Guide* den Martinez, der aufgrund seiner süßeren Grundanlage und Fokussierung auf den Wermut heute als Bindeglied zwischen Jerry Thomas' Gin Cocktail und der später immer trockener werdenden Martini-Familie verstanden wird.

Das Sour-System

Doch nicht nur die Familie der klaren, eleganten Aperitifdrinks steht im Zentrum des Schaffens von Thomas und Johnson. Ebenso die Gruppe der *Sours*, also jener Drinks, die auf der Kombination von einer Spirituose mit Zitrussaft und Zucker oder einer anderen Zuckerquelle basieren. Sie finden bei den beiden Autoren erstmals ihre Systematisierung und vor allem eine Abgrenzung gegenüber der Gruppe der Punches. In dieser Loslösung des Sours vom wesentlich älteren Punch liegt ein weiterer Meilenstein in ihrem Schaffen. Aus dieser Gattung, vor allem aus dem ikonischen *Whiskey Sour*, entstehen bis heute tausendfache Abwandlungen, seien es Klassiker wie *White Lady*, *Pisco Sour*, *Elk's Own* und *Margarita* oder – in Form moderner Kreationen – die *Tommy's Margarita*, der *Bramble* sowie der bei Bartendern extrem beliebte *Beuser & Angus Special*. Durch ihre Festlegung der Sour-Kategorie und der verwandten Stile *Fizz*, *Daisy* oder *Smash* haben Jerry Thomas und Harry Johnson die Tatsache festgeschrieben, dass keine Bar ohne frischen Zitronen- und Limettensaft existieren kann. Auf diese Weise prägen diese doch recht unterschiedlichen Männer ihre Ära. Der eine – Thomas – ein notorischer Gambler, Boxfan und mit über 100 Kilo Körpergewicht Mitglied der *Fat Men's Association*, ist ein flamboyanter Charakter mit einem spektakulären Flammendrink als Visitenkarte, der Interviews gibt, während ihm zwei weiße Mäuse über die Schultern huschen. Der andere – Johnson – schlank und mit bestimmtem Blick, ist Zeit seines Lebens mit der gleichen Frau verheiratet, legt ein akribisches Manifest der Handarbeit vor, orientiert sich an wirtschaftlicher Sicherheit und stellt Regeln vor Ruhm – oder etwa doch nicht?

Denn eines der eher obskuren Dinge, die Harry Johnson in sein 1882 publiziertes Werk schreibt, ist die Behauptung, dass es sich dabei um eine überarbeitete Version eines Vorgängers handelt. Diese erste Version sei bereits 1860 erschienen und somit in Wahrheit das erste

Das Grab des Harry Johnson

Lange Zeit wurde angenommen, Harry Johnson sei dort begraben, wo er die meiste Zeit gewirkt hat: in New York. Bei genaueren Nachforschungen zu ihrem Buch »The Deans of Drinks« stießen Anistatia Miller und Jared Brown jedoch auf Ungereimtheiten, die sie schließlich zur Frage brachten: Liegt der Dean, der im Herbst seines Lebens viel gereist war, etwa an einem anderen Ort begraben? Ja, tut er: in Berlin! Johnson soll unter dem Namen seiner zweiten Frau gereist sein und als Harry Brown in Berlin verstorben sein, wo er auf dem Friedhof »Zum heiligen Kreuz« in Tempelhof begraben wurde. Die Friedhofsverwaltung bestätigte die Daten, ein Grabstein ist allerdings nicht mehr vorhanden.

jemals publizierte Werk über Cocktails und Barkultur gewesen. »Als Beweis wurden in der kurzen Zeit von sechs Wochen 10.000 Exemplare zu einem weit höheren Preis verkauft als der aktuelle Preis«, schreibt Johnson in das Vorwort der Edition von 1882.

Nun wäre eine zweite Edition eines Buches keine Besonderheit und kein Novum – auch von Jerry Thomas kamen zwei Überarbeitungen seines Werkes auf den Markt, *The Bar-Tender's Guide or How to Mix Drinks* 1876 und 1887, zwei Jahre nach seinem Tod, *The Bartender's Guide and the Bon-Vivant's Companion*. Wie sehr sich die Barwelt in den 25 Jahren seit Erscheinen seines Erstlings geändert hat, ist an einer Tatsache abzulesen: Das Buch eröffnet nicht mehr mit Punch, sondern mit Cocktails. Das Problem an Johnsons Behauptung: Er wäre zum Zeitpunkt besagter Erstveröffentlichung 15 Jahre alt gewesen. So unwahrscheinlich das schon klingt, es gibt noch einen anderen Grund, die Behauptung anzuzweifeln: Es ist nie eines dieser 10.000 Exemplare aufgetaucht. Beide Tatsachen heißen nicht, dass dieses Werk nie geschrieben wurde. Aber sie lassen doch eher darauf schließen, dass Johnson sein Buch vor Thomas' Buch datiert wissen wollte.

Das tragische Ende

Was dieser dazu gesagt hat, ist nicht überliefert. Die große illustre Karriere des Jerry Thomas steht bei Erscheinen von Johnsons Buch bereits vor dem Ende. 1872 muss der Professor nach einer Mieterhöhung sein erfolgreiches Lokal aufgeben und eröffnet eine neue Bar am 1239 Broadway, gelegen im *Tenderloin*, dem Rotlichtbezirk, dem der Chef des New York Police Departement, Alexander »Clubber« Williams, 1876 seinen Namen verleiht. Es ist das gleiche Jahr, in dem Jerry Thomas Bankrott anmeldet, vermutlich durch schlecht gelaufene Finanzspekulationen. Der zu diesem Zeitpunkt 46-Jährige besinnt sich noch einmal seiner früheren Tage im Westen, aber zu mehr als einem kurzen Intermezzo in Colorado reicht es nicht. Bereits 1884 heuert er wieder in New York an und landet schließlich im wenig glamourösen *Hotel Brighton* am Broadway an der Ecke zur vielbesungenen 42nd Street. Zu diesem Zeitpunkt hat Thomas, der Gigant, der am Höhepunkt seines Schaffens mit diamantbesetzten Manschettenknöpfen seinen Blue Blazer warf, seine Gemäldesammlung verkauft, die in seinen Bars zu sehen war. Am 15. Dezember 1885 schließlich stirbt Jerry Thomas, Pionier der Barkultur, eines Nachmittags an Herzversagen. Die Nachricht ist der New Yorker Publikation *The World* zumindest eine Meldung auf dem Cover wert.

Harry Johnson ist zu diesem Zeitpunkt noch im Geschäft. Sein Lokal im Bowery gibt er nach dem Ende des Mietvertrages auf, es folgen diverse Beteiligungen oder Übernahmen, die er nach kurzer Zeit und meist gewinnbringend weiterverkauft. Er führt seinen Neffen in die hohe Kunst der Gastronomie ein, und nur einmal, bei seinem Engagement im opulenten *Pabst Grand Circle Hotel*, muss er einen Rückschlag hinnehmen. So wie Jerry Thomas auch, pflegt Harry Johnson, Bilder zu kaufen und in seine Bars zu hängen. Im Gegensatz zum Professor konnte sich der Dean auch lange an seinen Gemälden erfreuen. Nach dem Sprung in das 20. Jahrhundert ist der emeritierte

Mixologe vor allem damit beschäftigt, nach Europa zu reisen, wo er sich mehrere Jahre auch in Berlin aufhält.

Wer auch immer von den beiden Cocktailpionieren nun zuerst sein Buch auf den Markt gebracht hat – der Platz von Jerry Thomas und Harry Johnson in der Geschichte der Barkultur ist jedenfalls für immer gesichert. Im Gegensatz zu Thomas, dem dieses Schicksal erspart bleibt, muss Johnson, der stattliche 89 Jahre alt wird, jedoch eine Entwicklung erleben, die dem Goldenen Zeitalter des Cocktails, das beide angeheizt haben, nicht nur ein jähes Ende setzt, sondern ihre Werke zu Teufelszeug erklärt: die amerikanische Prohibition.

Beuser & Angus Special

*würziger Neo-Klassiker von
Gonçalo de Sousa Monteiro*

6 cl Chartreuse Verte, 3 cl frischer
Limettensaft, 2 BL Maraschino, 4 Dashes
Orangenblütenwasser, ½ Eiweiß

/

GLAS: Tumbler
GARNITUR: keine

/

Alle Zutaten in einen Shaker geben und ohne Eis »trocken« schütteln. Shaker mit Eiswürfeln füllen und erneut 10- bis 15-mal kräftig schütteln. In das vorgekühlte Glas auf Eiswürfel abseihen.

Aviation

blumig-herber Sour

5 cl Dry Gin, 2 cl frischer Zitronensaft,
1,5 cl Maraschino, 1 BL Crème de Violette
(Veilchenlikör)

/

GLAS: Martiniglas oder kleine Coupette
GARNITUR: eingelegte Kirsche

/

Alle Zutaten in einen Shaker geben und auf Eiswürfeln 10- bis 15-mal kräftig schütteln. Ins vorgekühlte Glas abseihen.

Ramos Gin Fizz

der enorme Kraftaufwand lohnt sich

6 cl Dry Gin, 1,5 cl frischer Zitronensaft,
1,5 cl frischer Limettensaft, 2 cl Zuckersirup,
1 Eiweiß, 2 cl frische süße Sahne, Soda,
5–6 Dashes Orangenblütenwasser

/

GLAS: Verte oder Highball
GARNITUR: keine

/

Alle Zutaten außer Soda und Orangenblütenwasser in den Shaker geben. Den Shaker mit Eiswürfeln befüllen und für mindestens 90 Sekunden kraftvoll schütteln. Ins vorgekühlte Glas abseihen und sehr vorsichtig mit 3–4 cl kaltem Soda Water auffüllen. Langsam umrühren. Das Orangenblütenwasser auf den Drink träufeln.

Gin Fizz

*der typische Sour ergänzt um einen
prickelnden Spritzer Soda*

6 cl Dry Gin, 3 cl frischer Zitronensaft,
2 cl Zuckersirup, Soda (aus dem Soda-Siphon
oder einer frischen Glasflasche)

/

GLAS: Fizzglas (ohne Eis) oder Highball (mit Eis)
GARNITUR: Zitronenzeste

/

Gin, Saft und Sirup in den Shaker geben, mit Eiswürfeln auffüllen und kräftig schütteln. In das Glas der Wahl abseihen und mit 3–4 cl gekühltem Soda aufgießen. Vorsichtig verrühren.

Whiskey Sour

der typische Sour schlechthin
in seiner klassischen Form

6 cl Bourbon Whiskey, 3 cl frischer Zitronensaft,
2 cl Zuckersirup, ½ frisches Eiweiß

/

GLAS: Sourglas (ohne Eis) oder Tumbler (mit Eis)
GARNITUR: Zitronenzeste

/

Alle Zutaten in einen Shaker geben und ohne Eis
»trocken« schütteln. Shaker mit Eiswürfeln füllen
und erneut kräftig schütteln. In das Glas
der Wahl abseihen und entweder auf Eis oder
»straight up« servieren.

Improved Gin Cocktail

der aromatisch-kraftvolle »Urgroßvater«

6 cl Dry Gin oder Oude Genever,
2–3 Dashes Zuckersirup, 2 Dashes Aromatic Bitters,
1 BL Orange Curaçao, 1 Dash Absinth

/

GLAS: Martiniglas
GARNITUR: Zitronenzeste

/

Alle Zutaten in ein Rührglas geben und auf
reichlich Eis mindestens 30 Sekunden rühren.
In das vorgekühlte Glas abseihen.

Le Coquetiez du Lion

*wunderbar leichte Abwandlung eines
»Reverse Martini«, Hauscocktail im Le Lion*

5 cl Lillet Blanc, 3 cl Dry Gin,
2 Dashes Peychaud's Bitters

/

GLAS: Martiniglas oder kleine Coupette
GARNITUR: Zitronen- oder Limettenzeste

/

Alle Zutaten in ein Rührglas geben und auf
reichlich Eis mindestens 30 Sekunden rühren.
In das vorgekühlte Glas abseihen.

Martinez Cocktail

der »Großvater« des Martini-Imperiums

6 cl roter, süßer (»italienischer«) Wermut,
3 cl Dry Gin oder Oude Genever, 1 BL Maraschino,
2 Dashes Aromatic Bitters, 1 Dash Orange Bitters

/

GLAS: Martiniglas oder kleine Coupette
GARNITUR: Zitronen- oder Orangenzeste

/

Alle Zutaten in ein Rührglas geben und auf
reichlich Eiswürfeln mindestens 30 Sekunden
rühren. In das vorgekühlte Glas abseihen.

N° 4
FROM USA WITH LOVE

Die Prohibition reißt der florierenden Barszene der USA den Boden unter den Füßen weg, während der Cocktail in Europa in die erste Riege der Vergnügungen aufsteigt. Getrunken jedoch wird überall. Amerikaner schleichen von New York bis Los Angeles in Speakeasy-Bars, Europäer adaptieren die Opulenz der American Bar von London bis Paris, und schon wieder haben ein paar Harrys ihre Hände im Spiel.

MANHATTAN

GLAS	Coupette
GARNITUR	Zitronenzeste

ZUTATENLISTE
- 6 cl Bourbon oder Rye Whiskey
- 2 cl roter Wermut
- 2 Dashes Angostura Bitters

ZUBEREITUNG
Alle Zutaten auf Eiswürfeln im Rührglas für ca. 30 Sekunden verrühren. In das vorgekühlte Glas abseihen.

MEHR NEW YORK GEHT NICHT
Lange Zeit hieß es, dieser Klassiker sei anlässlich eines Banketts für eine gewisse Jennie Jerome erfunden worden, ihres Zeichens spätere Mutter von Sir Winston Churchill. Diese Behauptung gilt heute als widerlegt. Erfunden wurde der Manhattan nach 1870, die erstmalige schriftliche Erwähnung erfolgte 1884. Ein kräftiger, würzig-süßlicher Evergreen.

Es hat mehrere Gründe, warum dem Cocktail in der Neuen Welt ein rascherer Siegeszug gelingt als in der Alten. Die Europäer haben sich zwar zu veritablen Punschtrinkern entwickelt. Aber diesen hastig auf Eis zusammengeschüttelten Kleingetränken aus den USA, die man auf einen Zug kippt, steht man skeptischer gegenüber. Dann genießt man doch lieber den aristokratischen Wein, den traditionellen Cognac oder den Upper-Class-Portwein, der gerade im Vereinigten Königreich eine lange Tradition genießt und das Parlamentsmitglied vom Pöbel unterscheidet.

In den USA jedoch, dem Land, in dem jeder noch so Unterprivilegierte sein persönliches Glück finden kann, kommt der Konsum eines persönlich zusammengezimmerten Drinks, wie es der Cocktail ist, besser an. Das Wort *cock-tail* mag erstmals 1798 in London aufgetaucht sein, aber Spirituosen, Säfte und Liköre zusammenzuschütten, sie mit Bitters oder Kräutern zu versehen und sie durch und mit Eis kalt zu stellen, ist eine amerikanische Angelegenheit: Amerika ist ein junges Land, der Cocktail ist ein junges Getränk. Amerikaner haben eben kaum Traditionen, die sie stets berücksichtigen müssen, sondern sie schreiben sie beinahe täglich neu. Saloons und Bars sind beliebte Treffpunkte, oft die einzigen in dünn besiedelten Gebieten, und ihre Betreiber geachtete Figuren. Saloonbesitzer sind alles andere als die schmalbrüstigen Schießbudenfiguren, als die sie gerne in US-Westernfilmen von finsteren Revolverhelden über den Tresen gezogen werden. Whiskey aus Kentucky und Tennessee hat Rum und Cognac als populärste Spirituose abgelöst. Selbst George Washington, erster Präsident der USA, der in den ersten Monaten seiner Präsidentschaft ein Viertel seines Etats für Spirituosen verbrauchte, produziert Whiskey. Einer seiner Mitstreiter bei der Kontinentalarmee, Marvin Kilman, sah in Washingtons Trinkgewohnheiten nicht unbedingt einen Nachteil: »Der Grund von George Washingtons häufig guter Laune und seiner berühmten Tapferkeit während der langen Jahre des Krieges ... mag in der Flasche gelegen sein«, erinnert sich der General später an die Kriegsjahre.

Ein Schnapsbrenner als Gründungsvater einer Nation? Kein Wunder, dass der Siegeszug des Cocktails in den USA rascher vonstattengeht als in Europa. Es hilft, dass Bescheidenheit keine amerikanische Tugend ist, was wiederum zu Getränken passt, deren Zubereitung für Selbstdarsteller wie gemacht ist. Passend dazu patentiert am 24. Juni 1884 Edward J. Hauck in New York seinen Cobblershaker, mit dem sich Getränke elegant und spektakulär zugleich mixen lassen. Schon der Blue Blazer von Jerry Thomas war alles andere als eine minimalistische Performance. Der Besuch des »Professors« in London, Southampton und Liverpool um das Jahr 1859 wird im Rückspiegel der Geschichte auch als glamouröser Einzug des Cocktail-Gladiatoren gefeiert, als Grundsteinlegung der englischen Cocktailkultur. Aber man kann sich ausmalen, was manch britischer Gentleman angesichts des goldkettenbehangenen Kolosses aus der ehemaligen Kolonie gedacht haben mag, der mit Barutensilien aus Silber im Wert von angeblich tausend Pfund durch das Land brauste. Nicht von ungefähr schreiben die Engländer Henry Porter und George Roberts in ihrem 1863 erscheinenden *Cups and Their Custom* von der »Genugtuung über den geringen Erfolg, den Pick-me-up, Corpse-reviver, Chain-lightning und wie sie alle heißen, in diesem Land haben«.

Vereinfacht gesagt: Die Briten mögen das für ihren Gaumen eher zu süß und eiskalt daherkommende Zeug aus Amerika nicht. Aber die Entwicklung lässt sich auch in England nicht aufhalten. William Terrington setzt in seinem 1869 erscheinenden *Cooling Cups and Dainty Drinks* auf eine sehr britisch anmutende Formulierung im Titel, aber er steht den »Sensationen unserer amerikanischen Cousins«, wie er es bezeichnet, schon weitaus offener gegenüber. Diese Entwicklung wird vor allem von Alexis Benoit Soyer im *Reform Club* oder Leo Engels im *Criterion Restaurant*, der ersten American Bar in London, die 1878 eröffnet, angestoßen.

Es kann nur einen geben

Aufgrund der kontinentalen Unterschiede ist es kein Wunder, dass viele Barkeeper in die USA gehen, nicht zuletzt aus Deutschland. Einer davon ist Wilhelm Schmidt, der – mit einem dicken Schnauzer und einer gehörigen Portion Selbstvertrauen ausgestattet – 1869 in Hamburg ein Schiff besteigt, mit dem er als William Schmidt in den USA anlegt. Schmidt geht zuerst nach Chicago, 1884 aber zieht er nach New York, wo er als »The Only William« zum zeitweise berühmtesten Barmann seiner Zeit wird. Markenzeichen von Schmidt ist es, Cocktails mit sehr vielen verschiedenen Zutaten zu kreieren, so wie seine Kreation des damals teuersten Cocktails der Welt, eines *Champagner-Juleps*, den er für 5 Dollar verkauft, was bei einem durchschnittlichen Preis von 15 Cent pro Drink eine ordentliche Ansage ist. England müht sich also noch mit *Cups* ab, während in den USA *Champagner-Juleps* und *Cocktails* kursieren; das Mutterland quält sich mit der Moderne, die der Abkömmling rigoros vorantreibt: Die Dinge sollten jedoch bald drastisch auf den Kopf gestellt werden. Genauer gesagt: am 20. Januar 1920.

Moonshine

Hinter dem romantischen Begriff Moonshine verbirgt sich eine wesentlich unromantischere Methode, illegal Schnaps zu brennen. Zur Zeit der Prohibition in den USA entstanden, spielt der Begriff auf den Moment der Schnapsherstellung an: Nachts, bei Vollmond, ohne künstliches Licht und somit mit weniger Risiko, entdeckt zu werden, jagten die Brenner ihre Getreidemaische durch die Destillationsblasen. Das klare Destillat wurde nicht gelagert, sondern in Marmeladengläser abgefüllt und sofort verkauft, weswegen es auch als »White Lightning« bezeichnet wurde. Auch heute gibt es wieder Produkte, die sich Moonshine nennen – freilich werden sie nicht illegal hergestellt, sondern berufen sich nur auf ihre Vorgänger. Diese waren durch schlechte Verarbeitung teilweise gesundheitsgefährdend.

An diesem Tag tritt in den USA der *Volstead Act* in Kraft, gemeinhin besser bekannt als Prohibition. Das Goldene Zeitalter des Cocktails mag in vollem Gange sein, aber nicht alle halten es für eine kulturelle Errungenschaft, die Nacht in Bars zum Tage zu machen. Der Ruf nach Mäßigung und Abstinenz ist in den USA mindestens so alt wie das Recht auf seinen Dram Whiskey nach einem harten Arbeitstag. Und nicht nur in den USA: Schon 1729 tritt in England der erste von insgesamt fünf *Gin Acts* in Kraft, der den außer Kontrolle geratenen Gin-Konsum regulieren soll. Der durchschnittliche Konsum eines Erwachsenen über 15 Jahren liegt zu dieser Zeit in der britischen Hauptstadt bei fünf Litern pro Tag, was sich darin bemerkbar macht, dass sich die Schnapsleichen in den Straßen und Schankhäusern nur so stapeln.

Prohibition

Mit dem Wort Prohibition verbindet man im Allgemeinen die rund 14 Jahre, in denen in den USA das Verbot auf die Produktion, den Transport und den Verkauf von Alkohol bestand. Was wiederum die Entwicklung des Cocktails in Europa begünstigte, da viele Amerikaner aufgrund des starken Dollars nach England, Frankreich oder Italien reisten. Von dem Verbot durch das »Noble Experiment«, wie der »Volstead Act« genannt wurde, profitierte vor allem das organisierte Verbrechen, das Spirituosen aus Kanada, Mexiko und Kuba einführte. Die USA waren jedoch nicht das einzige Land, das die Prohibition einführte, um das Volk zu gesunden. Auch in Russland war sie von 1914 bis 1925 staatlich verordnet.

In den USA sind es Vereinigungen wie die 1893 gegründete *Anti-Saloon-League*, die sich im puritanischen Umfeld rascher Popularität erfreut, die *Salvation Army* oder Frauenrechtlerinnen wie die *Woman's Christian Temperance Union*, die dem Alkohol an den Kragen wollen. Im übermäßigen Suff sehen die Kritiker die Wurzel allen Übels, die für Glaubensabfall, Arbeitslosigkeit oder häusliche Gewalt verantwortlich ist. Eine der ersten Blaupausen für diese Ansichten lieferte bereits Benjamin Rush, Sklavereikritiker und berühmter Arzt seiner Zeit, der bereits als 15-Jähriger auf dem College von Princeton graduierte. In seinem 1785 veröffentlichten *An Inquiry into the Effect of Spirituous Liquors upon the Human Body and Mind* spricht er Alkohol das ab, was bis dahin als goldene Regel gegolten hatte: Dass er ein Wundermittel sei, eine Allzweckwaffe, die den Müden stimuliert, dem Traurigen das Gemüt aufhellt und den Kranken gesundet. Ganz im Gegenteil, so Rush, Rum und Whiskey würden den Zustand von Kranken und Verwundeten verschlimmern, selbst kleine Mengen würden zur Gewohnheit werden, die zu physischer und moralischer Verschlechterung führe. Dann hätte der Süchtige nichts mehr zu lachen, aber nicht nur das – Rush verpasst dem Trunkenbold noch ein paar ordentliche verbale Ohrfeigen: »In der Narretei erinnert er an ein Kalb; in der Dummheit an einen Esel; im Gebrüll an einen tobenden Stier; im Streit und Kämpfen an einen Hund; in Grausamkeit an einen Tiger; im Gestank an ein Stinktier; in Schmutzigkeit an ein Schwein; und in Obszönität an einen Ziegenbock.«

In manchen Bundesstaaten der USA ist die Prohibition zwar schon in Kraft (und in manchen Counties in den Bundesstaaten Alabama oder Texas existiert sie sogar noch bis zum heutigen Tag), aber landesweit findet die Bewegung nie genügend Zustimmung. Erst nach dem Ersten Weltkrieg bekommt sie wieder Rückenwind, der letztlich so stark wird, dass *The Noble Experiment* am 20. Januar 1920 verabschiedet wird. Selbst das Veto von Präsident Woodrow Wilson nützt nichts. Ab nun ist nicht unbedingt der Konsum von Alkohol, jedoch die Produktion und der Verkauf verboten.

Plötzlich illegal

In das Goldene Zeitalter des Cocktails fährt dieses Verbot wie ein Messer in warme Butter. Es ist die Zeit, in der die Städte wachsen und die Bars selbstverständlicher werden. Die Bandbreite an Spirituosen ist breit und zugänglich, amerikanischer Bourbon und Rye Whiskey florieren, der motorisierte Schiffsverkehr schafft seit Mitte des 19. Jahrhunderts mehr und schneller Wermut,

Cognac, Gin, Maraschino und Chartreuse über den großen Teich, als es bis dahin mit Segelschiffen je möglich gewesen wäre. Bartender erfinden köstliche Kreationen, die sie mit Shaker und Strainer zubereiten und in immer unterschiedlicheren Gläsern servieren. Der Jazz tut sein Übriges. Die Prohibitions-Befürworter sehen in dieser Entwicklung jedoch keine Kunst, sondern einen Fluch, dem sie den Krieg erklären.

Heute weiß man, dass es ein Kampf ist, der von Anfang an auf verlorenem Posten steht. Die Prohibition bringt vor allem mit sich, dass das organisierte Verbrechen wächst und Gangster wie Al Capone oder Meyer Lansky mit harter Hand regieren. Lansky, ein Kopf der *Kosher Nostra* genannten Gruppierung, formuliert deren Status in den Jahren der Prohibition deutlich: »Wir sind größer als US Steel (amerikanischer Stahlproduzent, *Anm.*).« Lansky ist Teil des *Broadway Mob*, der hochwertigen Whiskey an Nachtclubs in Manhattan schmuggelt. Doch die amerikanische Whiskeyproduktion, das Rückgrat der aufstrebenden Cocktailkultur, wird mit einem Schlag in die Illegalität gedrängt und aufgelöst. Freuen dürfen sich hingegen kubanische Rumproduzenten sowie kanadische Brenner, denen ihr Schnaps förmlich aus der Hand gerissen wird. Von 1923 bis 1929 steigt der Schmuggel von Whisky zwischen den Nachbarn von 110.000 Gallonen auf 1,4 Millionen Gallonen, was in etwa fünf Millionen Litern entspricht. Die Methoden, mit denen die wertvollen Spirituosen ins Land gebracht werden, finden sich als Mythen in zahlreichen Verfilmungen über die amerikanischen Twenties, deren Mobster in den langen Mänteln mit ihren Thompson-Maschinenpistolen längst Teil der kollektiven Vorstellung von dieser Zeit sind.

Meyer Lansky
1902–1983

Spricht man von Prohibitionsgangstern, ist meist von Al Capone oder Lucky Luciano die Rede. Dabei gilt der 1902 in Weißrussland geborene Meyer Lansky, führender Kopf der Kosha Nostra und »Boss aller Bosse«, als ebenso skrupellos. »Honest Meyer« wurde mehrfach angeklagt, jedoch nie für ein Verbrechen belangt.

Die Auswirkungen der Prohibition treffen nicht nur die Menschen, sondern auch die Getränke, und an keinem Beispiel sieht man diesen Umstand mehr als am *Manhattan*. Der Manhattan besteht aus Whiskey, süßem Wermut und Angostura Bitters. Er ist einer der großen Klassiker, der erstmals 1882 schriftlich erwähnt wird und auf dem damals topaktuellen Zusammenspiel von Spirituose und Wermut basiert. Möglicherweise ist er im gleichnamigen *Manhattan Club* in New York erfunden worden – viele Getränke der damaligen Ära entstehen in solchen Clubs –, möglicherweise hat ihn ein Bartender namens Black erfunden, aber keine Version sah kanadischen Whisky dafür vor. Trotzdem wurde der Manhattan noch lange Zeit mit Canadian Club assoziiert, selbst Charles Schumann weist ihn in seinem 1991 erschienenen Buch *American Bar* mit der Rezeptur des leichteren kanadischen Whisky aus. Der Grund: Auch er wusste es nicht besser. Kanadischer Whisky hatte während der

Prohibition den amerikanischen ersetzt, und nach Aufhebung des Alkoholverbots war kein amerikanischer Whiskey verfügbar. Stattdessen folgte der Zweite Weltkrieg, in dem es um anderes ging als um die Frage ursprünglicher Cocktailrezepturen. Der Planet focht einen grausamen Kampf, und als er vorbei war, war der Manhattan eben ein Drink mit Canadian Club. Es sollte noch einige Zeit dauern, bis die US-amerikanische Whiskeyproduktion und die Cocktailkultur wieder zusammenfinden würden.

Böses aus der Badewanne

Aber wir greifen vor. Wir befinden uns noch mitten in der Prohibition und bei den Versuchen der amerikanischen Bevölkerung, an ihren *Booze* zu kommen. Diese will schließlich großteils nichts mit dem von radikalen Alkoholgegnern wie Carrie Nation, der Gründerin der *Saloon Breaker*, vorangetriebenen Gebot zu tun haben. Nation ist bekannt dafür, Saloons zu stürmen, mit einer Axt deren Einrichtung zu zerstören und gegen den Teufel Alkohol zu zetern. Da sie 1911 an einem Herzinfarkt stirbt, erlebt sie die rechtliche Etablierung ihres Werks nicht mehr, aber auch sie hätte sich die Kollateralschäden, die die Prohibition in der Bevölkerung anrichtet, nicht träumen lassen. Nicht gewillt, auf Alkohol zu verzichten, brennen die Menschen *Bathtub Gin*, billig hergestellten Fusel, der in so großen Flaschen abgefüllt wird, dass sie lediglich in der Badewanne mit Wasser gestreckt werden können. Ihr schlechter Geschmack ist noch das geringste Übel. Lähmung und Hirnschäden sind die Folge der schlechten Verarbeitung, in vielen Fällen endet der Konsum der Spirituosen tödlich.

Besseren Schnaps gibt es dort, wo die Prohibition bunte Blüten treibt: in Speakeasy-Bars. Die legendären Flüsterkneipen, in die man nur Zugang erhält, wenn man die Losung kennt, boomen. Nicht zuletzt, weil die Wahrscheinlichkeit, dass der geschmuggelte Whisky, den sie verkaufen, besser ist als der Bathtub Gin oder der Moonshine, sehr hoch ist. *Moonshine* bezieht sich auf den Vorgang des illegalen Schnapsbrennens, das bei Vollmond betrieben wird, um durch künstliches Licht keine Aufmerksamkeit zu erregen. Wie alle Verbote hat auch die Prohibition eine Folge: Die Nachfrage nach Alkohol steigt. Vor Beginn der Prohibition gibt es in New York etwa 16.000 Kneipen, gegen Ende der Prohibition sind es über 30.000 Speakeasys, viele Schätzungen beziffern die Zahl auch wesentlich höher. Die Amerikaner wollen sich das Trinken nicht verbieten lassen, und schon gar nicht von unsympathischen Prohibitionsagenten, oft gescheiterten Männern, angesichts ihres schlecht bezahlten Jobs nicht selten bestechlich. Die Prohibition treibt normale Bürger in die Illegalität, während Al Capone deklariert: »Die Prohibition hat mich reich gemacht.«

Aber ob der Alkohol nun schlecht oder gut ist, kaschiert werden muss er so oder so. Ein Effekt der Prohibition ist, dass Cocktails nicht als solche erkannt werden sollen. Sprich: Die Trinkbarmachung von billigem Fusel sorgt für Kreationen, die die Zeit überdauern. Not macht erfinderisch, und für kaum eine Phase in der Cocktailgeschichte ist sie zutreffender als für die 1920er Jahre in den USA.

Cocktails, die während der Prohibition geboren werden, bleiben eine Ausnahme, aber sie sind vorhanden. Ein gelungenes Beispiel ist der *Last Word*. Diese Mischung aus Gin, Chartreuse Verte, Maraschino und Limettensaft geht auf den *Detroit Athletic Club* zurück, wo sie der Bartender Frank Fogarty 1922 erfunden haben soll. Zu gleichen Teilen seiner Bestandteile gemischt, entfaltet der Last Word eine erfrischende Note, getragen vom kräuterigen Aroma des Chartreuse und unterstützt von der Süße des Maraschino.

Harry, der Maurer

Die Prohibition hat jedoch auch einen Nutznießer: die restliche Welt. Um ihr Handwerk weiter ausführen zu können, flüchten die Virtuosen der amerikanischen Bars in andere Länder. Viele, wie Eddie Woelke, einen bekannten deutschstämmigen Bartender aus dem *New York City's Weylin Hotel*, zieht es unter die warme Sonne Kubas. Andere wählen jedoch die Reise nach Europa, vornehmlich England und Frankreich. Verständlich: Mit England eint Amerikaner dieselbe Sprache, Frankreich mit seiner Hauptstadt Paris ist eine internationale Drehscheibe, zusätzlich ist man unter Alliierten des Ersten Weltkrieges, der noch nicht lange zurückliegt. Unter diesen Bartendern, die sich auf den Weg nach *Good Old Europe* machen, ist auch derjenige, der sich rühmt, den letzten Cocktail auf amerikanischem Boden vor dem Inkrafttreten der Prohibition gemacht zu haben: Harry Craddock.

Harry Craddock
1876 – 1963

Sein »The Savoy Cocktail Book«, 1930 erstmals publiziert, ist eines der Standardwerke der modernen Bar-Mixologie, das immer noch gedruckt wird. Darüber hinaus war der hagere Bartender als guter Promoter in eigener Sache bekannt, etwa indem er einen Shaker mit dem Inhalt eines Cocktails für die Ewigkeit in eine Wand einmauerte.

Der nächste große Harry

Jener Harry Lawson Craddock wird 1876 als jüngstes von fünf Kindern im englischen Stroud geboren. Seine Familie arbeitet in der Bekleidungsindustrie, aber Harry hat Anderes vor. Mit 22 Jahren legt er mit der *Teutonic* im Hafen von New York an. In den USA arbeitet er zuerst im *Hollenden Hotel* in Cleveland, bis er über Chicago zurück nach New York findet. Dort heuert er 1906 im *Knickerbocker Hotel* an – und steht neben einem gewissen Eddie Woelke hinter dem opulenten Mahagonitresen des Hotels. Als der Besitzer des Knickerbocker, John Jacob Astor IV, 1912 beim Untergang der *Titanic* ums Leben kommt, zieht Craddock weiter nach Nassau. 1916 wird er amerikanischer Staatsbürger und findet sich im *Holland House* in Manhattan wieder – und wer weiß, wo die Geschichte des Harry Craddock geendet hätte, hätte die Prohibition ihn nicht arbeitslos gemacht. Der bereits 44-Jährige entschließt sich, mit Frau und Tochter zurück in die alte Heimat zu reisen – wo seine Karriere erst so richtig losgeht. In London beginnt er im *Hotel Savoy*,

Claridge Cocktail

vergessene Perle aus dem »Savoy Cocktail Book«

4,5 cl Dry Gin, 4,5 cl trockener Wermut,
1,5 cl Orangenlikör bzw. Triple Sec,
1,5 cl Apricot Brandy
/
GLAS: Coupette
GARNITUR: Zitronenzeste
/
Alle Zutaten auf Eiswürfeln im Rührglas
für ca. 30 Sekunden verrühren. In das
vorgekühlte Glas abseihen.

Champagne Cocktail

einer der ersten schriftlich erwähnten Cocktails

1 Zuckerwürfel, Angostura Bitters,
gekühlter Champagner
/
GLAS: Champagnerglas
GARNITUR: Zitronenzeste
/
Zuckerwürfel mit Angostura Bitters beträufeln.
In das Glas geben und mit Champagner auffüllen.

Umeshu

japanisch-aromatischer Manhattan-Cousin

6 cl Yamazaki Whisky, 3 cl Akashi-Tai Shiraume
Ginjo Umeshu Pflaumensake, 2 BL Pedro
Ximénez Sherry, 3 Dashes Aromatic Bitters
/
GLAS: Coupette
GARNITUR: flambierte Orangenzeste
/
Alle Zutaten auf Eiswürfeln im Rührglas
für ca. 30 Sekunden verrühren. In das
vorgekühlte Glas abseihen.

Rob Roy

die Scotch-Variante des Manhattan

6 cl Blended Scotch, 2 cl roter Wermut,
2 Dashes Angostura Bitters
/
GLAS: Coupette oder Martiniglas
GARNITUR: Zitronenzeste
/
Alle Zutaten auf Eiswürfeln im Rührglas
für ca. 30 Sekunden verrühren. In das
vorgekühlte Glas abseihen.

> **»Cooling Cup & Dainty Drinks«**
> **von William Terrington**
>
> *Die Briten waren etwas verhaltener, was die Verbreitung von Cocktails im 19. Jahrhundert betraf. Den mit Eis zusammengeschüttelten Getränken – die im Gegensatz zu heute oft nur als Shot in einem Zug zu trinken waren – begegnete man einige Zeit mit der berühmten »Stiff Upper Lip«. Den Bogen von der alten in die neue Welt spannte William Terrington mit seinem Buch »Cooling Cup & Dainty Drinks« aus dem Jahre 1869. Es ist die erste britische Publikation, die Rezepte für Cocktails beinhaltet, gleichzeitig werden klassische britische Mischgetränke beschrieben. Einige Rezepte stammten von Alexis Benoit Soyer (1810–1858), dem führenden Koch seiner Zeit, der während der großen Hungersnot in Irland die Einrichtung von Suppenküchen erfand.*

1926 übernimmt er die Leitung der dortigen American Bar, die aufgrund der vielen Amerikaner, die Craddock anzieht, schon bald darauf als »49. Bundesstaat der USA« bekannt ist. Der Grund ist ein etwas bizarrer: Aufgrund der steigenden Popularität von Cocktails in England, also amerikanischen Getränken, will die Hotelleitung einen amerikanischen Barchef – und Craddock, der gebürtige Brite, hat nach mehr als zwei Jahrzehnten in den USA Akzent genug, um dieses Kriterium zu erfüllen.

Natürlich hat er auch mixologisches Fachwissen genug im Handgepäck, und zudem hat er ein Händchen für PR. Craddock wird rasch zur Berühmtheit; zu seinen Kunden zählen Charlie Chaplin, Errol Flynn oder Ava Gardner. Da ist der Mythos, dass er den letzten legalen Drink vor der Prohibition getrunken habe, um am nächsten Tag das Schiff nach England zu besteigen. Als eine britische Regierungskommission sich abwertend über den sich ausbreitenden Cocktailtrend äußert, gibt er eine Anzeige auf, in der er jedem Mitglied 50 Pfund Belohnung verspricht, sollte ein von ihm gemachter Cocktail nicht die Qualität des Mittag- oder Abendessens verbessern. Craddock ist in seiner Zeit so bekannt, dass er 1927 eine Statue bei Madame Tussaud's bekommt. Im gleichen Jahr wird auch die American Bar des Hotel Sayoy im Art-Déco-Stil umrenoviert, und Craddock bekommt die Gelegenheit für einen weiteren PR-Coup: Er mauert einen Cocktailshaker in der Wand ein. Es ist ein Cobbler Shaker, der eine White Lady enthält. Natürlich bringt auch Craddock, der akribische Sammler, der Ende der 1920er Jahre bereits über 2.000 Rezepte besessen haben soll, ein Buch auf den Markt, das *The Savoy Cocktail Book*. Die amerikanische Bar-Legende Gary »Gaz« Regan misst dem 1930 erschienenen Werk eine ganz entscheidende Bedeutung zu: »Das Buch von Harry Craddock ist vermutlich eines der wichtigsten des 20. Jahrhunderts, einfach weil es sehr viele Rezepturen enthält, die ansonsten für immer in der Geschichte verloren gegangen wären.«

Es bleibt das einzige Buch, das Craddock schreibt, aber es ist und bleibt eines der wichtigen Referenzwerke der Cocktailkultur. Ein Standardwerk für die Ewigkeit. Craddock ist aber nicht nur ein schlauer Fuchs, der weiß, wie man mit eingemauerten Shakern Aufmerksamkeit erzeugt, er macht sich auch um seine Zunft Gedanken. Gemeinsam mit William Tarling, Chef-Bartender des nicht minder einflussreichen *Café Royal*, gründet Craddock 1933 die *United Kingdom Bartenders Guild*, eine Innung für Bartender.

Kurz darauf jedoch endet die Karriere von Harry Craddock im Hotel Savoy. Er nimmt stattdessen eine Stelle im neu eröffneten *The Dorchester* an, wo er seine Getränke Dwight D. Eisenhower kredenzt. Das Dorchester ist das Hauptquartier des amerikanischen Militärs während des Zweiten Weltkrieges. Somit wäre es wenig verwunderlich, wenn seine Kreationen auch den Weg in die Hände eines der ganz großen Trinker und Cocktail-Connaisseure des 20. Jahrhunderts gefunden hätte, Sir Winston Churchill. Auch im Dorchester vergräbt Craddock einen Shaker, der 1979 im Zuge von Renovierungsarbeiten wiedergefunden wird. Der Shaker im Savoy jedoch ruht immer noch hinter einer Mauer.

Ada, die Pionierin

Craddock ist bis 1947 oder 1948 im Dorchester, ab 1951 sieht man ihn noch für einige Jahre im *Brown's Hotel*. Wie viele seiner berühmten Kollegen vor ihm, verstirbt aber auch Harry Craddock verarmt und unbekannt. Mit 87 Jahren stirbt er 1963, und damit drei Jahre früher als die Frau, die er in ihrem Amt als Barchefin des Hotel Savoy beerbt hatte: Ada Coleman.

Ada Coleman
1875–1966

Ihr erster Cocktail war ein Manhattan, und es sollten viele folgen: Die Barchefin des Savoy in London und Vorgängerin von Harry Craddock gilt als Pionierin für weibliche Bartender. Die Erfinderin des »Hanky Panky« Cocktails war auch privat als beliebte Gastgeberin für Partys in der britischen Hauptstadt bekannt.

Heute mag es eine Selbstverständlichkeit sein, dass weibliche Bartender wie Audrey Saunders, Ivy Mix oder Bettina Kupsa einen internationalen Ruf in der Barwelt haben, Anfang des 20. Jahrhunderts war das jedoch keineswegs der Fall. Alleine schon aufgrund dieser Ausnahmestellung kann Coleman bis heute als berühmteste Barfrau bezeichnet werden. »Coley«, wie die sympathische, offenherzige Coleman genannt wurde, beginnt ihre Karriere 1899 im *Claridge's*, einem Hotel im Besitz von Richard D'Oyly Carte. Colemans Vater ist Kellner im Golfclub von D'Oyly Carte, und als der Vater stirbt, bietet ihr dieser dessen Job an. Die 24-jährige Ada nimmt an und mixt kurz darauf ihren ersten Cocktail, einen Manhattan (es ist nicht bekannt, mit welchem Whiskey, aber es ist kaum anzunehmen, dass es sich dabei um kanadischen gehandelt hat). Schon bald erkennt D'Oyly Carte das Talent und die einnehmende Präsenz von Ada Coleman und befördert sie 1903 zur Barchefin der American Bar des Savoy Hotel, als der bisherige Barchef Frank Wells in Rente geht. Coleman ist aber nicht nur eine gute Gastgeberin, sie weiß auch von ihrem Handwerk. Als ihre berühmteste Kreation geht der *Hanky Panky* in die Geschichte ein: eine Mischung aus Gin, süßem Wermut und Fernet Branca. Der Hanky Panky ist ein perfektes Beispiel, das zeigt, dass Bartender immer auch auf das Wechselspiel mit ihren Gästen angewiesen sind. Dass sie diese überraschen wollen und von ihnen angestachelt werden.

1925 erklärt Ada Coleman im *The People Magazine*, wie es zu dem Cocktail kam: »Charles Hawtrey (britischer Schauspieler und Komiker, *Anm.*) konnte Cocktails beurteilen wie kaum ein Zweiter. Vor einigen Jahren kam er, wie gewohnt überarbeitet, in die Bar und sagte: ›Coley, ich bin müde. Mach mir etwas mit Wumms darin.‹ Für ihn habe ich dann Stunden damit zugebracht, einen neuen Cocktail zu erfinden. Bei seinem nächsten Besuch meinte ich, ich hätte einen neuen Drink für ihn. Er probierte kurz, dann leerte er ihn auf einen Zug ›Gütiger! Das ist ein echter Hanky-Panky!‹ Und somit hieß der Drink eben Hanky-Panky.«

Es ist auch das letzte Jahr, in dem sie der American Bar im Hotel Savoy vorsteht. Denn 1926 fällt sie dem eingangs genannten Wunsch der Hotelleitung, einen amerikanischen Barchef vorweisen zu können, zum Opfer. Harry Craddock bekommt die Position, und dieser – offenbar kein Feminist – ist nicht der Meinung, dass weibliche Bartender die Rolle hinter dem Tresen ausfüllen können. Coleman wird in den Blumenshop des Hotels versetzt, ein Zug, der auch knapp hundert Jahre später immer noch einen mehr als seltsamen Beigeschmack hat. Trotzdem ist der Platz von Coley in der Bargeschichte gesichert.

Harry, der Fliegenfänger

Aber nicht nur in England vermischen sich die amerikanische und die europäische Cocktailkunst zu neuen Höhen. Auch in Frankreich, natürlich in Paris, dreht sich vieles um die kalten »Mischgetränke« – eine Bezeichnung, wie sie im Deutschen von Carl A. Seutter in dem 1909 erschienen Buch *Der Mixologist* verwendet wird, was noch eine gewisse Blasiertheit gegenüber der englischen Sprache erkennen lässt. Für die Ausbreitung in Paris verantwortlich ist schon wieder ein Harry. Sein Nachname: McElhone.

Wie der Name vermuten lässt, ist Harry McElhone schottischer Abstammung, was eine Erklärung sein mag, warum McElhone als der vielleicht humorvollste Barmann seiner Ära gilt, auf jeden Fall aber als der ironischste. Wie sonst könnte man jemanden bezeichnen, der 1924 die *International Barflies Association* gründet, die ihren – teils hochrangigen – Mitgliedern ein Regelwerk aufzwingt, in dem es heißt: »Es wird Barflies (regelmäßigen Bargängern) empfohlen, auf der Toilette zu weinen und auch gleich ihren eigenen Wischmop mitzunehmen«, oder: »Nach dem sechsten Getränk sollte mit Rücksichtnahme auf die Schulter geklopft werden. Zur Erinnerung: Viele Barflies haben falsche Zähne«?

Im Gegensatz zu Harry Craddock, der Frauen hinter dem Tresen nichts abgewinnen kann, begrüßt Harry McElhone nicht nur weibliche Mitglieder seines humorigen Vereins, er gibt ihnen auch den Namen *Butterflies*. Ihr Treffpunkt ist die legendäre *Harry's New York Bar*, die Bar, die McElhone 1923 der Witwe des Vorbesitzers abkauft. Nicht von ungefähr: Er hatte schon früher in der Bar gearbeitet, als sie noch schlicht *New York Bar* hieß. Über die *Ciro's Bar* in London findet McElhone den Weg zurück nach Paris. In England hat er bereits das Buch *Harry of Ciro's ABC of Mixing Cocktails* herausgegeben, 1927 folgt in Paris *Barflies and Cocktails*. Während also in den USA die Prohibition wütet und übler Whiskey im Mondlicht gebrannt wird, tanzt Europa bei Vollmond in seine Roaring Twenties, und Harry's New York Bar ist mittendrin. Seine amerikanischen Gäste kennen oft nur eine französische Phrase: »Sank Roo Doe-Noo«, wie 5 Rue Daunou auf englisch ausgesprochen wird. Es ist die Adresse, die sie dem Taxifahrer zuwerfen, der sie in das berühmte Etablissement bringen soll.

Dieses ist nicht nur ein beliebter Party-Hotspot, sondern auch Ursprungsort einiger Cocktailklassiker, allen voran der *White Lady*. Diese Mischung aus Gin, Cointreau, Zitronensaft und – wahlweise – Eiweiß ist von ihrem Aufbau her ein Sour und zeigt das, was viele Klassiker auszeichnet: Sie benötigen nicht mehr als drei bis vier Zutaten; diese sind zudem nicht so schwer zu bekommen wie ein Edelweiß, sondern gut verfügbar. Die Cocktails sind leicht zu machen: alle Flüssigkeiten in den Shaker, schütteln und abseihen. Es ist die Zeit, in der die Getränke auch öfter geschüttelt als gerührt werden, einfach weil ein Shaker besser aussieht und das Eis – die essentielle, nun mehr unverzichtbare Zutat in dem *State-of-the-Art*-Drink, der der Cocktail nun ist – schlichtweg besser damit knallt. Das ist einer der Gründe, weswegen viele alte Rezepte, die man heute eher im Rührglas rührt, als geschüttelt in den Büchern der Barpioniere stehen.

Immer wieder Harry

Harry's New York Bar in Paris ist lange Zeit eine der führenden Adressen, der starke Dollar verschlägt viele der »Lost Generation« aus den USA nach Europa. Nicht zu verwechseln ist sie jedoch mit der »Harry's Bar« in Venedig. Diese wurde 1931 von Giuseppe Cipriani eröffnet und nach dem Amerikaner Harry Pickering benannt, der dem italienischen Barkeeper das nötige Kleingeld für seine eigene Bar zusteckte – nicht von ungefähr: Cipriani hatte dem Amerikaner aus seinen Geldsorgen geholfen, ohne zu wissen, ob er seine Leihgabe je wiedersehen würde. Als Ciprianis bekanntester Cocktail gilt der »Bellini«.

Ein anderer Drink, der zumindest mit Harry's New York Bar zu tun hat, ist der *French 75*. Wie so viele Cocktails, hat auch er eine Geschichte hinter sich, in der einige Mutationen stecken. Fakt ist, dass der Drink nach einer französischen Schnellfeuerkanone aus dem Ersten Weltkrieg benannt ist. Der Name wurde dadurch zu einem Synonym für Durchschlagskraft, was passend ist für einen mit Champagner getoppten Gin Sour. Das war er allerdings nicht immer. Geboren wurde der Drink als 75 mit Calvados, Dry Gin, Zitronensaft und Grenadine. McElhone ersetzt Grenadine in Paris mit Absinth, der Cocktail ist aber noch lange nicht am Ziel angekommen. Er macht vielmehr eine Reise in die USA, wo er in einschlägigen Speakeasy-Bars wie dem *Stork Club* mit Champagner getoppt wird, um als spritziger Re-Import wieder in Europa aufzutauchen. Die amerikanischen Gäste verlangen ihn nun mit Champagner, also taucht der 75 als Champagner-Drink auf der Karte auf.

Frank, der Spion

McElhone folgt damit einer weiteren prägenden Pariser Figur, die den 75 mit Champagner kredenzt: Frank Meier. Dieser ist Barchef des Pariser *Ritz Hotels* und ein Beispiel der alten Garde, ein Barmann in der Tradition eines Jerry Thomas: ein Spieler und Pferdewetter mit einem großen Herzen, einem großen Fachverstand für seine Kunst und einem Händchen für große Tragik. Auch Frank Meier gibt ein Buch heraus, das grandiose, im Art-Déco-Stil gehaltene *The Artistry of Mixing Drinks*, in dem es nicht nur um Getränke geht, sondern auch um Gegenmittel für Vergiftungen oder die richtige Methode zur Fleckenentfernung auf dem Jackett. Das mag passend sein für einen Mann, für den Ernest Hemingway in die nächste Wettbude läuft, wenn der Betrieb in der Bar nicht zulässt, dass er es selbst tut. Der amerikanische Journalist Lucius Beebe beschreibt Frank Meier so: »Frank von der Ritz Bar war eine Art universell anerkannter König und war, in der Tat, ein sehr freundlicher, großzügiger und verständnisvoller Freund für tausende Amerikaner. Es gab nichts Billiges oder Volkstümliches am Ritz, und es fanden sich keine Schuppen auf den Morgenjacken seiner Gäste wie dem damaligen spanischen König, dem Prince of Wales und den russischen Großherzogen, die im Pariser Exil lebten.«

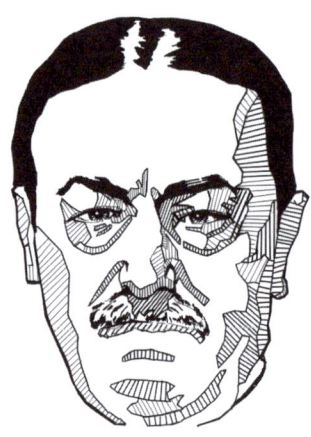

Frank Meier
gestorben verm. 1947

Frank Meier war als Barchef des Pariser Ritz-Carlton Hotels ein stilprägender Bartender. Der jüdischstämmige Meier soll im besetzten Paris gegen die Nazis konspiriert haben. Viel weiß man nicht über ihn, aber sein Buch »The Artistry of Mixing Drinks« blieb erhalten.

Seine Cocktail-Philosophie lässt sich in zwei Sätzen zusammenfassen: »Ein Cocktail muss immer perfekt sein. Es gibt keinen Grund, einen schlechten zu trinken«, so Meier, der auch weiß, dass die Aufgaben eines Bartenders weiter gehen, als nur die Drinks zu machen: »Ein Bartender muss Chemiker, Physiologe und Psychologe sein.« Und in Zeiten des Krieges, in denen sich das Ritz im Zweiten Weltkrieg wiederfindet, auch Widerstandskämpfer. Das Pariser Ritz ist, nachdem Hitler die französische Hauptstadt einnimmt, zweigeteilt: Die eine Hälfte ist für französische Gäste wie Coco Chanel reserviert, in der anderen Hälfte residieren Nazigrößen wie Hermann Göring. Die Sympathien von Meier, einem Österreicher, der zumindest teilweise jüdischer Abstammung ist, sind klar. So soll der Barchef auch als Briefkasten für den deutschen Widerstand gedient haben und unter anderem auch Nachrichten der Gruppe angenommen haben, die den missglückten Attentatsversuch auf Adolf Hitler am 20. Juli 1944 plante. Frank Meier selbst kann dazu nicht mehr lange befragt werden, er verstirbt bereits kurz nach Kriegsende 1947. Keine Frage: Es wäre die vielleicht spannendste, mit Sicherheit aber politischste Geschichte, die je von einem Bartender erzählt worden wäre.

So entwickeln sich die Dinge auf beiden Seiten des Atlantiks auf unterschiedliche Weise. In den USA, der Wiege des Cocktails, behilft man sich mit geschmuggeltem Schnaps. Die Bartender mischen, was sie in die Finger bekommen, Klaviervirtuosen, die mit Blechkeyboards Vorlieb nehmen müssen. Die Stimmung in der Bevölkerung ist schlecht, am 24. Oktober 1929 kippt das Land mit dem Schwarzen Donnerstag in die Große Depression. Dies begünstigt jedoch auch die Entscheidung, der Prohibition endlich den Garaus zu machen: Wirtschaftlich entgehen dem Staat Milliarden durch die fehlende Alkoholbesteuerung, und auf die kann man nicht länger verzichten. So wartet ganz Amerika im Dezember 1933 gespannt auf das Wahlergebnis aus Utah. Ausgerechnet der Mormonenstaat ist der letzte, der über die Ratifizierung des 21. Zusatzartikels zur amerikanischen Verfassung entscheidet, der Aufhebung der Prohibition. Mit einer positiven Abstimmung wäre die notwendige Dreiviertelmehrheit der US-Bundesstaaten erreicht, um Alkohol wieder legal zu machen. Und tatsächlich: Utah stimmt zu. Als die Nachricht die Runde macht, soll Präsident Franklin D. Roosevelt mit einem selbst gemachten Martini auf das Ende der Prohibition angestoßen haben. Amerikanische Präsidenten und ihre Getränke: ein Kapitel für sich.

Die Prohibition wird 1933 jedenfalls aus den Gesetzbüchern entfernt. In den Büchern der Cocktail- und Spirituosenkultur jedoch werden diese finsteren 14 Jahre noch lange nachhallen. In Wahrheit bis zur Jahrtausendwende.

Sidecar

einfache, aber komplexe Sour-Variante

4 cl Brandy, 2 cl Triple Sec, 2 cl frischer Zitronensaft
/
GLAS: Coupette
GARNITUR: Zitronenzeste
/
Alle Zutaten auf Eiswürfeln im Shaker 10- bis 15-mal schütteln. Doppelt in die vorgekühlte Cocktailschale abseihen.

Bloody Mary

würziger Wachmacher

5 cl Vodka, 1 cl frischer Zitronensaft, 15 cl Tomatensaft, 3 Dashes Worcestershire Sauce, Selleriesalz, Pfeffer, Tabasco
/
GLAS: Highball
GARNITUR: Selleriestange
/
Alle Zutaten in ein Rührglas geben, Salz, Pfeffer und Tabasco nach Geschmack. Eiswürfel dazugeben und ca. 15 Sekunden verrühren. Auf Eiswürfel abseihen. Vodka durch Gin ersetzt ergibt einen Red Snapper.

Hanky Panky

(Original nach Ada Coleman)

3 cl Gin, 3 cl roter Wermut, 2 Dashes Fernet-Branca
/
GLAS: Martiniglas
GARNITUR: Orangenzeste
/
Alle Zutaten auf Eiswürfeln im Shaker 10- bis 15-mal schütteln. Doppelt in die vorgekühlte Cocktailschale abseihen.

White Lady

erfrischend, belebend, simpel

6 cl Dry Gin, 2 cl Triple Sec, 2 cl frischer Zitronensaft, Eiweiß (optional)
/
GLAS: Coupette
GARNITUR: keine
/
Alle Zutaten auf Eiswürfeln im Shaker 10- bis 15-mal schütteln. Verwendet man Eiweiß, sollte man zuvor einen »Dry Shake« machen, also ohne Eiswürfel schütteln. Hat man alles auf Eiswürfeln geschüttelt, doppelt in die vorgekühlte Cocktailschale abseihen.

French 75

belebender Champagnerdrink

3 cl Gin, 1,5 cl frischer Zitronensaft,
1 cl Zuckersirup, Champagner

/

GLAS: Champagnerglas
GARNITUR: Cocktailkirsche

/

Alle Zutaten bis auf den Champagner auf Eiswürfeln im Shaker 10- bis 15-mal schütteln. In das Glas abseihen und mit Champagner auffüllen.

Straits Sling

ein herber Durstlöscher

4 cl Dry Gin, 2 cl D.O.M. Bénédictine,
2 cl Kirschwasser, 1 cl frischer Zitronensaft, 2 Dashes Orange Bitters, 2 Dashes Angostura Bitters, Soda

/

GLAS: Tumbler
GARNITUR: Muskatnuss

/

Alle Zutaten bis auf das Soda auf Eiswürfeln im Shaker 10- bis 15-mal schütteln. Auf Eiswürfel abseihen und mit Soda auffüllen.

Norwegian Wood

moderner Klassiker von Jeffrey Morgenthaler

4 cl Aquavit, 4 cl Calvados, 3 cl roter Wermut,
2 cl Chartreuse Verte

/

GLAS: Coupette
GARNITUR: Zitronenzeste

/

Alle Zutaten auf Eiswürfeln im Rührglas für ca. 30 Sekunden verrühren. In das vorgekühlte Glas abseihen.

Last Word

intensiv-aromatisch und nicht zu unterschätzen

2 cl Dry Gin, 2 cl Chartreuse Verte,
2 cl Maraschino, 2 cl frischer Limettensaft

/

GLAS: Coupette
GARNITUR: keine

/

Alle Zutaten auf Eiswürfeln im Shaker 10- bis 15-mal schütteln. Doppelt in das vorgekühlte Glas abseihen.

N° 5

DON CAMILLO & NEGRONI

Italien ist das Land des Wermuts und der Bitterliköre. Von Florenz, Mailand und Turin ausgehend, entwickelt sich eine Aperitifkultur, die einen internationalen Cocktailklassiker hervorbringt: den Negroni. Aber das ist natürlich nicht die ganze Geschichte.

NEGRONI					
	GLAS	Tumbler	ZUTATENLISTE	2 cl Campari	ITALIENISCHE DREIFALTIGKEIT
	GARNITUR	Orangenzeste		2 cl roter Wermut	
				2 cl Gin	
	ZUBE-REITUNG	Alle Zutaten auf Eiswürfel in den Tumbler geben und verrühren.			

Er ist der Klassiker vor dem Essen, nach dem Essen, zwischendurch. Rubinrot in der Farbe und voll herber Kraft, geht seine Erfindung zurück auf das italienische Adelsgeschlecht Negroni. Zeitlich Anfang des 20. Jahrhunderts angesiedelt, kann der Negroni heute trotzdem als Klassiker der Cocktailgeschichte angesehen werden, der sich auf Augenhöhe mit Manhattan und Martini befindet.

Im Jahr 1842 verschlägt es einen 14-jährigen Jungen aus einer Bauernfamilie der kleinen Gemeinde Cassolnovo nach Turin. Der junge Italiener findet Arbeit im *Caffé Bassa*, einer der ersten Adressen der Stadt, das auch gleichzeitig ein Spirituosengeschäft führt. Turin ist das Aperitifzentrum Italiens, angetrieben durch den Wermut von Antonio Bendetto Carpano, der sich immenser Beliebtheit erfreut. Schon immer ist die Stadt am Fluss Po der Dreh- und Angelpunkt des Piemonts. Nur wenige Jahre später wird Turin die erste Hauptstadt des vereinten Italiens sein, wenn auch nur für kurze Zeit.

Der Junge aus der Provinz lernt sein Handwerk rasch. Er geht dem Bartender zur Hand und sieht, wie man Liköre und Aperitifs mischt. Aber Gaspare Campari hat mehr im Sinn, als ein Leben lang nur ein Handlanger zu sein. Er möchte sein eigener Chef sein. Sein Traum erfüllt sich, als er 1860 im Städtchen Novara ein Geschäft eröffnet. Zwei Jahre später heiratet er seine zweite Ehefrau und zieht mit ihr nach Mailand, wo er mit der Produktion eines Bitterlikörs beginnt, in den er – die Angaben variieren bis heute – 20 bis 80 Zutaten packt. Zu Beginn vertreibt er seine Kreation noch als *Bitter all'uso d'Olanda* (»Bitter nach holländischer Art«), aber schon bald sagen alle nur noch *Bitter Campari* dazu. Der leuchtend rote, bittersüße Likör wird zum Instant-Hit. Und was Gaspare Campari, der 1882 stirbt, nicht mehr erfahren soll, zum Fundament des berühmtesten Aperitifcocktails: des *Negroni*.

Der Negroni ist eine Mischung aus Campari, Wermut und Gin, die zu gleichen Teilen auf Eiswürfeln verrührt und mit einer Orangenzeste abgeschmeckt werden. Das klingt einfach und ist es auch, trotzdem ist der Negroni ein komplexer Drink. Seine Faszination liegt in dem würzigen Zusammenspiel von Campari und Wermut, dieser geschmacklichen Ballstafette zwischen Turin und Mailand, die Italien nicht nur im Fußball goldene Momente beschert, sondern auch im Cocktailglas. Der bittere Geschmack des Campari ist das bestimmende Element und nicht jedermanns Sache – aber bitter ist eben der Geschmack, der den Hobby-Trinker vom Profi-Gaumen trennt. Ist diese Stufe einmal überwunden, erkennt man, wie vielseitig diese Campari-Wermut-Trägerrakete eingesetzt werden kann: mal mit Bourbon anstatt Gin im *Boulevardier*, mal mit Tequila als *Tegroni* oder *Agavoni*.

Gestatten, Camillo. – Gestatten, Pascal-Olivier.

Wer aber hat den Negroni nun erfunden, der erst in den 1950er Jahren erstmals schriftlich erwähnt wird? Das ist eine Frage, die lange geklärt schien – aber seit kurzem wieder rege diskutiert wird. Befragt man Bartender der Gegenwart nach der Herkunft des Negroni, wird man in vielen Fällen die Geschichte vom Grafen Camillo Negroni aus Florenz hören. Man weiß nicht viel über jenen lasterhaften Grafen, und bis vor wenigen Jahren zeigte das Foto, das ihn ausweisen sollte, nicht mal ihn, sondern einen mit ihm verwandten Künstler. Er soll eine Art schwarzes Schaf der Familie gewesen sein, sprich: immer interessant für die Geschichtsschreibung. Anfang des 20. Jahrhunderts reist Camillo Negroni von Italien in die USA. Dort schlägt er sich als Cowboy durch, reitet Rodeos oder gibt Fechtunterricht in New York. So die Legenden über den lebenswütigen Grafen. Rechtzeitig zu Beginn der amerikanischen Prohibition ist Camillo Negroni jedoch wieder in seiner alten Heimat, wo der

Americano gerade en vogue ist: Dieser ist ein Getränk aus Gaspare Camparis Bitterlikör, rotem Wermut und Soda. Zuvor war diese Mischung als *Milano-Torino* bekannt, aber durch die Beliebtheit bei den vielen amerikanischen Gästen, die vor dem neuen genussfeindlichen Gesetz ihres Heimatlandes nach Europa fliehen, wird das Getränk zum Americano. Diesen also ordert Camillo Negroni in seiner Stammbar, der *Bar Casoni* in Florenz, beim Bartender Fosco Scarselli. Allerdings ist dem rodeoerprobten Grafen beim Gedanken an Soda nicht sehr wohl, weil: zu leicht. Es darf ruhig etwas Stärkeres sein, also einigen sich die Herren darauf, das Soda durch Gin zu ersetzen. Der Negroni ist geboren.

Die Negronis jedoch sind ein stolzes Geschlecht, das sich über die Welt verteilt und über seinen Stammbaum wacht. Speziell über dessen Verästelungen. So erklärt der korsische Zweig der Familie, einen Camillo Negroni hätte es in der tausendjährigen Geschichte der Familie überhaupt nicht gegeben. Und behauptet, der Negroni sei nicht von Camillo, sondern von einem gewissen Pascal-Olivier de Negroni erfunden worden. Aber nicht nur das, sie sprechen ganz Italien ab, Wiege des Aperitifklassikers zu sein. Die läge vielmehr woanders: im Senegal. Dort ist der 1829 geborene Pascal-Olivier de Negroni, der 44 Jahre in der französischen Kavallerie verbringt, von 1855 bis 1865 stationiert. In dieser Zeit soll er laut dem Blog *drinkingcup* den Negroni erfunden haben, anlässlich seiner Hochzeit im Jahre 1857. Der Blog zitiert einen Brief aus dem Jahre 1886, den die Macher von der Familie Negroni zugespielt bekommen haben. Darin schreibt Pascal-Olivier an seinen älteren Bruder Roche: »Übrigens, wusstest du, dass der Wermut-basierte *Cocktail*, den ich in Saint Louis erfunden habe, sich großer Beliebtheit im Offiziersclub in Lunéville erfreut?« Der Brief wurde von offizieller Stelle als authentisch eingestuft, und auch das Wort Cocktail ist zum Zeitpunkt des Briefes, 1886, gebräuchlich. Es wäre also durchaus möglich, dass Pascal-Olivier de Negroni der Erfinder des Getränks ist, vor allem da der Negroni im Senegal sehr beliebt ist. Die Suche nach dem wahren Urheber lässt ein Familienmitglied der korsischen Negronis schließlich 2014 in den Senegal reisen, um Nachfahren von ehemaligen Weggefährten ihres Vorfahren zu finden. Und man soll auch fündig geworden sein. *Drinkingcup* zitiert einen gewissen A. W. Bencheroun, der zu Protokoll gibt: »Diese Apotheke gehörte ab 1880 unserer Familie und wurde bis 1950 vermietet. Dr. Ousselin behandelte die im Senegal stationierten französischen Offiziere und war Gast ihres Offizierskasinos. Er erwähnte häufig die Erfindung eines Negroni Cocktails durch einen gewissen Kapitän Negroni.«

Camillo Negroni
1868 – 1934

Der italienische Graf gilt als der wahrscheinliche Erfinder des Negroni, der 1919 im Caffè Casoni in Florenz erstmals getrunken worden sein soll.

Nun wäre man sehr geneigt, das Zepter vom unauffindbaren Camillo zum urkundeerstarkten Pascal-Olivier weiterzureichen, wären da nicht zwei Tatsachen: 1857, als Pascal seinen Drink erfunden haben soll, hat Gaspare Campari seinen Bitterlikör noch gar nicht auf dem Markt. Und der Cocktailguru und Mitgründer des *Museum of the American Cocktail*, Robert Hess, hat ein noch stärkeres Argument: Er hat einen Camillo Negroni sehr wohl ausgemacht, mit Geburtsurkunde und Bildernachweis. Demnach wurde Graf Camillo Luigi Manfredo Maria Negroni am 25. Mai 1868 in Florenz geboren, er fuhr im Jahre 1892 von Genua nach New York. Auf der Passagierliste der *Fulda* befindet sich ein Conte Camillo Negroni, sein Alter ist mit 29 Jahren eingetragen. Das bedeutet, dass der Graf bei der Angabe des Alters geschummelt oder ein Hochstapler die Reise angetreten hat. So oder so, Camillo Negroni könnte 1920 leicht in Florenz sein, um sein in den USA – oder sonst wo – kultiviertes Bonvivant-Dasein in einem Drink zu verewigen. Pascal-Olivier de Negroni jedoch stirbt 1913, sechs Jahre bevor der erste Negroni in der Bar Casoni über den Tresen wandert. Die Frage also, ob nun Camillo Negroni oder Pascal-Olivier de Negroni für die Kreation eines der zeitlosesten Drinks überhaupt verantwortlich ist, wird die französischen und italienischen Zweige der Familie noch eine Weile beschäftigen.

Komplexer Zweireiher oder anspruchsvoller Dreiteiler

Die Campari-Wermut-Kombination ist jedenfalls ein Grundpfeiler vieler Getränke, die jedes Ausprobieren wert sind. So wie auch der *Lucien Gaudin*, der aus Gin, Campari, Triple Sec und trockenem Wermut besteht. Benannt ist der Drink nach dem gleichnamigen Fechter, der 1924 bei den Olympischen Spielen in Paris sowie vier Jahre später in Amsterdam Gold holt. Diese Namensgebung zeigt auch, dass in dieser Zeit Cocktails als Hommage an Menschen eingesetzt werden. Nicht von ungefähr setzt sich in den 1920er Jahren das Wort *Cocktail* endgültig als Überbegriff aller Mischgetränke durch und lässt Shrubs, Flips, Juleps und Punches hinter sich. Zu dieser Riege der Hommage-Drinks zählt auch ein weiterer italienischer Aperitifklassiker, der von seinem Aufbau her nicht der Negroni-Struktur zuzuordnen ist, sondern sich der italienischen Tradition besinnt, Pfirsiche in Wein zu marinieren. Giuseppe Cipriani kreiert in *Harry's New York Bar* in Venedig den *Bellini*, benannt nach Giovanni Bellini, einem der Mitbegründer der venezianischen Malerschule der Frührenaissance. In diesem einfachen, aber eleganten Getränk finden Pfirsichpüree und Champagner zu einer fruchtig-belebenden Symbiose.

Der Aperitifkönig bleibt freilich der Negroni. Seine simple, aber niemals langweilige Komplexität erkennt man auch an der Tatsache, dass er heute auf Augenhöhe mit einem Manhattan oder einem Martini steht. Nicht zuletzt dadurch finden sich die Gin-Campari- oder Wermut-Campari-Bausätze in immer neu abgewandelten Formen wieder. Eine ganz eigentümliche Wandelbarkeit stellt Paul Harrington 1999 unter Beweis, als der amerikanische Bartender den *Jasmine Cocktail* kreiert. Seine Mischung aus Gin, Triple Sec, Campari und frischem Zitronensaft schmeckt so sehr nach Grapefruit, dass man darauf schwören könnte, selbige Zitrusfrucht sei essentieller Bestandteil des Drinks. Ist sie aber nicht, sie kommt darin nicht mal vor. Eine klassischere Annäherung an seinen Ur-Ahn ist der *Contessa Negroni*, der mit seiner Verwendung von Aperol anstatt Campari und etwas Orangenblütenwasser einen blumigeren Vorhang aufzieht. Unter Bartendern sehr beliebt ist der *White Negroni*, 2001 erfunden von Wayne Collins. Bei diesem Twist auf den Negroni beraubt man das ursprüngliche Kostüm seiner Farbe, besprüht es mit Duft neu und stellt es mit einer Pink-Grapefruit-Zeste wieder ins Schaufenster. In den ersten Tagen des prägenden *Pegu Club* von Audrey Saunders in New York gehörte der helle Cousin des Negroni zu den frühen Hits.

Aber es muss nicht immer kompliziert sein. Gerade der einfache Negroni kann wie kaum ein anderer Klassiker als Maßstab herhalten, um zu wissen, was einen erwartet: In einer Bar, in der man keinen anständigen Negroni bekommt, braucht man auch ansonsten nichts zu bestellen. Für alle anderen jedoch gilt, was schon Hollywood-Legende Orson Welles über einen seiner Lieblingsdrinks konstatierte: »Der Bitter ist hervorragend für die Leber, der Gin ist schlecht für die Gesundheit. Darin liegt die Balance.« Ganz egal, wer ihn erfunden hat.

Pascal-Olivier de Negroni
1829–1913

Ein weiterer Vertreter des Adelsgeschlechts der Negronis, der den Cocktail während seiner Zeit als Soldat in Afrika erfunden haben will.

Boulevardier

(nach Harry McElhone) der amerikanische Cousin

2 cl Bourbon Whiskey, 2 cl Campari,
2 cl roter Wermut
/
GLAS: Tumbler
GARNITUR: Orangenzeste
/
Alle Zutaten ins Gästeglas
auf Eiswürfel geben und verrühren.

White Negroni

der Negroni im hellen, leichteren Gewand

5 cl Cadenhead's Classic Gin 50 %,
3 cl Lillet Blanc, 2 cl Suze Likör,
1 Dash Angostura Orange Bitters
/
GLAS: Tumbler
GARNITUR: Pink-Grapefruit-Zeste
/
Alle Zutaten im Gästeglas
auf Eiswürfeln verrühren.

Bellini

fruchtig-perlender Aperitifklassiker

3 cl weißes Pfirsichpüree,
10 cl Prosecco oder Champagner

/

GLAS: Champagner- oder Aperitif-Glas
GARNITUR: Pfirsichscheibe

/

Weißes Pfirsichpüree in das Glas geben, mit der Hälfte des Prosecco oder Champagners auffüllen und vorsichtig verrühren. Restlichen Prosecco dazugeben und nochmals vorsichtig umrühren.

Lucien Gaudin

bekömmlicher Twist mit Orange Curaçao

3 cl Gin, 1,5 cl Cointreau, 1,5 cl Campari,
1,5 cl trockener Wermut

/

GLAS: Coupette oder Martiniglas
GARNITUR: Zitronenzeste

/

Alle Zutaten auf Würfeleis in einem Rührglas rühren, bis das Glas beschlägt. In die vorgekühlte Cocktailschale abseihen.

Jasmine Cocktail

(nach Paul Harrington)
schmeckt nach Grapefruit, obwohl er keine enthält

4,5 cl Gin, 2,25 cl frischer Zitronensaft,
0,75 cl Campari, 0,75 cl Cointreau
/
GLAS: Coupette
GARNITUR: Zitronenzeste
/
Alle Zutaten in einen Shaker geben und mit Eiswürfeln 10- bis 15-mal kräftig schütteln. Den Cocktail in das vorgekühlte Glas doppelt abseihen.

Rosita

bitter-trockene Tequila-Variante

3 cl Tequila Blanco (100 % Agave), 1,5 cl Campari,
1,5 cl roter Wermut, 1,5 cl trockener Wermut
/
GLAS: Coupette
GARNITUR: keine
/
Alle Zutaten auf Eiswürfeln in einem Rührglas rühren, bis das Glas beschlägt. In das vorgekühlte Glas abseihen.

Americano / MiTo (Milano-Torino)

der spritzige Ahne des Negroni

3 cl Campari, 3 cl roter Wermut, Soda
/
GLAS: Tumbler
GARNITUR: Orangen- oder Zitronenzeste
/
Spirituosen auf Eiswürfel in den Tumbler geben, verrühren, mit Soda auffüllen, nochmals vorsichtiger verrühren.

Contessa Negroni

blumigere Variante mit Aperol und Orangenblüte

2 cl Gin, 2 cl roter Wermut, 2 cl Aperol,
2 Dashes Orangenblütenwasser
/
GLAS: Tumbler
GARNITUR: Pink-Grapefruit-Zeste
/
Alle Zutaten ins Gästeglas auf Eiswürfel geben und gut umrühren.

N° 6
IM TIKI-LAND

Aloha, Hawaii und viel Rum – Tiki ist einer der bekanntesten und unerschütterlichsten Zweige der Cocktailkultur. Wie kein anderer Stil zuvor weicht dieser jedoch von der klassischen Schule ab und etabliert sein ganz eigenes Weltbild. Und natürlich ist da mehr: die Geschichte zweier ungleicher Männer und ihr Wettstreit um die Südsee.

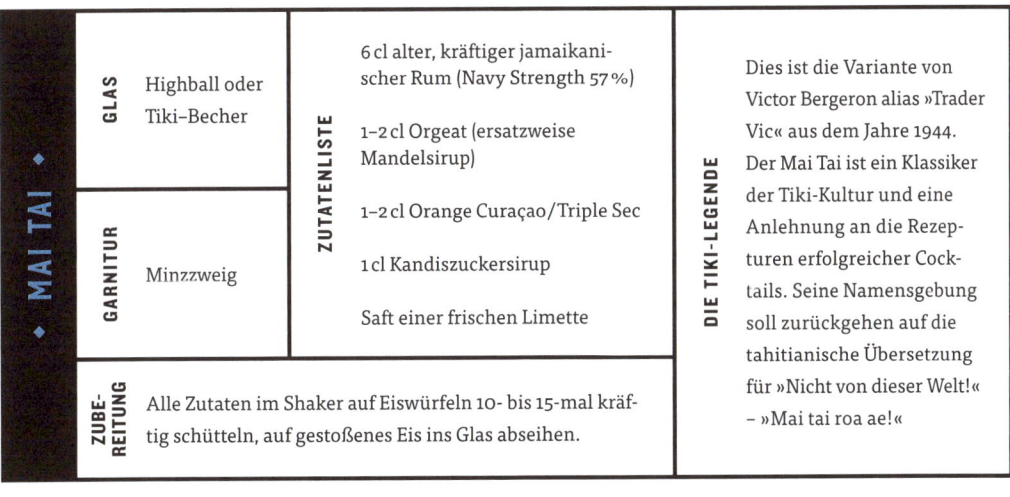

	MAI TAI	
GLAS	Highball oder Tiki-Becher	
GARNITUR	Minzzweig	
ZUTATENLISTE	6 cl alter, kräftiger jamaikanischer Rum (Navy Strength 57 %) 1–2 cl Orgeat (ersatzweise Mandelsirup) 1–2 cl Orange Curaçao/Triple Sec 1 cl Kandiszuckersirup Saft einer frischen Limette	
ZUBEREITUNG	Alle Zutaten im Shaker auf Eiswürfeln 10- bis 15-mal kräftig schütteln, auf gestoßenes Eis ins Glas abseihen.	
DIE TIKI-LEGENDE	Dies ist die Variante von Victor Bergeron alias »Trader Vic« aus dem Jahre 1944. Der Mai Tai ist ein Klassiker der Tiki-Kultur und eine Anlehnung an die Rezepturen erfolgreicher Cocktails. Seine Namensgebung soll zurückgehen auf die tahitianische Übersetzung für »Nicht von dieser Welt!« – »Mai tai roa ae!«	

Die Prohibition in den USA ist eine seltsame Zeit. Nicht bloß durch die Tatsache, dass der Verkauf und die Produktion von Alkohol verboten sind, sondern auch durch das Paradox, dass kaum jemals zuvor und danach das amerikanische Tagesgeschehen so sehr von Alkohol bestimmt wird wie in den Tagen der Prohibition. Alkohol ist überall. In den Speakeasys und Jazz-Bars der Roaring Twenties mischt er sich mit dem Jazz und wandert durch die Hände der *Flappers*, wie Frauen in kurzen Röcken und mit kurzen Haaren genannt werden. Rauschende Privatfeste, wie sie Scott F. Fitzgerald in seinem Roman *Der große Gatsby* (1925) zeichnet, wären ohne die geschmuggelten Spirituosen nicht möglich.

Da ist aber auch der Teil der Bevölkerung, der sich durchschlägt und nach Möglichkeiten sucht, Monat für Monat über die Runden zu kommen. Darunter ist der Mittzwanziger Ernest Raymond Beaumont Gantt, der Anfang der 1930er Jahre pleite in Los Angeles ankommt. Geboren 1907 in Mexia, Texas, ist Klein-Ernest schon früh auf die Erkundung der Welt aus. Als Siebenjähriger erklärt er seiner Mutter, dass er zu seinem Großvater will, woraufhin er sich alleine in den Bus nach Mandeville, Louisiana, setzt. Der Großvater, den er aufsuchen will, besitzt eine Plantage in der Nähe von New Orleans, aber nicht nur das: »Er hatte ein Import-Export-Geschäft in New Orleans, aber nachdem die Prohibition einsetzte, schmuggelte er auch Rum. Wenn meine Mutter das gewusst hätte, hätte sie vermutlich nicht erlaubt, dass ich jeden Winter bei ihm verbringe«, wird Gantt auf der Website seiner späteren Witwe Phoebe zitiert.

Opa ist der Beste

Da seine Mutter jedoch keine Ahnung von den Machenschaften des Großvaters hat, gehört der kleine Ernest zur fixen Besatzung, wenn der Alte auf seiner Yacht durch die Karibik pflügt und besonders gerne bei Jamaika vor Anker geht. »Er sorgte dafür, dass mir klar war, dass ich kein normales Leben hatte, sondern eines, das anders war, als es die meisten Menschen kannten. Mit ihm durch die Karibik zu segeln oder alleine durch das French Quarter in New Orleans zu laufen, war für mich eine natürliche Sache, aber ich spürte: Ich war anders als meine Freunde in der Kindheit«, erinnert sich Gantt. »Die Umgangsformen und die Sprache auf den Straßen von New Orleans und auf den Inseln war meiner Meinung nach überhaupt nicht anstößig, sondern eine Erziehung auf ihre Art. Aber ich war vor allem dem Reisen verfallen. Ich gierte nach fernen Inseln, solchen, von denen ich nur in Geschichten von Seemännern und Trunkenbolden gehört hatte, wenn Großvater und ich einen neuen Hafen erreichten oder wenn wir in einer dieser alten, heruntergekommenen Bars saßen, die er in Haiti oder Havanna so liebte. Mein Großvater war entschlossen, dass ich eine Erziehung erhalten würde, die jeder Universität der Welt ebenbürtig war. Aber eben eine viel praktischere.«

Schon als 24-Jähriger hat Ernest Raymond Beaumont Gantt nicht nur jede Insel der Karibik bereist, er hat auch die Welt umsegelt, hat Australien, Papua Neuguinea, die Marquesasinseln und Tahiti gesehen. Als er sein Leben auf das Festland verlegen will, landet er in Los Angeles. Man schreibt das Jahr 1931, die Prohibition ist noch im Gange, das Land ist im Würgegriff der Großen Depression, selbst das sonnige Los Angeles spürt deren Auswirkungen. Gantt hält sich als Einparker für Autos über Wasser, er arbeitet in chinesischen Suppenküchen oder hilft bei Dreharbeiten für Filme. Und er besinnt sich dessen, was ihm sein Großvater beigebracht hat und was diesen wohl stolz machen würde: Er schmuggelt Rum und betreibt für kurze Zeit eine Speakeasy-Bar.

Als die Prohibition 1933 schließlich aufgehoben wird, hat der 26-Jährige ein paar Ideen, die ihn nicht nur in Windeseile in die High Society Hollywoods bringen, sondern seinen Namen für immer in die Geschichtsschreibung der Cocktailkultur stanzen werden. Gantt ist der Meinung, dass die Menschen nicht nur trinken wollen, weil sie wieder dürfen. Sondern er ist davon überzeugt, dass sie dem trüben Alltag der Arbeitslosigkeit und der Angst entfliehen wollen, dass der Aufenthalt in einer Bar einem Urlaub in einer Parallelwelt gleichkommen müsse. Am 5. Dezember 1933 entdeckt er in einer Seitenstraße des Hollywood Boulevard einen ehemaligen Schneiderladen, der zur Vermietung steht. Er ist an das *McCadden Hotel* angeschlossen und misst knapp 40 Quadratmeter. Gantt mietet den Laden für fünf Dollar Monatsmiete und auf eine Laufzeit von fünf Jahren. Dann baut er einen Tresen und stellt fünf Tische mit Stühlen auf. Den Raum dekoriert er mit Südsee-Artefakten, die sich bei seinen Reisen angesammelt haben, oder schlicht mit Strandgut, das er zusammensucht. Die Front seiner neuen Bar ziert ein reichhaltig ornamentiertes Bambustor, über dem an einer Kette eine Holztafel hängt. Auf dieser prangt mit Hand geschrieben der Name des neuen Etablissements: *Don's Beachcomber*.

Tiki is born

Es ist der Augenblick, in dem Ernest Raymond Beaumont Gantt »stirbt« und »Don the Beachcomber« weiterlebt. Und nicht nur das: Es ist die Geburtsstunde von *Tiki*. Denn Don the Beachcomber hat Recht. Die Menschen wollen trinken, sie wollen ihrem Alltag entfliehen, sie lieben seine wohnzimmergroße Südseeinsel, wo es Getränke gibt, die man zuvor noch nie gesehen hat. Seine Kreationen unterscheiden sich von jenen der eleganten, aber auch etikettenbehafteten Hotelbars. Sie haben nichts mit Manhattan und Martini zu tun, Wermut und Gin spielen in seiner Tiki-Welt keine Rolle. In Don's Beachcomber geht es um drei Sachen: Rum, Rum und Rum.

Donn Beach
1907–1989

Der als Ernest Raymond Beaumont Gantt geborene Amerikaner ist der Erfinder von Tiki. Seine erste Bar eröffnete er in Los Angeles.

Und dazu frische Säfte, Früchte und ein Ambiente, das das spätere Surfer-Lebensgefühl vorwegnimmt. Der erste Drink, den Don the Beachcomber entwirft, ist der *Sumatra Kula*, eine Mischung aus Old Philippine Rum, Beerenlikör und Limettensaft. Kurz darauf folgt mit dem *Zombie*, in den fünf verschiedene Rumsorten Einzug finden, eines seiner bekanntesten Getränke. Der Name des Getränks geht auf den Geisteszustand zurück, in den einen laut Don der Konsum des Zombies versetzen soll, und der Gastgeber hat auch eine eiserne Regel: Er gibt nie mehr als zwei Zombies an einen Gast aus.

Die erste Regel von Don the Beachcomber ist hingegen wesentlich hedonistischer: »Das Leben genießen und jeden Penny ausgeben, den ich verdiene.« Mit dieser Mischung aus Lebenslust und bunt-aromatischer Barkarte wird seine Bar rasch zum Erfolg. Und das, obwohl es dort nicht einmal eine Toilette gibt: Die Gäste müssen aus der Bar hinaus und durch die Lobby des angrenzenden Hotels, um Wasser zu lassen. Hilfreich für die rasche Popularität ist freilich, dass er schon während seiner Zeit beim Film, wo er bei Südsee-Produktionen wie *The Hurricane* von John Ford als Ratgeber tätig war, Bekanntschaft mit Schauspielern gemacht hat. David Niven oder Marlene Dietrich zählen zu seinen Gästen, auch hier wirkt der Geist des Großvaters: Man ist eben gern bei Don, dem smarten Barkeeper mit dem gewinnenden Lächeln, dem schmalen Schnurrbart und dem einnehmenden Wesen. »Mein Großvater war ein Schwätzer und großartiger Geschichtenerzähler«, schreibt der Tiki-Pionier, »ich vermute, von ihm habe ich auch mein Mundwerk.«

Hollywood in Tiki-Land

Schwätzer hinter dem Tresen gibt es zur Genüge, aber es sind die, die ihre Worte mit Haltung und Inhalt füllen, die etwas bewegen. Don the Beachcomber ist häufig in der Karibik unterwegs, um Rum zu kaufen. Dieser schwappt nach der Aufhebung der Prohibition auch in Unmengen in die USA und ist günstig. Auch ein Grund, weswegen sein Tiki-Lokal so gut läuft. Und Don versteht es, diverse Rums zu kombinieren. Eines Tages trinkt ein begeisterter Gast ein Glas nach dem anderen. Er stellt sich als Journalist des *New York Tribune* heraus, der verspricht, bald darauf mit Freunden wiederzukommen. Als er das tut, ist Charlie Chaplin dabei, der soeben *Moderne Zeiten* abgedreht hat. So wird Hollywood bald aufmerksam auf die nur 40 Quadratmeter große Südseeinsel, die rasch zu klein wird. Bereits 1937 eröffnet Don the Beachcomber eine größere Bleibe, gleichzeitig ändert er offiziell seinen Namen in [Donn Beach](). Im Laufe der Jahre häuft der Tiki-Pionier nicht nur eine imposante Kundschaft an, sondern auch ein beachtliches Depot an Rum. Er schließt Freundschaft mit Leuten wie Fred Myers, dem Produzenten des gleichnamigen jamaikanischen Rums, Donns Wort hat Gewicht beim Blending und der Produktion. Das führt so weit, dass er für seine Verdienste um die Spirituose von der Rum-Industrie ausgezeichnet wird. So wie früher als Kind segelt Donn Beach wieder auf die West Indies, nach Jamaika und Puerto Rico sowie nach Tahiti. Er tut dies allerdings nicht mehr als Schmuggler, sondern als einer der größten amerikanischen Abnehmer von Rum.

Bald jedoch sollen Verdienste anderer Natur folgen: Im Februar 1942 wird er zu den US-Streitkräften eingezogen und nach Europa verschifft. Bei einem deutschen U-Boot-Angriff – schon auf der Überfahrt – bricht er sich drei Rippen und renkt sich die Schulter aus. Es soll nicht seine einzige Verletzung bleiben: Nach dem Abschuss einer Maschine über italienischem Boden versteckt sich Donn mit einer Kugel in der Schulter in den Büschen. Als er nach Tagen seine Wunde an einem kleinen Bach säubert, erscheint eine junge italienische Frau, die nackt im Wasser schwimmt. Als sie den verletzten amerikanischen Soldaten entdeckt, lächelt sie ihm zu und bringt ihm fortan Brot und Käse, bis er gesundet. Es könnte aber auch sein, dass dieses italienische Bauernmädchen, laut Donn eine »Schönheit mit kohlrabenschwarzem Haar«, ein typisches Schelmenstück aus der Biographie des Charmeurs war. Fakt ist, dass Donn Beach in seiner Zeit im Krieg dafür zuständig ist, Camps für erschöpfte und verletzte amerikanische Piloten in Capri, Nizza, Venedig, und Sorento zu etablieren und zu führen. In dieser Zeit steht er neun Hotels und zwölf Restaurants auf der Insel Capri, zehn Hotels und Pensionen in Venedig und allen größeren Hotels der U.S. Air Force an der französischen Riviera vor. Für seine Verdienste wird er nach dem Krieg mit dem Bronzenen Star ausgezeichnet.

Mai Tai-Streit

Wie kaum ein zweiter Cocktail steht der »Mai Tai« für die Tiki-Kultur, und ist so eines der bekanntesten Getränke der Welt, das man von jeder gehobenen Bar bis zum indischen Schnellrestaurant überall bekommt. In unterschiedlicher Qualität. Das passt vielleicht zu einem Drink, um dessen Entstehung schon Verwirrung und Uneinigkeit herrscht: Victor Bergeron beansprucht die Erfindung für sich und datiert sie auf das Jahr 1944, Donn Beach behauptet, Bergeron hätte ihm zwar nicht den Mai Tai geklaut – aber einen anderen seiner Drinks dafür umgewandelt, den »Q.B. Cooler«.

Als er vier Jahre später in die USA zurückkehrt, hat sich dort einiges geändert. Seine Frau hat den zwei bestehenden Bars vier hinzugefügt. Anstatt sich über die Expansion zu freuen, hängt der Haussegen schief: Das ist nicht der Spaß, den sich Donn Beach wünscht. Es folgt die Scheidung, und eines hat der Lebemann wohl nicht von seinem Großvater gelernt: sich abzusichern. Seine Frau bekommt das Recht auf den Namen *Don's Beachcomber* zugesprochen, weswegen er selbst in den USA keinen gleichnamigen Laden mehr eröffnen darf. Die Folge: Don geht nach Hawaii, auf die Insel, der er zeitlebens treu bleiben wird. Und Hawaii ist zu diesem Zeitpunkt noch kein Bundesstaat der USA.

Der Tiki-Händler

Das Tiki-Geschäft in den USA jedoch boomt, und das hat mehrere Gründe. 1937 ist der Film *Waikiki Wedding* mit Bing Crosby in den Kinos, in einer Zeit, in der die amerikanische Mittelschicht ihre Faszination für grob geschnitzte Statuen als Wohnzimmerdeko entdeckt. Amerikanische Soldaten kommen aus der Südsee zurück und bringen Erzählungen und Bilder von exotischen Plätzen und tanzenden Blumenmädchen mit. 1947 schließlich sticht der norwegische Abenteurer Thor Heyerdahl auf einem Schiff aus Balsaholz von Lima aus in See, um zu beweisen, dass

Polynesien von den Inkas besiedelt wurde. Sein Buch *Kon-Tiki* wird zum Bestseller, der gleichnamige Dokumentarfilm gewinnt 1951 einen Oscar. Und es gibt eine Figur, die die Tiki-Sache vorantreibt, da sie wesentlich mehr Expansionsgelüste hat als Donn Beach: Victor Bergeron.

Victor Bergeron wird am 10. Dezember 1902 geboren. Seine Kindheit verbringt er im Gegensatz zu Donn Beach nicht damit, durch die Karibik zu segeln und von seinem Großvater zu lernen, wie man Frauen verführt. Klein Victor hat andere Dinge auszuhalten. Das große Erdbeben von San Francisco 1906 zum einen, aber die Naturkatastrophe ist noch das geringere Übel: Tuberkulose kostet den Jungen sein linkes Bein. Victor Bergeron aber ist kein Kind von Traurigkeit und auch keines, das aufgibt. Er entscheidet sich dafür, ein harter Knochen zu werden, der dem Leben stets mit einem Spruch auf den Lippen begegnet, und es sind die hervorstechendsten Merkmale, die ihn Zeit seines Lebens begleiten sollen: sein falsches Bein und seine deftige Ausdrucksweise. »Victor Bergeron ist ein Mann, der flucht wie andere atmen«, drückt es der Journalist Bob MacKenzie aus.

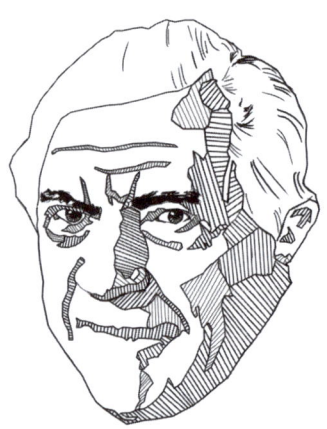

Victor Jules Bergeron Jr.
1902–1984

Der Kalifornier mit dem Hang zur deftigen Ausdrucksweise sorgte mit seiner Kette Trader Vic's für eine rasche Verbreitung der Tiki-Kultur.

Der Weg, den Bergeron ins Tiki-Land nimmt, ist wesentlich unromantischer als der des Donn Beach. 1934 eröffnet Bergeron mit 300 Dollar aus eigener Tasche sowie 800 Dollar, die er sich von einer Tante leiht, das *Hinky Dinks* in Oakland. Es ist ein Imbiss, der hauptsächlich Bier und Burger serviert, aber das Geschäft kommt nicht wirklich vom Fleck. Die Prohibition ist soeben zu Ende gegangen, seine Gäste verlangen etwas anderes als schnöden Hopfensaft. Sie wollen Cocktails, das Zeug, das in Speakeasys erfunden wurde, exotische Kreationen, wie sie auf Kuba getrunken werden. Bergeron, ganz der Kämpfer, gibt nicht auf, sondern hört genau hin. Er unternimmt eine Reise, um zu erkunden, was das Zeug ist, von dem alle Welt spricht. Er reist nach Trinidad und guckt in Havanna den Könnern der Bar *El Floridita* auf die Finger, wie sie ihre *Daiquiris* zubereiten. Schließlich landet er in Los Angeles, wo er eine Bar besucht, von der alle sprechen: Don's Beachcomber. Zurück in Oakland, unterzieht Victor Bergeron sein Hinky Dinks einer Radikalkur. Er serviert nun polynesisches Essen, einen Mix aus chinesischer, französischer und amerikanischer Küche, gekocht im Holzofen. An den Wänden hängen Grasmatten, Palmen teilen den Raum, Fischernetze und andere Utensilien zieren die Bar, die nun in neuem Tiki-Gewand erstrahlt. Es braucht nur noch einen neuen Namen. Da seine Frau anmerkt, dass er doch ständig in irgendwelchen Handel verwickelt sei – *trades* – ist der Name gefunden: *Trader Vic's*.

Das Trader Vic's Imperium

Die größte Veränderung freilich ist das Getränkeangebot, das nun vor Rumdrinks strotzt. Passend dazu schraubt Trader Vic auch ein wenig an seiner Biographie. Niemand will hören, dass er sein Bein durch eine Krankheit verloren hat, also ist es nun einer Haiattacke zum Opfer gefallen. Das Geschäft jedenfalls läuft schnell an, und Victor Bergeron hat nicht die Absicht, mit seiner Frau wegen etwaiger Expansionspläne Streit anzufangen. Ganz im Gegenteil, er treibt diese von selbst aggressiv voran. Der Mann, der selbst niemals in der Südsee war, steigt neben Donn Beach rasch zum führenden Namen im Tiki-Business auf. 1949 eröffnet er seine zweite Bar in Seattle, Kooperationen mit Hotels führen zu weiteren Eröffnungen an der amerikanischen Westküste, bis Trader Vic's Anfang der 60er Jahre an der Ostküste ankommt – zur gleichen Zeit, als Elvis Presley im Kino *Blue Hawaii* singt. Der Sprung nach Europa soll bald folgen.

Victor Bergeron jedoch als reinen Plagiator hinzustellen, würde ihm nicht gerecht. Mit Drinks wie *Aku Aku, Honolulu* und *Kava* hinterlässt auch er ein reiches Tiki-Erbe, darüber hinaus hat er wesentlich weniger Berührungsängste mit Gin, den er häufig in seinen Getränken verwendet. Ganz seinem nicht kleinen Ego entsprechend, lässt er die Welt auch daran teilhaben. 1947 veröffentlicht er seinen *Bartender's Guide* – im Gegensatz zu Donn Beach hat Trader Vic weniger Probleme damit, wenn die Leute die genauen Zutaten seiner Getränke kennen. Sollen sie doch, ist sein Motto, Hauptsache, sie sprechen vom Trader Vic's. Bergeron, der ehemalige Burgerkoch, ist eben einer vom Volk fürs Volk, der raubeinige Kumpel von nebenan, dem man seine Sprüche verzeiht, weil er das Herz am richtigen Fleck hat. Donn Beach in seinen stets akkurat sitzenden Hemden, Kaki-Shorts und eleganten Hüten wirkt im Kontrast dazu wie ein Aristokrat mit Volksnähe, dessen Anekdoten eher von Marlene Dietrich oder Clark Gable handeln. Es gibt auch kein Buch von Donn Beach über seine Kreationen, ja nicht mal seine eigenen Barkeeper wissen, was sie da eigentlich genau zusammenmixen. Donn Beach erkennt schon früh, dass Konkurrenten seine Angestellten abwerben, um an die Formel für seine Rumcocktails zu gelangen. Also entfernt er die Labels der Flaschen und verwendet ein System von Codes, damit seine Barkeeper die verschiedenen Zutaten und Proportionen nicht verinnerlichen können. Er verwendet Nummern und Buchstaben, die Rezepte werden in einem Code verfasst, sodass die Bartender einem Muster von kodierten Symbolen der Zutaten folgen, die wiederum nur der Meister selbst mixen darf.

Mein Mai Tai, dein Mai Tai

Man könnte nun glauben, die beiden Alphatiere der Tiki-Cocktailkultur seien sich spinnefeind und würden sich zeitlebens an die Gurgel gehen, wenn sie sich über den Weg laufen; aber dem ist nicht so. Die beiden sind sich ihr Leben lang in einer freundschaftlichen Rivalität verbunden. Amerika ist schließlich ein anderes Land als das nach dem Krieg zerstörte Europa, groß und aufstrebend genug für beide mit seinen sich ausbreitenden Malls, Bowlinghallen und Freizeitparks.

Donn Beach zieht es ohnehin vor, seinen *International Market Place* in Waikīkī zu etablieren, einer Art Wiederauferstehung des alten Hawaii auf etwa eineinhalb Hektar. Dort führt er sein damals nicht minder bekanntes *Treehouse* Restaurant, das – der Name trügt nicht – in einem Baum verortet ist.

Bei einer Sache jedoch hört das Verständnis füreinander auf: Bei der Frage, wer den Tiki-Klassiker schlechthin – den *Mai Tai* – erfunden hat. Victor Bergeron jedenfalls hat keinen Zweifel, das seine Rezeptur von 1944 die originale ist: »Jeder, der behauptet, ich hätte diesen Drink nicht erfunden, ist ein dreckiges Stinktier«, so Trader Vic. Laut Legende ist der Name des Cocktails entstanden, als er seine Kreation die befreundete Tahitianerin Carrie Guild trinken ließ, die beglückt in ihrer Muttersprache ausrief: »Mai tai roa ae.« (»Nicht von dieser Welt«, *Anm.*) Sein Originaldrink besteht aus 17 Jahre altem jamaikanischem Rum, Orange Curaçao, Orgeat (Mandelsirup mit Rosenwasser), Rock Candy Sirup (also Kandiszuckersirup) und dem Saft einer Limette auf zerstoßenem Eis. Donn Beach wiederum will den Mai Tai schon 1933 als *Mai Tai Swizzle* erfunden haben. Im Buch *Hawai'i Tropical Rum Drinks & Cuisine by Don the Beachcomber* wird der Journalist Jim Bishop zitiert, der beide Tiki-Protagonisten gut kannte. Er stellt sich auf die Seite von Donn Beach: »1970 oder 1971 waren Donn und ich mit Vic im Trader Vic's in San Francisco. In der ›Freund-Feind‹-Beziehung, die die beiden hatten, sagte Vic in dieser Nacht: ›Donn, ich wünschte, du hättest dieses verdammte Ding nie erfunden. Ich muss deswegen ganz schön viel diskutieren.‹ Dann sah Vic zu mir und meinte: ›Jim, dieser Mistkerl hat es gemacht. Ich war es nicht.‹«

Vielleicht ist die Diskussion auch überflüssig, denn die Rezepturen unterscheiden sich so sehr, dass man es im Grunde mit zwei unterschiedlichen Getränken zu tun hat. Die Originalversion des Mai Tai von Donn Beach sieht zwei verschiedene Rumsorten, Limettensaft, Grapefruitsaft, Falernum, Cointreau, Angostura Bitters sowie Pernod vor. So wird auch die Frage des Ursprungs des Mai Tai nie restlos geklärt werden, aber der Drink ist – wie die ganze Tiki-Kultur – mitverantwortlich, dass nach dem schwarzen Loch der Prohibition Cocktails in den USA populär werden. Der Mai Tai ist der *Cosmopolitan* seiner Zeit, Drinks wie Zombie oder *Pi Yi* lösen die bis dahin geltenden Standards ab. Die Drinks in ihren opulenten, verspielten Tiki-Mugs passen in die 1950er und 1960er Jahre. Sie sind farbenfroher als ihre Ahnen aus den Saloons oder Zigarrenclubs, sie passen besser zu den Cadillacs, die länger und bunter werden als die schwarzen Gangsterschlitten aus den 1930er Jahren, und sie sprechen eine große Kundengruppe an: Frauen.

So long, Mainstream!

Wie viele Trends, die zu groß werden, verflacht jedoch auch die Tiki-Kultur mit Fortdauer zwischen Nachahmern und Mainstream. Irgendwann in den 1970er Jahren ist es nicht mehr schick, sich von blumenbehangenen Mädchen Drinks servieren zu lassen oder aus Feuer speienden Vulkanen zu trinken. Zu viel heißt auch: zu viel schlecht. Die Getränke werden zu lieblosen Fruchtpanschen, weit entfernt von der unkomplizierten Frische, die im Don's Beachcomber die dunkle Zeit der Prohibition vergessen ließ. Tiki wird ein Schatten seiner selbst und verfängt sich im Klischeebild des omnipräsenten Hawaiihemdes. Heute ist Tiki vor allem wieder in den Händen jener, die sich der Kultur auch tatsächlich verschrieben haben und die ihren Lebensstil nun nicht mehr mit der auf Abenteuertrip befindlichen Hausfrau teilen müssen. Menschen wie Jeff »Beachbum« Berry, Bartender, Autor und Tiki-Experte, verbinden auf diese Weise die Historie mit der Moderne. Im Zuge der Cocktail-Renaissance der 2000er Jahre hat auch Tiki ein Revival erfahren, indem Bars die Tiki-Geschichte zeitgemäß interpretieren. Aber ganz ohne Hawaiihemd geht es natürlich nicht.

Mai Tai

(nach Don the Beachcomber)

4,5 cl British Navy Style Rum, 3 cl goldener kubanischer Rum, 2 cl frischer Limettensaft, 3 cl frischer Pink-Grapefruit-Saft, 1 cl Falernum, 1,5 cl Triple Sec, 2 Dashes Angostura Bitters, 2 Dashes Absinth

/

GLAS: Highball oder Tiki-Becher
GARNITUR: Limettenzeste, Minze

/

Alle Zutaten im Shaker auf Eiswürfeln 10- bis 15-mal kräftig schütteln, in das mit gestoßenem Eis befüllte Glas abseihen.

Aku Aku Lapu

würzig-fruchtiger Erfrischer

3 cl 73 % Demerara Rum, 3 cl gereifter jamaikanischer Rum, 3 cl goldener Rum, 3 cl Falernum, 3 cl frischer Orangensaft, 3 cl frischer weißer Grapefruitsaft, 3 cl frischer Ananassaft (oder Direktsaft), 3 cl frischer Zitronensaft

/

GLAS: Highball oder Tiki-Becher
GARNITUR: essbare Blüte

/

Alle Zutaten in einen elektrischen Blender geben, mit 40 cl gestoßenem Eis füllen und ca. 20 Sekunden auf höchster Stufe blenden. (Bitte genau einhalten, um den Drink nicht zum Sorbet zu schlagen.) In das Glas umfüllen.

Zombie

(nach Don the Beachcomber)

3 cl 73 % Demerara Rum, 3 cl jamaikanischer Rum, 3,5 cl goldener puerto-ricanischer Rum, 1 cl Falernum, 2 cl Maraschino, 3 Dashes Grenadine, 2 Dashes Angostura Bitters, 6 Tropfen Absinth, 4,5 cl frischer Ananassaft, 1, 5 cl frischer Pink-Grapefruit-Saft, 2 cl frischer Limettensaft

/

GLAS: Tiki-Becher
GARNITUR: nach Belieben

/

Alle Zutaten mit gestoßenem Eis in den elektrischen Mixer geben und ca. 10 Sekunden auf höchster Stufe blenden. Ins Glas umfüllen.

Philadelphia Fish House Punch

intensiv und aromatisch

3 cl Cognac, 1,5 cl jamaikanischer Rum, 1,5 cl Pfirsich-Eau de Vie, 3 cl frischer Zitronensaft, 2 cl Demerara-Zuckersirup*

/

GLAS: Tumbler
GARNITUR: Zitronenzeste

/

Alle Zutaten im Shaker auf Eiswürfeln 10- bis 15-mal kräftig schütteln. In das mit Eiswürfeln gefüllte Glas abseihen.

---

* *siehe Kapitel Homebar (Seite 244)*

Fogcutter

die Karibik trifft auf Großbritannien

4 cl puerto-ricanischer Rum, 2 cl Brandy, 1 cl Gin, 1,5 cl Cream Sherry, 1,5 cl Orgeat (ersatzweise Mandelsirup), 2 cl frischer Orangensaft, 2 cl frischer Zitronensaft

/

GLAS: Highball
GARNITUR: keine

/

Alle Zutaten bis auf den Sherry im Shaker auf Eiswürfeln 10- bis 15-mal kräftig schütteln. In das mit Eiswürfeln befüllte Glas abseihen und den Sherry vorsichtig darübergießen.

Q.B. Cooler

pikanter Rum-Punch

3 cl goldener jamaikanischer Rum, 3 cl heller puerto-ricanischer Rum, 1,5 cl Demerara Rum, 3 cl frischer Orangensaft, 1,5 cl frischer Limettensaft, 1,5 cl Honigwasser*, 0,5 cl Falernum, 3 cl stilles Mineralwasser, 2 Dashes Angostura Bitters, 1/2 TL Ingwersirup (optional)

/

GLAS: Highball
GARNITUR: Minzzweige

/

Mit viel gestoßenem Eis im Shaker gut schütteln und direkt den gesamten Inhalt in das Glas abgießen.

* *siehe Kapitel Homebar (Seite 244)*

Match Spring Punch

leichter Punch mit französischem Flair

3 cl Vodka, 2 cl frischer Zitronensaft, 1,5 cl Himbeerlikör, 2 BL Crème de Cassis, 2 BL Himbeersirup, 2 BL Zuckersirup (2:1), Champagner

/

GLAS: Highball
GARNITUR: Himbeere, Zitronenscheibe

/

Alle Zutaten bis auf den Champagner im Shaker auf Eiswürfeln 10- bis 15-mal kräftig schütteln. In das mit Eiswürfeln befüllte Glas abseihen und mit Champagner auffüllen.

Hurricane

kraftvolle Grüße aus New Orleans

8 cl jamaikanischer Rum,
4 cl Passionsfruchtsirup,
4 cl frischer Zitronensaft

/

GLAS: Highball / großer Tumbler
GARNITUR: Zitronenzeste

/

Alle Zutaten auf gestoßenem Eis 10- bis 15-mal kräftig schütteln. Auf frisches gestoßenes Eis abseihen.

N° 7
FRUCHT DER KARIBIK

Rum ist auf den karibischen Inseln schon immer die bestimmende Spirituose. Das Zentrum der Cocktailkultur ist Kuba. Und ja: Jetzt darf auch Ernest Hemingway am Glas nippen. Ab den 1950er Jahren gibt es zudem einen Trend zu fruchtbetonten Drinks mit Mango, Maracuja, Banane, Kokosnuss und Ananas. Der bekannteste Vertreter kommt jedoch aus Puerto Rico. Und er kann singen: »Do you like Piña Coladas?«

PIÑA COLADA

GLAS	Tumbler
GARNITUR	Ananasblatt

ZUTATENLISTE
- 6 cl leichter Rum (Puerto Rico)
- 4 cl Kokosmark
- 2–4 cm dicke Ananasscheibe

ZUBEREITUNG
Ananasscheibe stückeln und mit den anderen Zutaten in den elektrischen Mixer geben. Mit ausreichend Eis ca. 30 Sekunden bis eine Minute auf höchster Stufe blenden. Danach ins Glas füllen.

CREMIGE VERSUCHUNG
Wörtlich übersetzt heißt Piña Colada »gesiebte Ananas«. Kein Wunder – die Kombination aus Rum und Ananas war in der Karibik schon lange beliebt, bevor die Mischung ab den 1950ern mit der Zugabe von Kokosmark zum cremigen Klassiker und vielleicht bekanntesten Cocktail der Welt wurde.

Wir schwenken noch einmal kurz zurück auf das Jahr 1919. Die amerikanische Prohibition ist eingeläutet, und mit ihr beginnt der Exodus einer ganzen Generation innovativer Bartender, die aufbricht, um ihr Handwerk woanders weiter auszuüben. Manche Vertreter ihrer Zunft, wie Harry Craddock, gehen nach Europa, aber nicht allen erscheint es verlockend, ins verregnete Großbritannien auszuwandern. Sie zieht es in ein wärmeres Klima, vor allem nach Kuba. Die bekanntesten Bartender dieses unfreiwilligen Bar-Brain-Drains sind der bereits erwähnte Eddie Woelke, ein deutschstämmiger Barmann aus Philadelphia, zu dessen bekanntester Cocktailkreation in seiner neuen Wahlheimat der *El Presidente* zählt. Ein anderer ist sein Kollege Fred Kaufman, der mit Kreationen wie dem *Mary Pickford* verbunden wird. Sie sind die Speerspitze einer Heerschar gut ausgebildeter Bartender, die vor dem Alkoholverbot in ihrer Heimat auf die Karibikinsel flüchten. Aber nicht nur Barleute, auch viele amerikanische Gastronomen verlegen ihre Geschäfte nach Kuba, »in ein Land, wo sich persönliche Freiheit und Klima im perfekten Hintergrund von Schönheit und Romantik verbinden«, wie es der Journalist Basil Woon in seinem 1928 erschienenen Klassiker *When it's Cocktail time in Cuba* formuliert.

Mit ihnen kommt auch die amerikanische Oberschicht, die sich unter der warmen Karibiksonne vergnügt, anstatt in abgedunkelte und verrauchte Speakeasy-Bars zu schleichen. »›Have one in Havana‹ scheint das Wintermotto der Reichen geworden zu sein«, beschreibt Basil Woon die Stimmung zwischen den beiden Weltkriegen, und die vergnügungssüchtige US-Elite trifft auf eine kubanische Barkultur, die ihre Vorlieben perfekt umsetzt. Zum einen bringen Woelke & Co. neuen Verve in die Szene, zum anderen haben die Kubaner bis dahin auch nicht nur im Schatten herumgesessen. Allen voran Constante Ribalaigua Vert, der 1914 als *Cantinero*, wie Bartender auf Kuba genannt werden, in der *Bar La Floridita* beginnt. Diese wurde 1817 als *La Piña de Plata* (»Die silberne Ananas«) eröffnet und später – nicht zuletzt aufgrund der vielen amerikanischen Gäste – in *La Florida* umbenannt und Zentrum der kubanischen Cocktailkultur. Sie ist vor allem für zwei Sachen berühmt: für die Zubereitung ihres bekanntesten Drinks, des *Daiquiris*. Und für ihren treuesten Gast, Ernest Hemingway.

For whom the Daiquiri tolls

Fangen wir bei Letzterem an. Die Erwähnung von [Ernest Hemingway], Abenteurer, Großwildjäger und Großliterat, veranlasst einen Bartender heutzutage meist zu einem Augenrollen und dem Gedanken: »Nicht der schon wieder!« Jedes zweite Getränk scheint von Hemingway getrunken, erfunden oder wenigstens miterfunden worden zu sein, und immer muss der amerikanische Literaturnobelpreisträger herhalten, wenn es um die Kombination von Cocktails und Literatur geht. Die Wahrheit jedoch ist: Es kommt nicht von ungefähr. Hemingway saß eben, wenn nicht vor seiner Schreibmaschine, vor allem auf einem Barhocker, und selten vor einem leeren Glas. Auch in diesem Buch hätte er in vielen Kapiteln auftauchen können, der Mann war einfach überall: im *Stork Club* in New York sitzt er neben Spencer Tracy, über das Ritz Hotel in Paris sagt er: »Wenn ich vom Leben nach dem Tod träume, findet es immer im Pariser Ritz statt.« Harry's Bar in Venedig verewigt er in seinem Roman *Über den Fluss und die Wälder* mit der Passage: »Der einzige Unterschied, dachte der Colonel, besteht darin, dass die Stunden von Ebbe und Flut mit dem Stand des Mondes täglich wechseln, während die Stunden in Harry's Bar genauso festgelegt sind wie der Meridian, der durch Greenwich geht.« Und in seiner kubanischen Stammbar steht heute eine lebensgroße Hemingway-Bronzestatue am Tresen, die täglich einen frischen Daiquiri vorgesetzt bekommt. So erinnert die Bar an ihren bekanntesten Gast und dessen bekannte Aussage: »Meinen Mojito in der Bodeguita, meinen Daiquiri in der Floridita!« (Wobei Hemingways Biograf Philip Greene anzweifelt, dass er tatsächlich auf ihn zurückzuführen ist).

Ernest Miller Hemingway
1899 – 1961

Der Schriftsteller wurde 1899 in Illinois geboren und war ein Vertreter des modernen Klassizismus. Darüber hinaus war er als Großwildjäger, Kriegsreporter und Abenteurer bekannt. Zweifelsohne wird der Amerikaner wie kein anderer Autor in der Kombination mit Cocktails und Barkultur genannt. 1954 erhielt Hemingway den Nobelpreis für Literatur, nicht zuletzt durch die Veröffentlichung von »Der alte Mann und das Meer«, dessen Handlung in seiner Wahlheimat Kuba spielt. Nur sieben Jahre später, am 2. Juli 1961, nahm sich Hemingway – wie schon sein Vater – das Leben.

Mit Sicherheit jedoch ist der Daiquiri wiederum der bekannteste Cocktail aus Kuba, der heute weltweit üblicherweise in einer Sour-Variante gemacht wird: weißer Rum, Limettensaft und Zucker. Bis er dort angelangt ist, darf sich der Daiquiri aber durchaus rühmen, der Cocktail mit den vielleicht meisten Abwandlungen überhaupt zu sein. Zum ersten Mal soll er 1898 gemixt worden sein, von einem gewissen Jennings Stockton Cox Jr., Geschäftsführer der *Spanish-American Iron Company*. Dieser soll ihn im Beisein von Francesco Domenico Pagliuchi, einem ehemaligen Kommandanten der kubanischen Befreiungsarmee, die Kuba den Händen der Spanier entrissen hat, gemixt haben. Ursprünglich wurde der Drink wohl mit Zitronen gemacht, da sein amerikanischer Erfinder ihn als Rum-Variante des damals bereits sehr beliebten Whiskey-Sour betrachtete, in der Version von Cox war zusätzlich zu Eis auch Wasser vorgesehen. Es gibt eine Version mit Grenadine anstatt Zucker, die Jacques Straub, ehemaliger Mitarbeiter des *Pendennis Club*, 1914 in seinem Buch *Drinks* als *Bacardi Cocktail* anführt – gleichzeitig das erste Mal, das der Daiquiri in einem Buch auftaucht. Die Formel: zwei Drittel Limettensaft, ein Drittel Rum, ein Barlöffel Puderzucker und somit ein Mischverhältnis von Spirituose zu Säure, das heute genau umgedreht ist.

Wann genau und von wem der Daiquiri auch immer erfunden wurde, bekannt wird er vor allem im *El Floridita*, wie die Bar La Florida in der Altstadt Havannas später genannt wird, und hier vor allem durch den Dauergast Ernest Hemingway. Der süffelt am liebsten seinen selbst erfundenen Daiquiri, den *Papa Doble*. Dieser ist ein Twist auf den Daiquiri, bestehend aus frisch gepresstem Grapefruitsaft, etwas Zuckersirup, Limettensaft, Maraschino und – wir sprechen von Hemingway – der doppelten Menge Rum. Auch das El Floridita hat im Laufe der Zeit diverse Daiquiri-Variationen auf der Karte, aber am populärsten ist die Variante No. 4. mit Bacardi Rum, Limettensaft, Zucker und Maraschino. Diese hebt sich jedoch nicht nur durch die Verwendung des Kirschlikörs von ihren Vorgängern und Zeitgenossen ab, sondern vor allem auch durch ihre Herstellungsweise: Sie wird als eine Art Frappé serviert. Möglich macht das eine Erfindung aus dieser Zeit, die auch einen starken Einfluss auf die Bar- und Cocktailgeschichte haben wird: der elektrische Blender.

Eine blendende Idee

Floridita und Bodeguita

»La Cuna del Daiquiri«, Die Wiege des Cocktails, so bezeichnet sich El Floridita auf seiner Website, auf der zum Einstieg immer noch Ernest Hemingway zu sehen ist. Das mag bezeichnend sein für eine Bar, die einst führend war, aber nun in der Zeit stehen geblieben ist. Das Bodeguita wurde 1942 eröffnet und ernannte sich selbst zum Ort, an dem der Mojito erfunden wurde. Es gibt heute weltweit Ableger, was in der Barkultur vor allem leider oft eines bedeutet: Stillstand und eine Berufung auf eine große Historie.

Der Blender wird 1922 von Stephen Poplawski in Wisconsin entwickelt und ab Mitte der 1930er Jahre von Frederick Osius entscheidend weiter verbessert. Da der Ingenieur jedoch nicht weiß, wie er seine Erfindung an die breite Masse bekommt, lauert er eines Tages Fred Waring auf, einem populären Musiker und Bandleader seiner Zeit. Dieser ist als Pionier des amerikanischen Showbusiness viel unterwegs und, im Gegensatz zu den meisten seiner Kollegen, ein überzeugter *Teetotaller*, also ein Alkoholabstinenzler. Waring jedoch erkennt das Potential des elektrischen Standmixers, den er hauptsächlich dafür verwendet, Obst und Gemüse zu zerschreddern. Eines Tages bekommt er Besuch von Rudy Vallée, einem Saxophonisten und frühen *Crooner* seiner Zeit, und als solcher alles andere als ein *Teetotaller*. Vallée möchte seinen Lieblingsdrink, einen *Frozen Strawberry Daiquiri*, der sich vor allem dadurch auszeichnet, dass man ihn mehr als eine Minute shaken muss, damit er seine Konsistenz bekommt. Als die beiden Entertainer die Zutaten in den Blender werfen und diesen eine halbe Minute laufen lassen, ist die Überraschung groß: Der Drink ist nicht nur perfekt gemischt, er hat auch eine Cremigkeit, die er durch pures Schütteln niemals erreicht hätte. Vallée wird fortan nicht nur zum Vertreter der singenden Zunft, die die Popmusik im weißen Amerika dominiert, sondern auch des Gerätes, das er in großen Mengen verkauft. Das Gerät heißt mittlerweile *Waring Blendor*, benannt nach dem Investor, der an die Idee von Frederick Osius geglaubt hat. Schon bald aber wird dessen Name weggelassen und aus dem o ein e gemacht: Der Blender ist geboren, und mit ihm kommt nicht nur der Siegeszug des Daiquiri im Floridita, sondern auch der eines Drinks, der wesentlich globaler, wesentlich bekannter und wesentlich kontroverser werden wird: die *Piña Colada*.

Rum und Ananas sind in der Karibik, wie man sich denken kann, keine Kombination, die eines genialen Geistesblitzes bedarf. Selbst in Europa ist mit Ananas angesetzter Rum bereits im 18. Jahrhundert ein beliebtes Importgut. Constante Ribalaigua Vert hat in seiner La Floridita einen *Havana Special* im Angebot, eine Mischung aus Ananassaft, kubanischem Rum und Maraschino. Ananas selbst ist in der Karibik schon seit jeher eine beliebte Speise, und seit – wir erinnern uns an den wagemutigen Eisschiffer – Frederic Tudor die tropischen Inseln mit Eis aus dem hohen Norden versorgt, auch gekühlt genießbar. So gibt es schon Anfang des 20. Jahrhunderts Bezeichnungen wie *piña fria* oder *piña fria colada*, womit eine gekühlte, gesiebte Ananas gemeint ist. 1950 berichtet die *New York Times* von einer *piña colada* in Kuba, einem Getränk, das aus Rum, frischer Ananas und Kokosmilch besteht.

Damit die Mischung jedoch einen Siegeszug antreten kann, der selbst vor Platz 1 der US-Charts nicht Halt macht, braucht es einen Lebensmittelchemiker namens Don Ramón López-Irizarry. Dieser entwickelt Anfang der 1950er Jahre ein Verfahren, das die Herstellung von Kokosnusscreme, bis dahin mühsam manuell – und somit teuer –, erstmals maschinell erlaubt. 1954 bringt er sein Produkt *Coco López* auf den Markt, eine poppig-bunte Dose in fröhlichen Farben. Im gleichen Jahr mischt ein Barkeeper namens Ramón Marrero Pérez, Spitzname »Monchito«, im *Caribe Hilton* in San Juan, Puerto Rico, erstmals die Mischung aus dieser Kokosnusscreme, Rum und Ananas. Sie gilt heute als die gängige Piña Colada-Variante.

Ramón Marrero Pérez
Erschuf 1954 die Piña Colada

Der mit Spitznamen »Monchito« genannte Barmann des Caribe Hilton Hotels in Puerto Rico gilt als der Erfinder der Piña Colada im Jahre 1954.

Es gibt aber noch andere Mitarbeiter des Caribe Hilton Hotels aus dieser Zeit, die die Erfindung für sich beanspruchen, etwa Ricardo Garcia. Wie der von 1952 bis 1970 im gleichen Hotel tätige Barmann den Autoren Anistatia Miller und Jared Brown für deren lesenswertes Buch *Cuban Cocktails – Drinks and the Cantineros behind them, from Cuba's Golden Age* erklärt, habe seine Version aus einer Mischung aus Rum, Kokosnusscreme und Crushed Ice bestanden, die er in einer ausgehöhlten Kokosnuss serviert habe. Eines Tages seien die Kokosnuss-Pflücker in Streik getreten, und als das Hotel eine große Lieferung Ananas bekommen habe, habe er sein *Coco Loco* genanntes Getränk in einer ausgehöhlten Ananas serviert. Da ihm der dadurch entstandene Ananasgeschmack im Getränk gefallen habe, habe er fortan Ananassaft hinzugefügt und auch den Namen angepasst.

Hector Torres jedoch, ein Bartender, der ebenfalls ab 1952 im Caribe Hilton Hotel tätig war, stellt sich auf die Seite von Ramón »Monchito« Pérez und bezeichnet ihn zweifelsfrei als den Erfinder der Piña Colada. Und dann ist da noch die Plakette des *Barrachina* Restaurants in San Juan auf Puerto Rico, die besagt, dies sei der Geburtsort der Piña Colada – 1963 sei sie hier von Ramón Portas Mingot ersonnen worden. Der schüchterne Barkeeper – so die Legende – hätte den

Cocktail erfunden, um einer schönen Kundin näherzukommen. Zwar soll daraus tatsächlich eine glückliche Liebe entstanden sein, aber erst beinahe eine Dekade später, als die Crew des Caribe Hilton Hotels ihre Gäste mit der kühlen Erfrischung versorgte. Als Ausgangsort der Piña Colada darf daher weiterhin das Caribe Hilton betrachtet werden. Nicht zuletzt hat Ricardo Garcia auch eine einfache Erklärung für die Version des Barrachina: »Der Bartender dort arbeitete zuvor für mich im Caribe Hilton.«

Wer noch ein weiteres kleines Fragezeichen hinzufügen möchte, könnte sich auch wieder auf hohe See begeben. Denn schon ein gewisser Roberto Cofresí (1791 – 1825) gab eine Mischung aus Rum, Ananas und Kokosmilch – schon immer ein beliebter Ersatz bei Wasserknappheit – an seine Mannen aus. Cofresí war ein Pirat, der beinahe ein Jahrhundert nach dem Ende des Goldenen Piratenzeitalters in den Gewässern um Puerto Rico sein Unwesen trieb. Und das mit europäischen Wurzeln: Der ursprüngliche Name seiner Familie lautete Kupferschein; erst mit der Übersiedlung von Triest in die Karibik, nach einem Duell seines Vaters, bei dem dessen Kontrahent getötet wurde, wurde sie in Cofresí umbenannt. Neben dem Namen ging auch der Besitz verlustig, und Roberto arbeitete schon in jungen Jahren auf hoher See. Um den Piraten entstand nach seinem Tod mit 33 Jahren ein Robin Hood-artiger Mythos: Er soll von den Reichen gestohlen haben, um den Armen zu geben. Dieser noble Aspekt seines Piratendaseins wird von manchen Historikern angezweifelt, aber fraglos war die frühe Version der Piña Colada eine nahrhafte Quelle seiner Unternehmungen.

If you like Piña Colada

Freilich fehlte den Piraten – wie auch schon Sir Francis Drake und seinem El Draque, dem zeitlich früher angesiedelten Ahnen des Mojito – das entscheidende Detail: das Eis. Dieses ist entscheidend für das Gerät, das den Siegeszug der Piña Colada anschiebt wie ein Turbomotor: der Waring Blender. In ihm werden Rum, Kokosnusscreme und Ananassaft mit Eis zu jener cremigen Einheit, die für viele Touristen das perfekte Symbol für Sonne, Strand und Sorglosigkeit ist. Im Caribe Hilton selbst wird die Piña Colada zu Beginn zwar meist von Hand geschüttelt, was einer ähnlichen Anstrengung gleichkommt wie der berühmte eineinhalbminütige Shake des *Ramos Gin Fizz*, aber mit den einsetzenden Touristenströmen geschieht das bald vornehmlich auf Knopfdruck. Coco López vermarktet seine Kokosnusscreme im Zusammenhang mit der Piña Colada, die an Beliebtheit rasch gewinnt und auf dem Zeitgeist der Tiki-Bewegung mitschwimmt. Am 17. Juli 1978 schließlich erklärt Gouverneur Rafael Hernández Colón die Piña Colada zum Nationalgetränk von Puerto Rico, und 1979 widmet ihr Rupert Holmes mit *Escape* einen Song, der 1980 Platz 1 der amerikanischen Charts erreicht. Holmes? *Escape*? Nicht so wichtig. Selbst bei den Radiosendern fragen alle Anrufer nur nach dem »Piña Colada Song«, was auch genau der Name sein soll, in den Holmes' Plattenfirma den Song umbenennt. Die Piña Colada macht sich auf und davon, vom karibischen Strand in alle Metropolen dieser Welt.

Den meisten Bartendern stehen heute jedoch die Haare zu Berge, wenn sich ein Gast an den Tresen setzt und eine Piña Colada bestellt. Da hat man sich den seltensten Rye Whiskey für einen Old Fashioned besorgt, sich einen interessanten Obstbrand-Twist auf einen Negroni überlegt oder überhaupt mehrere Wochen für die Zusammenstellung und das Layout der neuen Barkarte gebraucht, und dann wird man nach einer Piña Colada gefragt? Wie kaum ein zweiter Drink widerspricht der Cocktail, der erfunden wurde, um karibisches Lebensgefühl zu symbolisieren, all der Modernität und Komplexität, die die Barkultur im neuen Jahrtausend wiedergewonnen hat. Piña Colada – das ist der Drink der in die Jahre gekommenen Baby-Boomer auf Kreuzfahrtschiffen, das ist die Visitenkarte der Null-Connaisseure, das absolute Suburbia der Cocktails, in das sich niemand wagt, der etwas auf sich hält. Es ist ohnehin egal, welchen Rum man verwendet, da er im Gemisch von Kokosnusscreme und Ananassaft im Blender sowieso untergeht. Das Ordern einer Piña Colada ist daher vor allem eins: eine geschmackliche Bankrotterklärung.

Es mag daher als eine kleine Ohrfeige für Schubladendenker gelten, als Alex Kratena und Simone Caporale (mehr zu den beiden Bartendern in Kapitel 10) vor wenigen Jahren in der *Artesian Bar* in London eine Version der Piña Colada auf die Karte setzten. Eine Piña Colada, in einer Slush-Machine gemacht! In der viermal am Stück als beste Cocktailbar der Welt prämierten Bar im *Langham Hotel*! Man kann daher sagen: Die Piña Colada mag nicht der feingeistigste Drink sein, und an ihrem Image muss sie so hart arbeiten wie ein Politiker nach einem Steuerskandal. Aber vielleicht kann sie uns auch eines lehren: Es gibt keine schlechten Cocktails. Nur schlecht gemachte.

The Big Escape

Was haben Angelina Jolie, Will Ferrell, Homer Simpson, Chris Pratt, Cameron Diaz, Nicole Kidman, Jack Nicholson, Annette Bening, Kristen Bell und James Caan gemeinsam? Sie alle haben in Filmen mitgewirkt, in denen der Song »Escape« des Musikers Rupert Holmes gelaufen ist. Ein Grund, weswegen der Song – 1979 erschienen und bald in »The Piña Colada Song« umgetauft – immer noch im kollektiven Gedächtnis feststeckt. Die Ironie der Geschichte: Eigentlich sollte die berühmte Textzeile »... if you like Humphrey Bogart« lauten. Aber Holmes dachte sich, dass er schon zu viele Filmstars in seinen Texten verarbeitet hatte, und benannte den Refrain des letzten Songs seines Albums »Partners in Crime« nach dem ersten exotischen Drink, der ihm in den Sinn kam. Die zweite Ironie: Holmes selbst verglich den Geschmack des Cocktails mit einem Mittel gegen Durchfall.

Royal Bermuda Yacht Club

herrlich an heißen Sommertagen

6 cl Rum, 3 cl frischer Limettensaft,
1,5 cl Falernum, 1 BL Triple Sec,
2 Dashes Angostura Bitters
/
GLAS: Coupette
GARNITUR: Limettenspalt
/
Alle Zutaten im Shaker auf Eiswürfeln
10- bis 15-mal kräftig schütteln. Doppelt in
das vorgekühlte Glas abseihen.

Daiquiri

einfach, aber herausragend

6 cl weißer Rum, 3 cl frischer
Limettensaft, 2 cl Zuckersirup
/
GLAS: Coupette
GARNITUR: keine
/
Alle Zutaten im Shaker auf Eiswürfeln
10- bis 15-mal kräftig schütteln. Doppelt in
das vorgekühlte Glas abseihen.

Nuclear Daiquiri

Vorsicht, explosiv!

3 cl weißer jamaikanischer Overproof Rum,
3 cl frischer Limettensaft, 1 cl Chartreuse Verte,
1 BL Velvet Falernum
/
GLAS: Coupette
GARNITUR: Limettenscheibe
/
Alle Zutaten im Shaker auf Eiswürfeln
10- bis 15-mal kräftig schütteln. Doppelt in
das vorgekühlte Glas abseihen.

Maid in Cuba

trocken und erfrischend

6 cl weißer Rum, 6 Blätter frische Minze,
3 dünne Gurkenscheiben, 3 cl frischer Limettensaft,
1,5 cl Zuckersirup, Absinth, Soda Water
/
GLAS: Coupette
GARNITUR: Gurkenscheibe, Minzblatt
/
Das Glas mit Eis und einem BL Absinth befüllen,
schwenken und beiseitestellen. Saft und Zucker
mit Minze und Gurke in einen Shaker geben und
vorsichtig andrücken. Danach Rum dazugeben
und auf Eiswürfeln 10- bis 15-mal kräftig schütteln. Eis und Absinth aus dem Glas entfernen und
den Drink doppelt ins parfümierte Glas abseihen.
Mit 1–2 cl Soda Water aufgießen.

El Floridita Daiquiri

Hemingway lässt grüßen

6 cl goldener Rum (Kuba), 2 cl frischer Limettensaft, 3 cl frischer Pink-Grapefruit-Saft, 1 cl Maraschino, 1 cl Rohrzucker

/

GLAS: Coupette
GARNITUR: Grapefruitzeste

/

Alle Zutaten im Shaker auf Eiswürfeln 10- bis 15-mal kräftig schütteln. Doppelt in das vorgekühlte Glas abseihen.

Air Mail

prickelnd und herrlich cremig

6 cl goldener Rum, 2 cl frischer Limettensaft, 2 cl Honig oder Honigsirup, Champagner

/

GLAS: große Coupette oder Weinglas
GARNITUR: Minzzweig

/

Alle Zutaten bis auf den Champagner in den Shaker geben und auf Eiswürfeln 10- bis 15-mal kräftig schütteln. Ins vorgekühlte Glas abseihen und mit Champagner auffüllen.

Batida de Maracuja

die brasilianische Fruchtbombe

6 cl Cachaça, 2 cl Maracujasaft
(wenn möglich frisch), 2 BL weißer Rohrzucker,
Maracuja (Fruchtfleisch von ein bis zwei Früchten)

/

GLAS: Tumbler
GARNITUR: keine

/

Alle Zutaten in den Shaker geben und auf
Eiswürfeln 10- bis 15-mal kräftig schütteln.
Den gesamten Inhalt in das leere Glas umfüllen.
Mit Trinkhalm servieren.

Rum Daisy

würzig-spritzig

5 cl goldener Rum (Kuba), 1,5 cl frischer
Limettensaft, 1,5 cl Chartreuse Jaune,
1 BL Rohrzucker, 1 Dash Angostura Bitters

/

GLAS: Highball
GARNITUR: Minzzweig, Früchte der Saison

/

Den Rand des Glases mit Limettenzeste einreiben
und diese ins Glas geben. Danach Limettensaft,
Zucker und Angostura sowie Minze dazugeben und
verrühren, bis sich der Zucker gelöst hat. Den Rum
dazugeben, das Glas mit gestoßenem Eis füllen
und die Chartreuse langsam eingießen.
Mit Trinkhalm servieren.

N° 8

STERNE IN DER FINSTERNIS

Ab den 1970er Jahren ist es schlecht bestellt um den Cocktail. Seine alkoholischen Bestandteile rücken in den Hintergrund, er muss vor allem drei Dinge sein: bunt, knallig und in einem großen Glas serviert. Exotische Konservensäfte und süße Sahne überlagern die Spirituose, und dann ist da auch noch Tom Cruise, der mit Flaschen jongliert. Aber wie immer: Es gibt auch Ausnahmen.

CAIPIRINHA

GLAS Tumbler

GARNITUR keine

ZUTATENLISTE
6–7 cl Cachaça
1 Limette
3 BL weißer Rohrzucker oder Zuckersirup

ZUBEREITUNG Limette aufschneiden, vom weißen Strunk in der Mitte befreien und in Stücke schneiden. Zusammen mit dem Rohrzucker im Shaker zerdrücken, Cachaça hinzugeben und auf Eiswürfeln 10- bis 15-mal kräftig schütteln. Den kompletten Inhalt in das Glas schütten.

BRASILIEN IM GLAS Auf brasilianisch auch Batida de Limao genannt, steht die Caipirinha für den Siegeszug der leichten, fruchtigen Drinks, die ab den 1970er Jahren die Barkultur prägten. Das Original hat jedoch nur wenig mit der im Plastikbecher servierten zermatschten Suppe zu tun, zu der die Caipirinha außerhalb Brasiliens bald wurde. Auch die Caipi braucht in Wahrheit etwas Zeit, damit sie gut wird.

Es sind nicht nur Piña Coladas, die sich in den 1970er Jahren in den Blendern und elektrischen Küchengeräten des Planeten drehen. Es sind alle Formen von Mischgetränken mit Früchten, von Maracuja bis Mango, Banane und Kokosnuss, cremig und süß gemacht durch einen Schuss Sahne oder Kokosnusscreme. Dafür gibt es mehrere Gründe. Als sich das Grauen des Zweiten Weltkrieges gelegt hat, schlägt die Gesellschaft eine andere Richtung ein, die Generationen driften zunehmend auseinander. Die Hippies der Sechziger wollen nicht nur nichts mit der konservativen Lebensauslegung ihrer Eltern zu tun haben, sondern noch weniger mit den Whiskys, Likörchen und Schnäpsen, mit denen die alte Generation ihre Probleme verdrängt. Nicht zuletzt ist Alkohol eine ziemlich lahme Sache gegen das LSD, das Gras und die sonstigen Stoffe, die die Pforten der Wahrnehmung öffnen. Und welcher aufgeklärte politische Geist süffelt schon Tiki-Drinks in Südsee-Attrappen, während im Vietnam die Hütten brennen? Bei der Punk-Bewegung, die in den 1970ern auftaucht, verhält sich die Sache mit Alkohol schon anders, aber natürlich ist ein kaltgerührter Manhattan die pure Versinnbildlichung des Establishments, mit dem man nichts zu tun haben will. Von daher heißt es nicht nur *No Future*, sondern auch *No Fizzes*.

From Disco to Disco

Die alte Cocktailgeneration stirbt hingegen aus und passt nicht mehr in die Zeit. Cary Grant darf in *Der unsichtbare Dritte* von Alfred Hitchcock aus dem Jahre 1959 im Speisewagen eines Zuges noch einen *Gibson* trinken – einen Martini mit einer Perlzwiebel als Garnitur – und das Rat Pack um Dean Martin darf sich wohl damit rühmen, mehr Martinis getrunken zu haben, als je zuvor und danach in Hollywood konsumiert wurden, aber die Garde der Humphrey Bogarts und Gary Coopers wird allmählich abgelöst. Die europäische Bevölkerung trällert 1974 zu Abbas Song-Contest-Durchbruch *Waterloo*, die amerikanische guckt im Kino *Saturday Night Fever* (1977) mit John Travolta und versucht danach, das Ganze in der Diskothek zu imitieren. Glam und Glitzer – oder wenigstens die Träumereien davon – ersetzen den Gimlet. Gerade in Deutschland haben die Bomben des Zweiten Weltkrieges eine im Entstehen begriffene Cocktailkultur zerstört, und als sich das Land in Wirtschaftswunderzeiten erholt, denkt kaum jemand daran, *Der Mixologist* von Carl A. Seutter aus dem Jahre 1907 herauszukramen.

Nur wenige können von diesen Nachkriegsjahren noch berichten, und einer davon ist Franz Brandl. Dieser ist Teil der 1974 eröffneten *Harry's New York Bar* in München, bevor er später als Barchef für Eckart Witzigmanns wegweisendes Restaurant *Die Aubergine* tätig ist. In den Folgejahren macht sich Brandl mit eigenen Bars wie der *Schwabinger Cocktail Lounge* und der *Brandls Bar* selbständig, bis er sich Anfang der 1990er Jahre auf das Schreiben verlegt. Heute ist Brandl der Fachautor mit den meisten verkauften Büchern in Deutschland. Aber seine Tätigkeit beginnt früher und spannt einen Bogen von den Nachkriegsjahren in die Gegenwart. Für *Mixology* warf das bayrische Urgestein einen Blick zurück, in dem auch klar wird, dass man in diesen Zeiten auch nicht immer gekonnt hätte, selbst wenn man gewollt hätte. »Die Firma Bols war in den Nachkriegsjahren der einzige internationale Hersteller, der auch in Deutschland produzierte«, wirft Brandl einen pragmatischen Blick auf die Dinge. »Aufgrund der damals horrenden Preise für ausländische Produkte wäre ohne die Liköre von Bols das Mixen vieler weltbekannter Drinks lange Zeit illusorisch geblieben. Bols fertigte sein ganzes klassisches Likör- und Spirituosen-Programm inklusive Gin und Weinbrand, und so waren *Brandy Alexander, Grasshopper, White Lady, Sidecar* etc. Bestandteil jeder Nachkriegs-Cocktailkarte.«

Die veränderte Gesellschaft

Aber wer trinkt sie? Cocktails haben in der Disco-Ära – ganz anders als zu ihrer Entstehungszeit, als sie junge, ungestüme Getränke sind, die sich permanent neu erfinden – den Zusatz »gediegen«; sie werden in den Hotelbars oder wenigen Privatbars getrunken, die übrig sind. Dort sitzen in die Jahre gekommene Herren, nippen am Glas und erfreuen sich am Anblick der Prostituierten, mit denen sie ihren Drink teilen. Mahagoniholz und schwerer Teppichboden passen für die Whiskytrinker und Zigarrenraucher, in der Diskothek regieren jedoch Rüschenhemd und Spacelook und vor allem bunte Mischgetränke, die zwar auch noch Cocktails heißen, aber mit den alten Klassikern wenig gemein haben.

Angeheizt wird das von den technischen Verbesserungen der Gesellschaft: Die Seventies sind das Zeitalter der Instantmahlzeiten, Mikrowellen und Pre-Mixe, die die Nahrungs- und Getränkeaufnahme einfach und vor allem schneller machen. Gedanken um die Natürlichkeit macht sich kaum jemand, Vorgefertigtes ist die höchste gesellschaftliche Errungenschaft. Die Industrie trägt ihr übriges zu dieser Entwicklung bei. In der Auflage des *The Bacardi Party Book* von 1976 etwa wird der *Bacardi Daiquiri* beschrieben mit »zwei Teelöffeln von Minute Maid Limeade oder Limonadenkonzentrat oder trockenem oder flüssigem Daiquiri-Mix«. Sprich: Auch bei der Firma, die sich rühmt, 1896 einen Bestandteil des Ur-Daiquiris geliefert zu haben, ist nichts Natürliches mehr zu finden. Die Seventies erscheinen in knalligen Drinks auf dem Tablett der Geschichte, die sich vor allem durch ihre Süße und Drinkability auszeichnen. Man will dem Barkeeper nicht mehr beim Kaltrühren eines Martinez zusehen oder – Gott behüte – beobachten, wie er eine Minute lang einen Ramos Gin Fizz schüttelt, sondern schnell ein Glas erhalten, in dem ein Strohhalm steckt, damit man wieder auf die Tanzfläche verschwinden kann. Die Folge ist eine Tendenz zu *Built-in-Glas*-Getränken, also solchen, die direkt im Glas angerührt und nicht mehr in einem Shaker geschüttelt oder in einem Rührglas vorgerührt werden. Sie heißen *Harvey Wallbanger* oder

Charles Schumann
geb. 1941

Mit seinem Schumann's in München hat der charismatische Gastronom die Barkultur in Deutschland nahezu im Alleingang am Leben erhalten.

Screwdriver und sind selten mehr als Longdrinks, die mit einem Likör gefloated werden. Hauptsache süß und bunt. Das deckt sich auch mit Brandls Erinnerungen: »Bis 1980 waren alle Drinks entweder gelb vom Orangensaft oder rot von der Grenadine«, formuliert er. Beides vereint findet sich besonders in einem Drink wieder: dem *Tequila Sunrise*.

Diese Mischung aus Tequila, Orangensaft und einem Schuss Grenadine empfiehlt ein Barkeeper des Restaurants *The Trident* in San Francisco 1972 auch einem jungen Musiker, der mit seiner Band durch die USA tourt. Der Name des Musikers ist Mick Jagger. Der Drink kommt gut an beim Frontmann der Rolling Stones, wie sich Keith Richards in seinen 2010 erschienen Memoiren *Life* erinnert: »Die 1972er Tour wurde unter verschiedenen Namen bekannt: Die Kokain und Tequila Sunrise-Tour, oder die STP: Stones Touring Party.« Die Beliebtheit des Getränkes wirkt sich auch ein wenig auf die Geschäfte mit dem Nachbarland aus. Bis 1972 importierten die USA jährlich ungefähr 3,5 Millionen Liter Tequila, 1974 beträgt die eingeführte Menge 16,3 Millionen Liter. Die Tour der Stones, bei der einige Hotelzimmer dran glauben müssen, mag ein Grund für diesen Anstieg gewesen sein. Er ist aber auch eine Reaktion auf die Popularität eines anderen Getränks: der *Margarita*.

Salzrand auf unserer Haut

Die Margarita ist keineswegs eine Geburt der 1970er Jahre. Die Mischung aus Tequila, Orangenlikör und Limette hat – wie so viele Cocktails vor ihr – keine eindeutige Geburtsstunde. Manche datieren sie auf das Jahr 1930 und nennen die *Caliente Bar* in Tijuana als Wiege, andere behaupten, der Bartender Enrique Bastante Gutierrez hätte sie zu Ehren der Schauspielerin (Marga)Rita Hayworth erfunden. Es könnte auch sein, dass sie einfach ein salziger Twist auf ein Getränk namens *Picador* ist, das in Mexiko beliebt war. Dieser aus den gleichen Zutaten bestehende Drink wurde 1937 von W. J. Tarling in dessen legendärem *Café Royal Cocktail Book* erstmals erwähnt, nur wenige Jahre später schaltete ein großer Tequila-Produzent die Werbung für einen Drink namens Margarita, der den Cocktail erst so richtig in neue Sphären hob. Heute steht der Drink mit dem markanten Salzrand am Glas wie kein zweiter für Mexiko, auch wenn es dort nicht unbedingt der beliebteste Drink ist. Es ist die Popularität in den USA, die die Margarita zum meistgetrunkenen Cocktail der Welt macht. Ursprünglich geschüttelt und nicht im Blender gemacht, wird 1971 in Dallas die erste *Frozen Margarita Machine* präsentiert, und die Margarita bekommt zahlreiche Tanzpartner zur Seite gestellt, auf die sie auch gerne hätte verzichten können, allen voran Erdbeere und Mango. Das Getränk, das in seinem Grundgerüst der Agavenspirituose Tequila einen süß-sauren Partner zur Seite stellt und geschüttelt wird, dreht sich alsbald vom Spring Break bis zur Tupperware-Party in den amerikanischen Blendern von New England bis Texas.

Aber natürlich gab und gibt es immer wieder Personen und Orte, die sich dem Zeitgeist widersetzen und dadurch zu Bewahrern des Wissens werden. In Berlin ist das die Bar *Rum Trader,* die 1976 eröffnet und auf wenigen Quadratmetern bis zum heutigen Tag als »Institut für fortgeschrittenes Trinken« fungiert. In München eröffnet der Amerikaner Bill Deck 1974 die erste Dependance der Harry's New York Bar, gemeinsam mit Andy McElhone, dem Sohn von Harry McElhone. Es ist die erste freistehende, also nicht an ein Hotel angeschlossene American Bar ihrer Art in Deutschland, und mit ihr soll der Stein ins Rollen kommen. Wenn auch langsam. Franz Brandl erklärt in seinem Gespräch mit *Mixology*, warum das so lange gedauert hat: »In München (...) befanden sich alle Bars außer Tanz- und Neppschuppen in Hotels, es gab also keine ›freien‹ American Bars, dadurch entwickelte sich natürlich nichts an der Bar. Schuld daran war neben den Einkäufern, für die Neues mit Arbeit verbunden war, das strenge Abrechnungswesen, das zum Teil noch auf dem System ›Bar auf eigene Rechnung‹ beruhte. Dieses System erlaubte keine Kreativität und schon gar keine Testcocktails, da ja alles zum Verkaufspreis abgerechnet wurde. Mit der Harry's New York Bar begann sich einiges zu ändern.«

Und das gewaltig. Denn einer der jungen Bartender, der unter dem Barchef Brandl arbeitet, wird wie kein Zweiter die Barkultur Deutschlands prägen: Charles Schumann.

Der fesche Charles

1941 geboren, wächst Karl Georg Schuhmann, wie Schumann mit eigentlichem Namen heißt, mit fünf Geschwistern auf einem kleinen Bauernhof in der Oberpfalz auf. Er besucht eine Jesuitenschule, die er mit 17 Jahren abbricht, und schlägt sich danach mit diversen Tätigkeiten durch, unter anderem ist er für den Bundesgrenzschutz tätig, was er im Nachhinein selbst als unvorstellbar bezeichnet. Anfang der 1970er Jahre landet er in Frankreich, wo er Diskotheken und Nachtlokale leitet und eine lebenslange Liebe zu dem südlichen Nachbarland entwickelt. 1973 kehrt er wieder nach München zurück, aber aus Karl Georg ist nun der Charles geworden (auch das »h« im Nachnamen hat er abgelegt), der er auch sein Leben lang bleiben soll. Er arbeitet einige Jahre für Bill Deck in dessen Bar, aber 1982 eröffnet Charles Schumann schließlich in der Maximilianstraße 36 seine *Schumann's American Bar*. Es ist, als ob die Stadt auf den feschen Charles gewartet hat: Der Laden ist von Anfang an voll. »Es gab kein Internet, es gab nur ganz wenige gut ausgebildete Leute, bei denen man sich etwas abschauen konnte«, so Charles Schumann, »ich glaube aber nicht, dass die wichtigste Voraussetzung für unsere Bekanntheit ist, dass wir gute Cocktails machen. Ich glaube, es liegt eher daran, dass die Leute merken, dass ich zumindest versuche, ehrlich zu sein bei dem, was ich tue.«

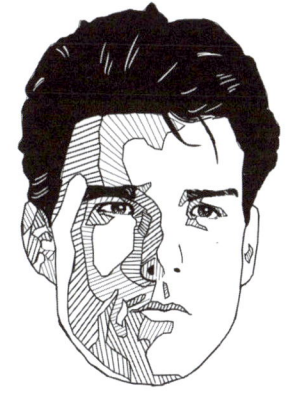

Tom Cruise als Brian Flanagan 1988

Flaschen jonglieren und Frauen aufreißen: Der Film »Cocktail« aus dem Jahre 1988 war der Höhepunkt des Flairbartending.

Zu Ehrlichkeit gehört für Charles Schumann, den frankophilen Gastronomen, schon damals, mit frischen Zutaten zu hantieren. Natürlich ist auch Charles Schumann ein Kind seiner Zeit, den cremigen, pastelligen Eighties, die Drinks mit Sahne und Blue Curaçao hervorbringen, getrunken von Damen mit Dauerwellen und Schulterpolstern. Cindy Lauper singt 1983 *Girls Just Want to Have Fun*, Madonna schiebt ein Jahr später *Like a Virgin* hinterher, da passt es, dass sich rote Lippen um bunte Strohhalme schmiegen. Schumanns Kreationen gehen als *Flying Kangaroo* und *Swimming Pool* in die Geschichte ein, aber es wäre ein fataler Fehler, den kantigen Barmann auf seinen Batida-Output zu reduzieren. In Wahrheit ist das Schumann's ein Hort der Barkultur, ein Ort, an dem sich Moderne und Tradition treffen, um in der typisch münchnerischen Art unter sich zu bleiben, während doch die Welt zu Gast ist. Charles Schumann, der ehemalige Jesuitenschüler, ist bald der einflussreichste deutsche Bartender, der mit dieser Mischung aus Bodenständigkeit und Weltläufigkeit, wie sie nur in Bayern vorkommt, die Barkultur nicht nur am Leben hält, sondern ihr auch neues Leben einhaucht. Die große Leistung des Schumann's ist es dabei, Cocktails und Barkultur wieder einem größeren und jüngeren Publikum zugänglich zu machen. 1991 bringt Schumann sein Buch *American Bar* heraus, von dem seither mehr als eine Viertelmillion verkauft wurden. Im Umkehrschluss bedeutet diese Zahl nichts anderes, als dass so ziemlich jeder Barkeeper, der seit den 1990er Jahren in Deutschland seinen Beruf beginnt, als Anleitung jenes weinrote Büchlein mit dem markanten Schumann's-Schriftzug hinter dem Tresen stehen hat, um eifrig darin zu blättern, wenn ein Gast einen Drink bestellt, von dem man noch nichts gehört hat – und den man noch nicht googeln oder auf einschlägigen Websites nachschlagen kann. So ist auch die Zahl der Bartender, die für Charles Schumann gearbeitet haben, um dann das Rad der Barkultur weiter zu drehen, schier endlos, wie etwa Klaus St. Rainer, der in seiner *Goldenen Bar* in München mixologische Akribie mit einem Schuss Rock'n'Roll garniert. Und übrigens mit der *Rufftime Margarita* einen komplexen Twist auf den Klassiker hingelegt hat.

The Total Flair

»Der Barkeeper ist der Aristokrat der Arbeiterklasse«, philosophiert Barmann Douglas Coughlin seinem jungen Protegé Brian Flanagan vor. Dieser heißt eigentlich Tom Cruise und gibt in dem 1988 erschienenen Film *Cocktail* das Paradebild des Barkeepers in dieser Zeit (das sein Image lange Jahre prägen sollte): Es sind gut aussehende Charmeure, deren Zeit hinter dem Tresen nur eine Übergangsperiode ist, da sie eigentlich Schauspieler, Künstler oder Musiker sind oder – wie Cruise in dem Film – Wirtschaftsstudenten, die mit Büchern wie *How to Turn Your Ideas into a Million Dollars* in der großen Stadt ankommen. Tatsächlich sieht man Cruise den ganzen Film über keinen Cocktail schütteln, aber vor allem eines: Flaschen durch die Gegend werfen, als wären sie Jonglierkeulen, wahllos Sirupflüssigkeiten aus Sodapistolen in Gläser schießen und mit Frauen ins Bett springen. Mit diesem Film etablierte sich der Flairbartender in der Gesellschaft – der Bartender, der zwar im Idealfall beides, im Zweifelsfall jedoch eher Showman als Fachmann ist. Cruise wurde für seine Darstellung von jenem Flairbartender trainiert, der Schulungsvideos für

TGI Friday's in Sachen Flairbartending gemacht hatte. Diese amerikanische Restaurant-Kette, deren Abkürzung für *Thank Goodness It's Friday* steht, integriert die flaschenwerfenden Barmänner in ihr Konzept und ist für die Ausbreitung des Flairbartending verantwortlich.

Abgesehen von Ausnahmen wie dem Schumann's, wo Charles Schumann für sein Team früh weiße Barjacken etabliert, oder Peter Dorelli, der im Savoy Hotel in London auf eine klassische Cocktailkultur setzt, ist das Bild der Bar der 1980er eine Blaupause der Gesellschaft: Hedonismus regiert, wer zahlt, schafft an, Barmänner setzen sich nicht mit der Geschichte der Getränke auseinander, sondern sehen die Bar als Sprungbrett auf die nächste Bühne oder wenigstens ins nächste Bett. Bis dahin muddeln sie den Drink, der in dieser Zeit durch die nun ständige Verfügbarkeit der Limetten aufkommt: die Caipirinha.

Aber da auf jede Bewegung eine Gegenbewegung folgt, ist auch die nächste nicht weit. Noch wirbeln die Sahnecocktails durch die Blender, noch fliegen die Flaschen durch die Luft, aber am Horizont taucht bereits das auf, was heute als neue Morgendämmerung der Cocktails bezeichnet werden kann. Bezeichnenderweise muss man wieder in die zwei Städte gehen, in denen auch vorher alles begonnen hatte: New York und London.

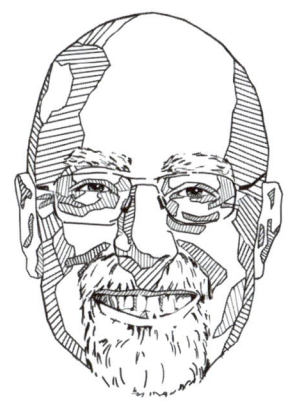

Peter Dorelli
geb. 1940

Der Italiener kam mit 18 Jahren mit einem Visum für ein Jahr nach London. Er blieb länger. Von 1984 – 2003 war er prägender Barchef des Savoy.

Bombay Crushed

fruchtig-herb

6 cl Gin, 2 BL weißer Rohrzucker,
6 Kumquats, 3 Dashes frischer
Limettensaft (optional)

/

GLAS: Tumbler
GARNITUR: keine

/

Die Kumquats halbieren und mit dem Zucker
im Shaker zerdrücken. Den Gin hinzugeben und
auf Eiswürfeln kräftig 10- bis 15-mal schütteln.
Den kompletten Inhalt in das Glas schütten.

Tommy's Margarita

ein moderner Klassiker

6 cl Tequila Blanco (100 % Agave),
3 cl frischer Limettensaft, 1,5 cl Agavensirup
bzw. Agavendicksaft

/

GLAS: Tumbler
GARNITUR: Limettenspalt

/

Alle Zutaten auf Eiswürfeln im Shaker
10- bis 15-mal kräftig schütteln, doppelt
auf frische Eiswürfel abseihen.

Margarita

die mit dem Salzrand

6 cl Blanco Tequila (100 % Agave),
2 cl Triple Sec, 2 cl frischer Limettensaft
/
GLAS: Coupette
GARNITUR: Salzrand
/
Alle Zutaten auf Eiswürfeln im Shaker
10- bis 15-mal kräftig schütteln und in
das vorgekühlte Glas abseihen.

Buttermilch Margarita

ein wahrer Sommerdrink

5 cl Reposado Tequila (100 % Agave),
3 cl Buttermilch, 2 cl frischer Limettensaft,
1 cl frischer Zitronensaft, 2 cl Agavensirup,
1 BL Quittengelee
/
GLAS: Coupette
GARNITUR: keine
/
Alle Zutaten auf Eiswürfeln im Shaker
20- bis 30-mal kräftig schütteln, doppelt in
das vorgekühlte Glas abseihen.

Creole Rum Shrub
steckt voller würziger Aromen

3 cl Rum-Rosinen-Infusion*, 2 cl St. Teresa Rhum Orange Liqueur, 1 cl Demerara-Zuckersirup*, 2 Limettenviertel, 2 Dashes TBT Creole Bitters oder Peychaud's Bitters, 3 Stücke Orange mit Schale

/

GLAS: Highball
GARNITUR: Minzzweig

/

Fruchtstücke und Zuckersirup im Glas zerdrücken. Die restlichen Zutaten dazugeben und mit gestoßenem Eis auffüllen. Verrühren und nochmals mit gestoßenem Eis toppen.

Caipirissima de Uva
Wein mit Rum mal anders

6 cl jamaikanischer Rum, 1/2 Limette, 2 BL Rohrzucker, 5–6 kernlose blaue Trauben

/

GLAS: Tumbler
GARNITUR: keine

/

Limette vom weißen Strunk in der Mitte befreien und in Stücke schneiden. Gemeinsam mit den Trauben und dem Zucker im Shaker zerdrücken. Den Rum dazugeben und auf Eiswürfeln kräftig 10- bis 15-mal schütteln. Den kompletten Inhalt in das Glas schütten.

Batida de Passoa
tropisch-kräftige Verführung

6 cl Cachaça, 2 cl Maracujanektar, 2–3 BL weißer Rohrzucker bzw. Raffinadezucker

/

GLAS: Tumbler
GARNITUR: keine

/

Alle Zutaten auf Eiswürfeln im Shaker 15-mal kräftig schütteln. Den kompletten Inhalt in das Glas geben.

Chartreuse Swizzle
kräutrige Erfrischung

4,5 cl Chartreuse Verte, 3 cl frischer Ananassaft, 2,5 cl frischer Limettensaft, 1,5 cl Falernum

/

GLAS: Highball
GARNITUR: Minzzweig, Muskatnuss

/

Alle Zutaten in das vorgekühlte Glas geben. Mit gestoßenem Eis auffüllen und mit einem Swizzlestick (oder einem Barlöffel) 15 bis 20 Sekunden verrühren. Nochmals mit Eis befüllen und mit Trinkhalm servieren.

---

* *siehe Kapitel Homebar (Seite 244)*

N° 9
DIE RENAISSANCE

New York und London haben die Cocktailkultur seit ihrer Entstehung geprägt wie keine anderen Städte. Es ist daher nur konsequent, dass die Renaissance der Barkultur in den 1990er Jahren auch hier beginnt. Dafür verantwortlich: Jerry Thomas, auch wenn er schon seit hundert Jahren unter der Erde liegt, ein kettenrauchender Visionär und sein junger King sowie ein beinahe in die Luft gesprengtes Haus auf der Isle of Wight.

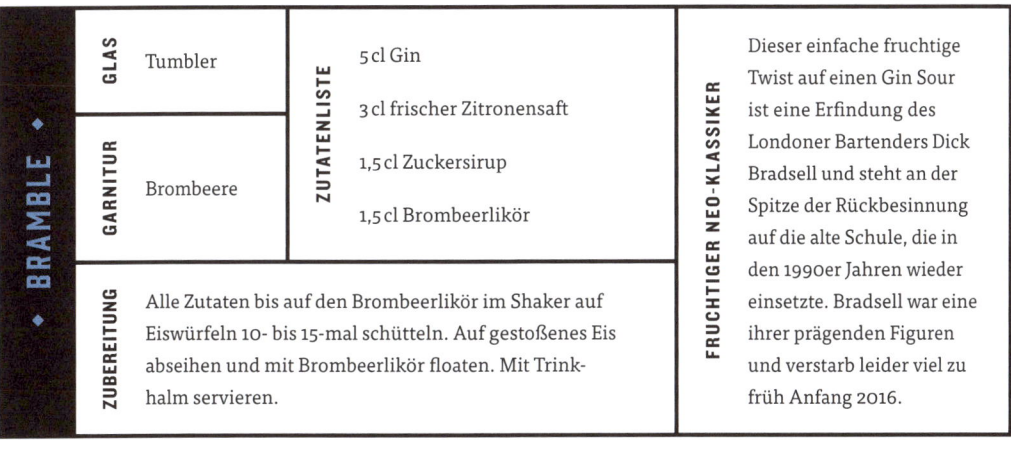

	BRAMBLE	
GLAS	Tumbler	
GARNITUR	Brombeere	
ZUTATENLISTE	5 cl Gin 3 cl frischer Zitronensaft 1,5 cl Zuckersirup 1,5 cl Brombeerlikör	
ZUBEREITUNG	Alle Zutaten bis auf den Brombeerlikör im Shaker auf Eiswürfeln 10- bis 15-mal schütteln. Auf gestoßenes Eis abseihen und mit Brombeerlikör floaten. Mit Trinkhalm servieren.	
FRUCHTIGER NEO-KLASSIKER	Dieser einfache fruchtige Twist auf einen Gin Sour ist eine Erfindung des Londoner Bartenders Dick Bradsell und steht an der Spitze der Rückbesinnung auf die alte Schule, die in den 1990er Jahren wieder einsetzte. Bradsell war eine ihrer prägenden Figuren und verstarb leider viel zu früh Anfang 2016.	

Die Entwicklung des Cocktails war von Beginn an immer stark an die Hotellerie und die Gastronomie gebunden. Schon die Tätigkeit von Pionieren wie Orsamus Willard, der im City Hotel in New York seine Mint Juleps zelebriert hatte, wäre ohne die Vermischung von Bar und Herberge nicht möglich gewesen. Verfeinerer der Cocktailkunst wie Harry Craddock oder Frank Meier waren in Institutionen wie dem Ritz Carlton oder dem Savoy am Werk. Mit einem Wort: Die Vermischung von Hotels und Bars war und ist die Wiege vieler Cocktails und Rezepturerfindungen. American Bars, deren Filetstücke die Cocktailstationen sind, waren eine relativ späte Erfindung. Wie wir im letzten Kapitel gesehen haben, gab es erst Mitte der 1970er Jahre in München die erste unabhängige Bar dieser Art in Deutschland. Hoteliers und Gastronomen, die wissen, dass ihre Gäste nicht nur frisches Leinen und feine Gerichte wollen, sondern auch fulminante Getränke, sind somit auch immer Impulsgeber der Barkultur gewesen. Manche indirekt – und andere sehr direkt.

Joseph Harold Baum ist einer der letzteren Sorte. 1920 in Saratoga Springs, New York, geboren, geht Joe Baum als der Gastronom in die amerikanische Geschichte ein, der das heimische Restaurantwesen revolutioniert. Er ist der erste Gastronom, der zeitgenössische Architekten, Designer und Künstler in seinen Restaurants vereint. Der drahtige Ehrgeizling ist verantwortlich für alle 22 Restaurants des World Trade Center, inklusive des prestigeträchtigen *Windows of the World*, das 1976 eröffnet. Baum ist darüber hinaus ein akribischer Mensch und ein besessener Forscher. Er legt Wert auf jedes kleine Detail. Er liest das Werk von Marcus Gavius Apicius, dem großen römischen Feinschmecker der Antike. So ist das legendäre *The Four Seasons*, das Baum konzipiert, das erste amerikanische Restaurant, das saisonale Menüs anbietet. Seine Devise ist: Beste Zutaten sind selbstverständlich, aber Essen und Trinken soll auch Spaß machen. Er wendet sich gegen die Tradition der Feinschmeckertempel, Menüs nur auf Französisch zu schreiben. Seine Kellner stellen sich dem Gast mit Vornamen vor. 1986 schließlich eröffnet der nimmermüde Kettenraucher das Restaurant *Aurora*, das er nicht im Auftrag entwirft, sondern das auch privat in seinem Besitz ist. Es soll selbstverständlich beste Küche anbieten, aber auch die Bar soll es in sich haben. Um seinem jungen Barchef zu erklären, was er vorhat, empfiehlt er ihm, sich das Buch eines gewissen Jerry Thomas zu kaufen. »Ich habe überall nach dem Buch gesucht, aber es nicht gefunden. Was Joe nicht erwähnt hat, war, dass das Buch 1862 erschienen ist«, erinnert sich jener Dale DeGroff, »aber schließlich bin ich an eine Ausgabe aus dem Jahr 1929 gekommen.«

King Cocktail

Dale DeGroff, der junge Barchef, steht damals am Anfang seiner Karriere, die ihm am Ende den Spitznamen »King Cocktail« einbringt sowie die Ehre, als eine der prägendsten Figuren zu gelten, die den Cocktail in den 1980er und 1990er Jahren dem Reich der Pre-Sour-Mixe, Instantsirups und Sodakanonen entreißen. Am Anfang seiner Geschichte steht auch die – für ambitionierte Bartender erfreuliche – Tatsache, dass man nicht unbedingt mit dieser Mission geboren sein muss. DeGroff kommt 1969 nach New York, ohne genau zu wissen, was die Zukunft bringen wird. Der Jazz-Fan bekommt die letzten Ausläufer der Swing-Szene in Bars wie *The Half Note* mit. »Ich war im Bar-Business, weil es Spaß gemacht hat und weil ich Bars liebe. Ich wusste überhaupt nichts von Drinks; niemand wusste etwas von Drinks in dieser Zeit. Es war die Zeit des So-machen-wir-das-hier-Mottos, Barkeeper haben sich nicht um Rezepturen und Frische gekümmert. Alle Limonaden und Säfte kamen aus der Kanone«, erinnert sich DeGroff in einem Gespräch mit dem *Mutineer Magazine*. Schon bei einer seiner frühen Stationen, dem *Hotel Bel-Air*, hat Jung-Dale ein prägendes Erlebnis: Ein älterer Gast fragt ihn nach einer Margarita, und nachdem er ihm den Drink, gemacht mit Tequila und einem Sour-Mix, kredenzt hat, fragt der Gast nach Limetten und Cointreau – und macht sich den Drink selbst. »Ich habe mich noch nie so geschämt wie in diesem Augenblick«, so DeGroff später.

1985 hat Dale jedenfalls schon einige Stationen hinter sich, als Joe Baum in New York sein Aurora eröffnet. DeGroff erinnert sich an jenes Einstellungsgespräch mit dem nicht immer einfachen Gastronomen, in dem er erstmals Bekanntschaft mit besagtem Jerry Thomas macht: »Joe kam zu mir und sagte: ›Dale, ich möchte, dass du Geschichten erzählst. Und ich möchte noch etwas: Ich möchte eine klassische Bar des 19. Jahrhunderts, und wenn du nicht weißt, wie das geht, dann besorg dir das Buch *How to Mix Drinks* von Jerry Thomas. Es wird dir beibringen, wie man es macht. Ich möchte nichts Künstliches. Ich möchte keine Kanonen, nichts dergleichen.‹ Ich wurde mit Sour-Mix und Kanonen ›erzogen‹, und ich entgegnete: ›Ja, großartig, das machen wir. Aber weißt du was, Joe, es wäre keine schlechte Idee, ein paar Flaschen Sour-Mix in Reserve zu haben, nur für den Fall, dass mal wirklich zu viel los sein sollte.‹ Ich war ja noch dabei, herauszufinden, wie ich all diese Drinks machen würde. Aber Joe sagte: ›Bartender haben diese Drinks 150 Jahre lang auch ohne diesen Mist gemacht, und das in den belebtesten Orten. Wenn du nicht weißt, wie es geht, finde ich jemand anderen, der es kann.‹ Und meine Antwort war: ›Nein, kein Problem, ich kann das!‹«

Dale DeGroff
geb. 1948

Der Amerikaner mit dem Spitznamen »King Cocktail« sorgte in den 1990er Jahren in New York für die Cocktail-Renaissance.

Sternstunden im Rainbow Room

Für zwei Jahre kann Dale DeGroff im Aurora auf den Spuren des Goldenen Zeitalters wandern. Sour-Mixe und Sodakanonen sind für ihn Vergangenheit, stattdessen taucht er ein in das Universum der Barpioniere, der frischen Zutaten und der klassischen Drinks. Die Nachfrage danach ist nicht immer die höchste, aber das erlaubt ihm, sich tief mit der Materie vertraut zu machen. So tief, dass er zu Joe Baum geht, als dieser ein Projekt angeht, von dem der Unternehmer träumt, seit er es zum ers-

Cuisine Style

Mit dem Aufkommen exotischer Restaurants sowie asiatischer Küche kam auch eine große Auswahl an Obst, Gewürzen und Kräutern in die westlichen Städte. Die Köche der immer vielseitiger kochenden Restaurants und Bartender inspirierten sich gegenseitig, wodurch beispielsweise angegrilltes Obst Einzug in Cocktails fand, um ein rauchiges Fruchtaroma zu schaffen. Dieser »Cuisine Style« genannte Trend hatte zur Folge, dass Bartender begannen, wie schon in der Goldenen Ära von 1860 bis zum Beginn der Prohibition, eigene Infusionen und Bitters herzustellen.

ten Mal als junger Mann auf einem Ausflug gesehen hat: Den *Rainbow Room* im Rockefeller Center. Die Revitalisierung dieses Restaurants, bei seiner Eröffnung 1934 das erste überhaupt in einem Wolkenkratzer, ist sein Lebenstraum. Baum trifft sich dafür mit Künstlern, Architekten und Designern im Aurora, und Dale DeGroff spürt, dass hier etwas am Entstehen ist. Er möchte Teil davon sein. Also präsentiert er Baum ein Konzept und eine Karte von knapp dreißig Cocktails, darunter Klassiker wie der Sazerac oder der Ramos Gin Fizz. Der Rainbow Room eröffnet 1988. Im gleichen Jahr, in dem Tom Cruise das Flairbartending auf die Kinoleinwand bringt, ist Dale DeGroff dabei, den Fokus auf das Handwerk, auf frische Zutaten und auf unverfälschte Präsentation zu legen.

Aber Dale DeGroff macht nicht nur die Klassiker, er interpretiert sie auch neu. Der *Smash* etwa – ein Getränk aus Whiskey, Zucker und Minze –, den Jerry Thomas erwähnt, ist so etwas wie der kleine Bruder des Juleps. DeGroff ist er zu langweilig, also nimmt er eine Zitrone und »smasht« sie mit dem Zucker und der Minze, wodurch er eine Art Symbiose zwischen Whiskey Sour und Mint Julep erschafft. Sein heute noch beliebter *Whiskey Smash* verdeutlicht gut den Stellenwert von Dale DeGroffs Werk: Das Fundament beruht auf dem Wissen der klassischen Schule, aber es ist adaptiert für den zeitgenössischen Geschmack. DeGroffs Arbeit und der Rainbow Room sind federführend für einen sich rasch ausbreitenden Martini-Trend, der sich in unzähligen Variationen darstellt, wie etwa seinem *Appletini*. Zu Weltruhm bringt es auch der *Breakfast Martini* von Salvatore Calabrese, der schon als Zehnjähriger in der Bar des *Hotel Reginna* im italienischen Maiori steht, wovon aus er einen Weltruf als »Maestro« der Barwelt aufbauen wird.

Der selbstverständliche Gebrauch des Martiniglases (alias Cocktailschale), der mit dem Martinitrend einhergeht, bringt einen Cocktail zur Welt, der den Übergang von den 1980er Jahren in die 1990er Jahre symbolisiert wie kaum ein anderer: der *Cosmopolitan*. Dieser ist nicht nur der erste Drink, der durch eine global erfolgreiche Fernsehserie wie *Sex & The City* zu Weltruhm gelangt, sondern auch der erste epochenprägende Cocktail, der von einer Frau erfunden wird: Cheryl Cook, eine Bartenderin in Miami, stellt fest, dass die Menschen zwar Martinis bestellen, aber vor allem, um mit einem Martiniglas in der Hand gesehen zu werden. Das Zeug selbst ist ihnen jedoch zu hart, denn für damals gilt noch viel mehr, was heute teilweise immer noch so ist: Die Gäste unterschätzen den Inhalt dieses als »feminin« empfundenen Glases. Der Martini ist nun mal ein hartes Getränk, in seiner heutigen Auslegung zudem wesentlich trockener als in seinen süßeren Ursprungsjahren.

Also kreiert Cheryl Cook ein Getränk, das trinkbarer ist, die Abwandlung eines *Kamikaze*: »Absolut Citron, einen Schuss Triple Sec, einen Tropfen Rose's Lime Juice und gerade genug Cranberry-Saft, um ihn so wunderbar pink zu machen«, wie sie ihren Cosmopolitan beschreibt. Heute hat sich weitgehend die Rezeptur mit frischem Limettensaft und Cointreau anstatt Triple Sec durchgesetzt. Und auch wenn der Cosmopolitan von vielen Barkeepern als nicht mehr zeitgemäß betrachtet wird, ist er nach wie vor einer der bekanntesten – und beliebtesten – Cocktails. Der Martinitrend schwappt über die USA, aber auch auf der anderen Seite des Atlantiks gibt es einen Bartender, der dabei ist, den Cocktail aus seinem bunten Happy-Hour-Korsett zu befreien: Dick Bradsell.

Mit britischer Stir Upper Lip

Richard Arthur »Dick« Bradsell, der Bartender, der die Londoner Cocktailszene der 1980er Jahre auf den Kopf stellen soll, wird 1959 auf der Isle of Wight geboren, der kleinen Insel, die vorgelagert der Stadt Southampton am Südzipfel von Großbritannien hängt wie ein abgeschüttelter Tropfen. Als er mit 17 auf einer Party mit seinen Freunden beinahe das Haus seiner Eltern in die Luft sprengt, legen ihm diese nahe, dass es vielleicht eine gute Idee sei, sich zu überlegen, was er mit seinem Leben machen wolle, und vor allem wo. Der Teenager zieht nach London zu seinem Onkel, der den *Naval & Military Club* leitet. Dort arbeitet der schlaksige Bradsell als Rezeptionist, Zimmermädchen oder auch Koch. Seine Cocktailkarriere beginnt Ende der 1970er, als Bradsell durch einen Freund einen Job als Runner und Bargehilfe im *Zanzibar Club* bekommt. Die Macher wissen nicht nur, was sie wollen, sie sind auch ein Beispiel dafür, dass es immer noch Menschen gibt, die wissen, dass ein Cocktail wesentlich mehr ist als ein Sour-Mix samt Spirituose auf viel Eis. »Ich lernte die Ideen kennen, die hinter großartigen Getränken steckten, und bekam *The Fine Art of Mixing Drinks*. Ich lernte auch, dass man, um sich zu verbessern, sein Ego bei seinen Getränken außen vor lassen musste. Wenn jemand anders einen besseren Drink macht, dann kopiere ihn. Mach weiter, versuch dich zu verbessern«, erinnert sich Bradsell für das Magazin *The Cocktail Lovers*.

The Fine Art of Mixing Drinks wiederum ist ein Klassiker aus dem Jahre 1948 von David A. Embury. Es ist bis heute eines der aktuellsten und kontroversesten Bücher der Cocktailwelt, letzteres vor allem zur Zeit seiner Erscheinung, da Embury selbst nie hinter einer Bar gearbeitet hat. Er war Rechtsanwalt und leidenschaftlicher Cocktail-Connaisseur, weshalb ihm Kritiker das fachliche Know-how absprachen. Sein Stil ist jedoch einer der unterhaltsamsten, in dem je ein Cocktailbuch geschrieben wurde, und auch das inhaltliche Fundament des Buches prägt die Barkultur auf eine essentielle Weise: Embury teilt die Cocktailfamilie in zwei Gruppen: Sour und Aromatisch. Zusätzlich unterteilt er die Zutaten des Cocktails in drei Kategorien: Die »Basis« (also die Spirituose wie Whisky, Gin, etc), den »Modifier«, der dem Cocktail seinen Charakter verleiht, dabei den Alkoholgehalt der Basisspirituose abschwächen soll und gleichzeitig ihren natürlichen Geschmack verstärken (wie Wermut, Bitters, Fruchtsäfte, aber auch Eiweiß und Zucker), sowie den »Flavouring Part«, der den kleinsten Anteil ausmacht (Liköre, Cordials, nichtalkoholische Liköre wie Grenadine).

Emburys Buch ist auch der Grund, weswegen Dick Bradsell nie selbst ein Buch herausbringt: Er ist der Meinung, das beste zu dem Thema sei eben schon geschrieben.

Den Rat seines ersten Lehrmeisters, sein Ego bei seinen Getränken außen vor zu lassen, beherzigt Bradsell jedenfalls ein Leben lang. Dem – keineswegs mundfaulen – Bartender geht es um das Wissen, um die Verbesserung, um die Auseinandersetzung mit der Materie. Bradsell weicht auch von dem Grundsatz ab, dass ein Drink durch eine große Spirituose auch automatisch zu einem großen Cocktail wird. Eine gute Spirituose ist Voraussetzung für einen guten Drink, aber der Grundpfeiler ist oft die Mischung aus süß-sauer und der Verdünnung, die erst beherrscht werden soll – und das eben nicht durch einen vorgefertigten Mix. Früh ist ihm wichtig, sein Wissen auch weiter zu vermitteln. Heutige Tresen-Größen wie Tony Conigliaro, die unter ihm arbeiten, dürfen an ihrem ersten Tag nicht einmal eine Flasche Schnaps in die Hand nehmen, sondern müssen erst mal Limonade mischen. Verbunden mit sauberem Handwerk und dem Gast im Fokus der Arbeit, beeinflusst Bradsell die Barszene der britischen Hauptstadt wie kein Zweiter.

Sein britischer Hang zum Understatement ist dabei für diese Zeit keine Selbstverständlichkeit, die 1980er sind das Zeitalter der Yuppies und Reichen, des High-Life und der Supermodels. Aber wie war das noch mal mit dem Gast, der für die Erfindung von Cocktails verantwortlich ist? Der wie Charles Hawtrey am Tresen von Ada Coleman sitzt und nach etwas mit Wumms verlangt, worauf der Hanky Panky geboren wird? Im Falle von Dick Bradsell ist es ein amerikanisches Supermodel, wie er sich erinnert. »Es war in der *Soho Brassiere* irgendwann in den späten 80er Jahren. Ein junges amerikanisches Model fragte mich nach einem Drink, der sie zuerst aufwecken und dann umwerfen sollte. (»first wakes me up and then fucks me up«, Anm.) Die Kaffeemaschine stand neben meiner Station, ich nahm einen doppelten Shot Vodka, Kahlúa, Tia Maria, Zucker und schüttelte es mit sehr, sehr starkem Kaffee. Damals war der Drink noch auf Eis und hieß *Vodka Espresso*. Jahre später, im *Match*, servierten wir ihn straight up als *Espresso Martini*. Und als wir die *Pharmacy* mit Damien Hirst eröffneten, wurde es der *Pharmaceutical Stimulant*.«

Die sieben Cocktail-Weltwunder

Damien Hirst, Supermodels – Dick Bradsells Reich ist nicht das der barocken Stuben von Hotels oder Sternerestaurants. Zu seinen Gästen in *Fred's Club*, einem Member Club für junge Gäste, zählen die Macher von *iD* und *The Face*, Magazinen, die den Zeitgeist der 1980er und 1990er entscheidend prägen. Hier findet die Verschmelzung von Popkultur und Avantgarde statt, der Flirt mit dem Establishment, dem man letztlich aber den Finger zeigt, und Cocktails wie der Espresso Martini sind mittendrin und halten die Klientel wach. Der Espresso Martini wurde vom Cocktailexperten Angus Winchester auch in die Liste der sieben modernen Cocktail-Weltwunder aufgenommen, gleich neben einer anderen Schöpfung Bradsells, die 1984 ebenfalls im Fred's Club entsteht und als seine bekannteste gilt: der *Bramble*. Dieser ist ein einfacher Twist auf einen Gin-Sour, der mit Crème de

Mûre, also Brombeerlikör, gefloatet wird. Allerdings wird der Drink, wie bei einem Sour unüblich, auf Crushed-Ice abgeseiht. »Der Drink ist inspiriert von den frischen Brombeeren, die ich als Kind auf der Isle of Wight bekommen habe«, erklärt Dick Bradsell.

Somit steht der Bramble symptomatisch für das Wiedererwachen dieser Zeit abseits von Ketten wie TGI Friday und Planet Hollywood: Man besinnt sich auf die Herkunft der Cocktails, bringt sie da und dort mit einem Twist auf Vordermann, inspiriert von eigenen Erlebnissen sowie den Anforderungen der Zeit und ihrer Gäste. So wie es Dale DeGroff in den USA tut oder Charles Schumann in München. Bramble, Espresso Martini und Whiskey Smash sind die Vorstufe, der Impuls, der es ermöglicht, dass der Gaumen des 21. Jahrhunderts wieder in der Lage ist, Vieux Carrés, Sazeracs und Old Fashioneds zu schätzen. Dale DeGroff, der heute seine eigenen Bitters vertreibt und dessen Bücher *The Essential Cocktail* und *The Craft of the Cocktail* als Standardwerke gelten, kann diese Entwicklung, die er mit angestoßen hat, auch noch erleben. Dick Bradsell jedoch verstarb Anfang 2016 zum Schock der Bar-Community im Alter von nur 57 Jahren. Seine Kreationen werden jedoch noch lange Bestseller auf vielen Cocktailkarten bleiben.

Dick Bradsell
1959 – 2016

Leider viel zu früh verstarb der wegweisende Erfinder von Cocktails wie dem »Bramble« oder dem »Espresso Martini« an einem Gehirntumor.

Cosmopolitan

eine moderne Ikone

4,5 cl Vodka, 3 cl Cranberrynektar,
1,5 cl Cointreau, 1 cl frischer Limettensaft
/
GLAS: große Coupette
GARNITUR: flambierte Orangenzeste
/
Alle Zutaten auf Eiswürfeln im Shaker
10- bis 15-mal kräftig schütteln und
ins vorgekühlte Glas abseihen.

Breakfast Martini

der mit der Marmelade

5 cl Gin, 2 cl frischer Zitronensaft,
1 BL Cointreau, 2 BL Orangenmarmelade
/
GLAS: Coupette oder großes Martiniglas
GARNITUR: Toastbrotecke
/
Alle Zutaten auf Eiswürfeln im Shaker
10- bis 15-mal kräftig schütteln, doppelt
ins vorgekühlte Glas abseihen.

Laphroaig Project

ein belebendes Kräuterfass

3 cl Chartreuse Verte, 3 cl frischer Zitronensaft,
1,5 cl Laphroaig Quarter Cask, 1,5 cl Maraschino,
0,75 cl Chartreuse Jaune, 2 Dashes Peach Bitters

/

GLAS: Tumbler
GARNITUR: Zitronenzeste

/

Alle Zutaten auf Eiswürfeln 10- bis 15-mal im Shaker kräftig schütteln. In das mit Eiswürfeln befüllte Glas abseihen.

Whiskey Smash

die Brücke zwischen Sour und Julep

6 cl Bourbon Whiskey, 2 cl Zuckersirup,
1/2 Zitrone, 4–6 Minzzweige

/

GLAS: Tumbler
GARNITUR: Minzzweig

/

Zitrone in Stücke schneiden und mit allen anderen Zutaten auf Eiswürfeln 10- bis 15-mal im Shaker kräftig schütteln. Doppelt in das mit Eiswürfeln befüllte Glas abseihen.

Espresso Martini

Wachmacher und Neo-Klassiker

4 cl Vodka, 3 cl frischer Espresso,
1 cl Kaffeelikör, 1 cl Zuckersirup

/

GLAS: Martiniglas oder kleine Coupette
GARNITUR: keine (wahlweise 2–3 Espressobohnen)

/

Alle Zutaten auf Eiswürfeln im Shaker
20- bis 30-mal kräftig schütteln und
ins vorgekühlte Glas abseihen.

Clover Club

geschmeidig wie ein Dessert

6 cl Gin, 3 cl frischer Zitronensaft,
2 cl Himbeersirup, 1/2 Eiweiß

/

GLAS: Coupette
GARNITUR: Himbeere

/

Alle Zutaten auf Eiswürfeln im Shaker
20- bis 30-mal kräftig schütteln, doppelt
in das vorgekühlte Glas abseihen.

Monk Sour

der Wolf im Mönchspelz

5 cl D.O.M. Bénédictine,
2,5 cl frischer Zitronensaft, 2 BL Honigsirup,
1 Dash Orange Bitters, 1 Eiweiß

/

GLAS: Coupette
GARNITUR: Muskatnuss (gerieben)

/

Alle Zutaten auf Eiswürfeln im Shaker
20- bis 30-mal kräftig schütteln, doppelt
in das vorgekühlte Glas abseihen.

Appletini

ein kleines Fruchteis

4,5 cl Vodka, 3 cl frischer Zitronensaft,
2 cl Apfelkorn, 1,5 cl Zuckersirup,
2 cl naturtrüber Apfeldirektsaft

/

GLAS: großes Martiniglas oder Coupette
GARNITUR: mit Zitrone eingeriebene Apfelspalte

/

Alle Zutaten auf Eiswürfeln im Shaker
10- bis 15-mal kräftig schütteln und in
das vorgekühlte Glas abseihen.

N° 10
DAS NEUE GOLDENE ZEITALTER

Mit dem neuen Millennium bricht auch für den Cocktail ein neues Zeitalter an. Auf dem gesamten Globus sprießen hochqualitative Cocktailbars aus dem Boden. Kreative Bartender rühren, shaken und werfen die Barkultur in eine neue goldene Ära, deren Innovationskraft an die Zeiten von Jerry Thomas erinnert. Sie besticht durch geschmackliche Vielfalt, präzises Handwerk, eine internationale Vernetzung – sowie einen Blick zurück nach vorne.

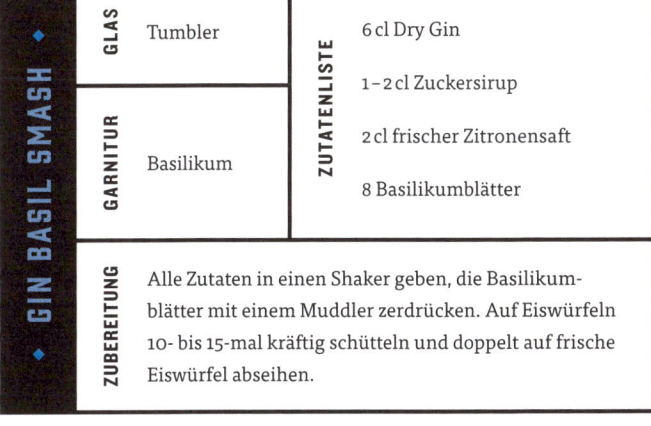

GIN BASIL SMASH

GLAS	Tumbler
GARNITUR	Basilikum

ZUTATENLISTE
- 6 cl Dry Gin
- 1–2 cl Zuckersirup
- 2 cl frischer Zitronensaft
- 8 Basilikumblätter

ZUBEREITUNG Alle Zutaten in einen Shaker geben, die Basilikumblätter mit einem Muddler zerdrücken. Auf Eiswürfeln 10- bis 15-mal kräftig schütteln und doppelt auf frische Eiswürfel abseihen.

DIE GRÜNE IKONE Die richtige Farbe ist laubfroschgrün – der moderne Klassiker, 2008 von Jörg Meyer in seinem Le Lion in Hamburg erfunden, machte dank dem Internet schnell seine Runden. Aber natürlich nur, weil der ursprünglich »Gin Pesto« getaufte Drink eine wunderbare Erfrischung mit umwerfend charakteristischer Basilikum-Note ist.

Menschen, die Bars betreiben, ticken anders. Sie arbeiten dann, wenn andere schlafen, und schlafen, wenn andere arbeiten. Ihre Wahrnehmung der Welt unterscheidet sich daher zumeist auch von der ihrer Mitmenschen. So sehen sie in einem leerstehenden Objekt keinen verlassenen Ort, und ein geschlossener Friseurladen ist für sie kein erfolgloses Geschäft. Sie drücken ihre Nase ans Fensterglas, halten die flache Hand als Schutz gegen die Spiegelung über die Augen und sehen Flaschen, Lichter und lachende Menschen. Sie sehen ihre Vision, die sich wie eine Zeichnung in ihrem Kopf über die Realität stülpt. So wie Harry Johnson seinen Little Jumbo unter einer Bahntrasse im Bowery funkeln sah. So wie Donn Beach, der beim Spazieren durch Hollywood im Schaufenster einer geschlossenen Schneiderei eine Südsee-Insel erspähte.

Im Jahre 1999 steht ein träumerischer dunkelhaariger junger Mann vor einem Haus an der Lower East Side in New York. Sasha Petraske ist 1973 in dieser Stadt geboren und hat sein Leben lang hier gelebt, seine Eltern sind bekennende Kommunisten, in den USA stets eine Spur, die für Außenseiter reserviert ist. Die Stuyvesant High School, die er besuchte, hat er vor dem Abschluss verlassen und sich danach mit Gelegenheitsjobs durchgeschlagen. Einer davon hat ihn als Barmann ins *Von* gebracht, eine gemütliche, von Künstlerklientel besuchte Weinbar im East Village. Den Rest seiner Zeit treibt er sich im *Angel's Share* in der Stuyvesant Street herum, einer Cocktailbar, die an ein japanisches Restaurant angeschlossen ist. Man weiß nicht wirklich, ob Petraske eine Vision hat oder ob er zu dieser Zeit einfach die Nase voll davon hat, für andere zu arbeiten. Oder ob ihm die Gesellschaft und ihre Verhaltensmuster an sich auf die Nerven gehen. Er übernimmt die leerstehende Immobilie für 800 Dollar Monatsmiete, leiht sich etwas Geld und macht sich mit seiner Schwester und drei Freunden aus Highschool-Zeiten an die Arbeit. Am 31. Dezember 1999 eröffnet er sein *Milk & Honey* und feiert damit nicht nur den Sprung ins neue Millennium, sondern auch den in eine neue Sphäre der Cocktailgeschichte.

Im Land von Milch und Honig

Das Milk & Honey ist eine kleine Bar, in der Kerzenlicht und Drinks aus der Prohibition auf dem Programm stehen. Petraske ist um zwei Dinge bemüht: Qualität und Reduktion. Er stellt sein Regal nicht voll mit unzähligen Flaschen, sondern wählt jeweils eine Marke pro Kategorie. Auf der Karte stehen Sazeracs und El Presidentes, die er mit einem Glas Wasser auf einer Serviette serviert. Der 26-Jährige ist ein Fan der 1920er Jahre, und er kleidet sich auch so: mit eleganten Stoffhosen, Hosenträgern und Hüten sowie einem Haarschnitt, wie man ihn seit Zeiten Charlie Chaplins nicht mehr gesehen hat. Es ist ein Erscheinungsbild, das erst in späteren Jahren populärer werden wird, aber im Jahr 1999 noch höchst exotisch wirkt. Der zurückhaltende, nicht das Rampenlicht suchende Petraske ist ein linkischer, aus der Zeit gefallener Mensch, der es sich nicht zum Ziel setzt, die Cocktailgeschichte neu zu definieren. Er ist vielmehr jemand, der das tut, was er tun möchte; der seinen besonderen Ort aus dem Grund erfindet, der so oft am Anfang einer Innovation steht: Weil er ihn sonst nirgendwo findet.

Denn wo stehen wir vor dem Sprung in das neue Jahrtausend? Das Bild in der Bar ist geprägt von Vodka-Getränken wie Cosmopolitan und Apple Martini. Dale DeGroff mag Jerry Thomas wieder in die Gegenwart geholt haben, aber er sitzt in den Höhen des Rainbow Rooms im Rockefeller Plaza, nicht in den irdischen Gefilden der Lower East Side. Die Gesellschaft ist in einem prä-digitalen Stadium und nicht mit der Frage nach Cocktails beschäftigt, sondern damit, ob mit dem Sprung in das Jahr 2000 alle Computersysteme kapitulieren. Das Internet ist noch eine relativ junge und verheißungsvolle Sache, 1998 wird ein Unternehmen namens Google gegründet. Zur gleichen Zeit, als Petraske seinen Plan hegt, schlägt Manchester United im Finale der Champions League Bayern München mit zwei Last-Minute-Toren, die auf einen jungen Flankengott namens David Beckham zurückgehen. Gefeiert wird das in Happy-Hour-Bars, auf deren Tafeln Caipirinhas, Sex on the Beach oder nicht wirklich echte Mai Tais prangen.

Das Milk & Honey aber ignoriert diese Dinge und schlägt einen ganz eigenen Bogen zwischen Tradition und Moderne. Der Freigeist Petraske serviert in seinem kleinen Reich *Bee's Knees* und Sazeracs, und vor allem: Er serviert sie nicht jedem. Die Bar ist von außen nicht als solche zu erkennen, sondern als jüdische Schneiderei gekennzeichnet. Im Schaufenster steht eine staubige Mannequin-Puppe, in alter Schrift ist das englische Wort für »Änderungen« auf das Glas geschrieben. Wer kommen will, muss vorher reservieren. Aber auch das ist nicht so einfach, denn Petraske wechselt alle paar Monate die Telefonnummer – so wie er es auch mit seiner E-Mail-Adresse hält. Er hat einen strengen Kodex, dessen Regeln teilweise in der Bar zu lesen sind. No Starfucking gehört dazu, oder auch die Tatsache, dass Männer nicht einfach Frauen ansprechen dürfen, sondern erst auf Aufforderung oder auf Vorstellung des Barkeepers. »Sollte Sie ein fremder Mann ansprechen, heben Sie das Kinn und drehen sich weg«, ist die Empfehlung des Hauses an die Damen. Gäste dürfen die Bar nur solchen Freunden weiterempfehlen, die sie auch bei sich zu Hause schlafen lassen würden. Und sie haften für ihre Empfehlungen: Wer die Regeln bricht und ein Hausverbot bekommt, sorgt dafür, dass dem Freund, auf dessen Empfehlung man gekommen ist, das gleiche Schicksal blüht. Das ist weniger ein elitärer Ansatz als die Antwort – wie einiges im Milk & Honey – auf den Zeitgeist, der Petraske oft sonderlich erscheint. Er hat keine Lust auf Trinkhorden, die von Bar zu Bar ziehen, und dafür hat der ungekünstelte Barbetreiber klare Worte. »Ich biete ein idiotenfreies Umfeld ohne schleimige Prominente und Frat Boys, die nach Listen im *Time Out* gehen«, diktiert er bereits ein Jahr nach der Eröffnung der *New York Times*. Das tut er allerdings

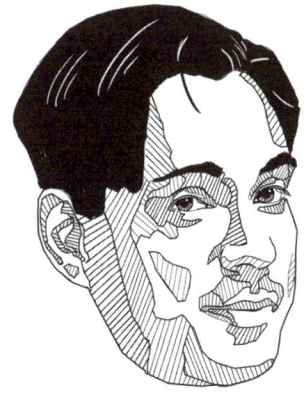

Sasha Petraske
1973 – 2015

Sein Milk & Honey läutete zur Eröffnung am 31.12.1999 nicht nur ein neues Millennium, sondern eine neue Barkultur ein. Er verstarb 2015 überraschend.

Freeze!

Sasha Petraske machte es vor: Die Qualität eines Cocktails beginnt bei gutem Eis. Ein doppelt gefrorener Volleiswürfel sollte heute Standard sein in einer guten Bar. Also ein Würfel, der nach der Herstellung in der Maschine noch mal tiefgefroren wird. Hinzu kommen immer mehr Spielarten, die dem Getränk die passende Kühlung und Verwässerung bieten. Ob Shaved Ice – von einem großen Eisblock geschabter Eisschnee – oder Cracked Ice – kleine, unregelmäßige, selbst gehauene Stücke – oder ein großer Würfel, der immer öfter im Old Fashioned schwimmt: Das lange Zeit vernachlässigte Eis steht im neuen Jahrtausend wieder im Fokus der modernen Barkultur. Auch bei der Zubereitung zu Hause sollte man seine Bedeutung auf keinen Fall unterschätzen.

unter der Voraussetzung, nur bei seinem Vornamen genannt zu werden. Denn ob beabsichtigt oder nicht: Das Milk & Honey bleibt alles andere als unbekannt. Die bis dahin nicht dagewesene Symbiose aus mixologischer Genauigkeit, Attitüde, großen Gesten auf kleinem Raum und verschwörerischer Verschwiegenheit macht die Bar und ihren Betreiber rasch zur Avantgarde. Wie kaum jemand zuvor beschäftigt sich Petraske mit dem Thema Eis und definiert den Standard auf Jahre hinaus neu. Den Clubs, die nach Promotion-Events schielen, vor denen Paparazzi warten, stellt Petraske eine alte Schneiderpuppe entgegen. Er ist damit federführend für die Bewegung moderner Speakeasy-Bars, die die Tradition aus Zeiten der Prohibition hervorkramen. Zumindest das jedoch ist eher eine pragmatische Handlung als Teil eines akribischen Programms. »Ich wollte eigentlich keine Speakeasy-Bar machen, aber ich musste – musste! – eine Bar mit Reservierungspflicht machen. Die Location war in einer schrecklichen Nachbarschaft und die Besitzer des Hauses wohnten auch darin. Ich musste versprechen, dass keiner der Anwohner bemerken würde, dass hier eine Bar existiert«, erzählt Sasha Petraske in einem der wenigen ausführlichen Interviews, das er dem *Difford's Guide,* einem führenden Cocktail-Online-Portal, gibt. »Das führte dazu, dass Limousinen draußen warteten, eine Sache, die ich tief bedaure.«

Für die einen bleibt das Milk & Honey zwar diese Bar mit den altertümlichen Benimmregeln, die sie gar nicht erst wieder betreten wollen. Für viele jedoch ist sie ein verheißungsvoller Ort. Das Milk & Honey macht vor, wie sich die Ansprüche in der Bar im neuen Millennium zu ändern beginnen. Sie werden von Entrepreneuren gemacht, die ihre Bar nicht nur als Teil ihres Lebens verstehen, sondern als Erweiterung ihrer Persönlichkeit. Alle im Team sollen an einem Strang ziehen, das Team ist wie eine Musikband und so stark wie das schwächste Glied. Petraske hat einen hohen Anspruch an sich und seine Truppe: »Cocktail-Bartender sollten Cocktails trinken. Wenn du Bier bevorzugst, bist du ein Heuchler und moralisch fragwürdig. Wahrscheinlich machst du auch schlechte Cocktails«, erzählt er in dem Interview weiter. »Das ist, als wäre man ein Akupunkteur, der sich im Krankheitsfall schulmedizinisch behandeln lässt.«

Petraskes Bartender machen alles andere als schlechte Drinks, wie etwa Sam Ross, der 2005 an Bord kommt und dessen Kreation *Penicillin* rasch ein moderner Klassiker wird. Im Milk & Honey geht es darum, eine loyale Gästeschicht zu bedienen, die einem die Treue hält, anstatt nur auf den Umsatz zu gucken, den anonyme Trinkhorden garantieren. Es geht aber auch darum, den richtigen Spirit zu verbreiten, und Petraske ist schlau genug, seinen ehemaligen Mitarbeitern bei der Gründung neuer

Bars unter die Arme zu greifen, indem er sich daran beteiligt. Der Schulabbrecher hat mit seiner kleinen Bar eine Bewegung angeschoben – sich auf die Fahnen geheftet hat er das Ganze jedoch nie, sondern verweist vielmehr auf den großen Einfluss des Angel's Share. Die im zweiten Stock hinter einer unscheinbaren Tür eines japanischen Restaurants versteckte Bar beeindruckte ihn früh mit ihrem akribischen, eleganten und unaufdringlichen Service. »Ich habe früher gedacht, die Tradition von Cocktail-Bartending sei an ruhigen Orten entstanden und während der Prohibition in Japan am Leben erhalten worden. Später wurde mir klar, dass diese Kultur dort erst in den Jahren des Wiederaufbaus nach dem Zweiten Weltkrieg entstanden ist. Aber wie dem auch sei, ich bin dem Unternehmer, der nach Manhattan kam und das Angel's Share eröffnet hat, sehr dankbar. Es hatte genau das, was ich von einer Bar wollte.«

Japanese Bartending

Japan war tatsächlich nicht der Ort, an den Eddie Woelke & Co. zu Zeiten der Prohibition geflüchtet sind. Eine Barkultur hat sich dort nichtsdestotrotz etabliert, eine besondere, die – wie meist, wenn es um etwas Japanisches geht – eine eklektische Verbindung von Referenzen auf die westliche Kultur mit japanischer Weltanschauung ist. »Ich behaupte immer, japanisches Bartending ist vergleichbar mit den Entwicklungen auf den Galapagosinseln – es wurde für sehr lange Zeit nicht von anderen Ländern beeinflusst«, erklärt Meister Hidetsugu Ueno und fährt fort: »Wir verwenden keine Boston oder Tin Tin Shaker, wir haben keine Muddle- oder Double-Strain-Mixologie betrieben. Da wir lange von der Außenwelt abgeschirmt waren, ist japanisches Bartending wie ein Handwerk, das vom Lehrer an den Schüler weitergegeben wird.«

Hidetsugu Ueno
geb. 1968

Der Betreiber des High Five in Tokio gilt als berühmtester japanischer Bartender und Meister der geschnitzten Eisdiamanten.

Kaum einer steht für die japanische Cocktailkultur wie Hidetsugu Ueno. Der Barmann aus Tokio symbolisiert in seinem *High Five* diesen *Japanese Way of Bartending* par excellence. Der Gast und das Gastgebertum werden in den Fokus gestellt. Service und Höflichkeit stehen an erster Stelle, qualitativer Anspruch bei technischer Perfektion sind selbstverständlich. Die Zubereitung eines Cocktails wird zelebriert, so wie man in Japan als Teetrinker auch nicht einfach einen Teebeutel in ein Glas hängt. Für den Vorgang des Shakens haben sich die Japaner eine besondere Technik einfallen lassen: den *Hard-Shake*. Bei diesem geht es jedoch nicht darum – wie einen die Bezeichnung vielleicht glauben lassen möchte –, den Shaker so hart und heftig wie möglich auf- und abzuschütteln, als gäbe es kein Morgen. Ganz im

Gegenteil. Beim Hard-Shake geht es darum, das Eis so viel wie möglich zu bewegen und die Flüssigkeit von so vielen Seiten wie möglich anzugreifen, ohne dabei derart zu schütteln, dass heftige Kollisionen der Eiswürfel mit dem Boden des Shakers die Folge sind. Der Shaker wird horizontal bewegt. Mit einer Drehung aus dem Handgelenk, *Snap* genannt, wird er in eine Haltung gebracht, in der das Eis am Boden des Shakers eher »abrollt«, als dagegen zu schlagen. Zusätzlich zur Kühlung und Verdünnung soll durch diese Shake-Methode die Textur verbessert werden. An die Wirkung des Hard-Shake glaubt nicht jeder, und schon gar nicht kann ihn jeder auf die richtige Weise ausführen. Aber in einem haben die Japaner Recht: Es sieht verdammt gut aus.

Japanese Bartending

Kleine Bars, die ein hohes Maß an Aufmerksamkeit für den Gast bereithalten; den Cocktail mit einer Aufmerksamkeit zubereiten, als führe man ein Schwert; Eiswürfel à la minute aus großen Eisblöcken schnitzen (die per Hand anzufassen, anders als in der zur westlichen Welt, keinen hygienischen Fauxpas darstellt); den Cocktail auf besondere Weise shaken, mit dem Hard-Shake, bei dem die Eiswürfel nicht auf dem Boden der Shaker aufschlagen, sondern durch eine Drehung des Handgelenks daran gehindert werden; all das sind die Charakteristika des Japanese Bartending, das ästhetische und rituelle Formeln verbindet.

Ein weiteres Mosaik in der Zelebration ist der Umgang mit Eis. Hidetsugu Ueno hat dazu eine ganz besondere Methode entwickelt. In den Old-Fashioned-Gläsern des High Fiv*e* schwimmen keine spröden Eiswürfel oder Eiskugeln, sondern glitzernde Diamanten, frisch für den Bedarf zurechtgeschnitzt. Den Meister kostet das heute in etwa zwei Minuten Zeit. »Mein Chef in der *Star Bar*, Mr. Kishi, und ich haben eines Tages überlegt, dass nun jeder Eiskugeln verwendet und es keinen Spaß mehr macht. Wir haben ein Old-Fashioned-Glas betrachtet und die verschiedenen Reflexionen im Licht gesehen. Er meinte: ›Wäre es nicht eine elegante und schöne Sache, wenn wir einen Diamanten schnitzen könnten?‹ Ich begann zu schneiden und meinte: ›Meinst du das hier?‹ Er sah es und meinte: ›Ja, genau!‹«, erklärt Ueno-San in dem Interview weiter und offenbart damit auch, wer ihn in die Kunst eingeweiht hat: »In meinem Fall waren es zwei Lehrmeister. Einer war ein sehr alter Lehrer in der Bartender-Schule, die ich nach der Universität besucht habe. Der andere ist Mr. Kishi. Er ist nur zwei Jahre älter als ich, aber er war Weltmeister bei Cocktail-Wettbewerben. Ich habe alles über Cocktails und die Philosophie, wie man eine Bar führt, von ihm gelernt. Es waren zwei Mentoren, das ist auch genug.«

Sein High Five eröffnet Ueno am 4. Juli 2008, wie es sich für eine Bar in amerikanischer Tradition gehört, am amerikanischen Unabhängigkeitstag. Im vierten Stock eines zehnstöckigen Wolkenkratzers im Tokioter Geschäftsviertel gelegen, bietet sie achtzehn Gästen Platz – acht an der Bar und zehn an den fünf vorhandenen Tischen. Die Philosophie des Hidetsugu Ueno konnte man dort hautnah erleben. Der Meister stand täglich hinter dem Tresen, so wie auch in der im Oktober 2015 neu bezogenen Location. Wenn er nicht gerade in einem anderen Land einer repräsentativen Verpflichtung nachkommt. Was häufiger vorkommen kann, denn mit einer steigenden

Internationalisierung der Barwelt ist auch das Interesse an japanischen Bars erwacht. Hidetsugu Ueno jedenfalls besteht darauf, dass keine Gäste im Raum herumstehen, und er weiß: Der schönste Diamant im Glas ist nichts wert, wenn er nicht mit absoluter Höflichkeit serviert wird. Er hält jedoch nicht viel von der Entwicklung, die in den 2000er Jahren um sich greift: Bartender, die ihre eigenen Bitters oder Alkohol herstellen. Sie sollen sich nach der Meinung von Ueno mit der Lehre des Handwerks auseinandersetzen und das verbessern, was da ist. Damit habe man schließlich genug zu tun.

Die Cocktail-Queen

Audrey Saunders sieht das anders. Zumindest teilweise. In der Ansicht, dass der Bartender vor allem dazu da ist, dem Gast einen schönen Abend zu bereiten, ist die Amerikanerin auf einer Linie mit Hidetsugu Ueno, wie auch die ganze junge Generation, die in diesen kleinen hochwertigen Sicherheitszonen des guten Geschmacks am Werke ist, den Gast in den Fokus rückt. Was die Sache mit dem Nicht-Herumexperimentieren mit Alkohol und Bitters betrifft, ist Audrey Saunders jedoch in einer anderen Spur unterwegs. Vielleicht, weil ihre ganze Laufbahn mit einem verspäteten Experiment begonnen hat. »Es begann mit meiner Scheidung. Mein damaliger Mann und ich kannten uns seit der Highschool, ich betrachte ihn heute wie einen großen Bruder«, erinnert sich Audrey Saunders in einem Gespräch mit *Gin Time*, »aber ich dachte damals, ich muss raus, etwas erleben. Ich habe es in der Bar probiert, und in dem Moment, in dem ich hinter den Tresen getreten bin, war es um mich geschehen. Ich wusste, das will ich mein Leben lang machen.«

Audrey Saunders
Erschuf 2002 den Old Cuban Cocktail

Ihr Spitzname »Libation Goddess« verdeutlicht den Stellenwert der Erfinderin von Neo-Klassikern wie dem Old Cuban oder dem Gin Gin Mule.

Ihre Faszination für die Barwelt und Cocktails bringt sie aber nicht in irgendeine Spelunke, sondern in das Reich von »King Cocktail« persönlich: Sie wohnt einem Seminar von Dale DeGroff bei und beginnt ihre Karriere 1996 im *Waterfront Ale House*. Wann immer es möglich ist, begleitet die lernwillige Barfrau DeGroff auf diverse Veranstaltungen, bis sie schließlich 1999 gemeinsam mit ihrem Mentor das *Blackbird* eröffnet. 2001 schließlich ist sie im *Carlyle Hotel* verantwortlich für das Getränkesortiment der legendären *Bemelmans Bar*, einer Art-Déco-Ikone, an deren Wiedereröffnung hohe Erwartungen geknüpft werden. Der Aufstieg der quirligen Bar-Queen geht schnell vonstatten, aber sie hat ein einfaches Rezept: »Ich habe Dale immer erklärt, was ich gerade mache und welche Zutaten ich in einem neuen Drink probiert habe. Seine erste Frage war stets: ›Aber schmeckt er auch?‹ Daran halte ich mich heute noch.«

2005 schließlich kommt Saunders Meisterstück: Sie eröffnet den *Pegu Club* in New York, benannt nach einem britischen Offiziersclub in Burma. Dort lässt Saunders, die angibt, in New York eigentlich nur das Milk & Honey von Sasha Petraske oder die *Flatiron Lounge* von Julie Reiner zu mögen, ihrer Experimentierfreude freien Lauf. Sie legt Albedo, die weiße Haut der Zitrone, in Vodka ein, einfach um zu erfahren, wie bitter es wirklich ist. Sie experimentiert mit Bitters und tut alles daran, dem Gast ein ganzheitliches Erlebnis zu bieten. »Jeder Tag beginnt damit, per Hand Zitronen, Limetten, Orangen und Grapefruits zu pressen. Wir stellen unsere eigenen Infusionen, Tinkturen, flavoured Sirups und Ginger Beer her. Wir verwenden große Eiswürfel, füllen frisches Soda aus kleinen Flaschen und nicht aus Soda-Kanonen und stellen Cocktailgewürze am Tisch zur Verfügung. Wir glauben, dass diese kleinen Nuancen einen großen Beitrag zur Komplexität und Tiefe unserer Drinks leisten«, heißt das Motto des Pegu Club, der rasch zu einer der bekanntesten Adressen in der Barszene aufsteigt. Mit Julie Reiner ist eine weitere Frau wesentlich für den Erfolg des Pegu Club verantwortlich. Saunders und Reiner bilden ein in dieser Form noch nie gesehenes weibliches Tandem, was als einer der Gründe gelten darf, weswegen in weiterer Folge auch Frauen immer häufiger den Sprung hinter den Tresen wagen.

Der *Pegu Club* ist auch ein Cocktail auf der Basis von Gin – nicht zufällig die Spirituose, mit der sich Saunders am liebsten beschäftigt: Sie mag die Spirituose so gern, dass sie sie sogar bei kleinen Schnitten oder Prellungen verwendet. Hauptsächlich aber natürlich mixt sie Gin in Getränke wie in ihren Neo-Klassiker *Gin Gin Mule*, in dem Gin, Limette, Minze und Zucker geschüttelt und danach mit Ginger Beer aufgefüllt werden. Eine weitere Erfindung, die sich aus Audrey Saunders Labor auf die Barkarten der Welt geschlichen hat, ist der *Old Cuban*, ein Champagner-Cocktail, der im Prinzip auf einem dunklen Mini-Mojito basiert. Eine simple, aber famose Idee gelingt ihr mit dem *Earl Grey Marteani*, einem Gin Sour mit Eiweiß, jedoch mit dem besonderen Twist, dass der Gin zuvor mit Schwarztee und Bergamotte infusioniert wurde. Audrey Saunders Kreationen schaffen es, den modernen Gaumen zu treffen, dabei eine Eigenart darzustellen – und haben doch die im Bargeschäft nicht unwichtige Eigenschaft, dass sie einfach herzustellen sind. Diese Kombination aus Besonderheit und Reproduzierbarkeit bringt ihre Getränke auf viele Cocktailkarten und etabliert sie als eine der einflussreichsten Bartenderinnen ihrer Zeit. Und doch vergisst die quirlige Amerikanerin, die mit dem Cocktailblog-Pionier Robert Hess ein zweites Eheglück findet, nicht das Prinzip, das ihr Dale DeGroff schon früh beigebracht hat: »Audrey, unser Geschäft ist es, Leute glücklich zu machen.«

Der Hamburger Löwe trägt grün

Einer dieser glücklichen Gäste sitzt im Dezember 2007 im Pegu Club und trinkt Whiskey Smash. Wir erinnern uns: Der Smash ist eine Art kleiner Bruder des Juleps und besteht aus Spirituose, Minze und Zucker. Ein Getränk, das Dale DeGroff zwar mit der Beigabe von Zitrone etwas aufgemöbelt hat, das aber bis auf die sehr kleine Szene derjenigen, die sich intensiv mit der Geschichte des

Cocktails beschäftigen, niemanden interessiert – und selbst bei den Connaisseuren den Experimenten mit selbst gemachten Bitters und Infusionen an Popularität nachsteht. Nichtsdestotrotz, der Gast aus Deutschland ist vom Whiskey Smash hochangetan, also bleibt es nicht bei einem. Der bullige elegante Herr mit dem vollen, nach hinten gekämmten Haar hat sich auch nicht zufällig in den Pegu Club verlaufen, sondern er hat die Adresse wohlüberlegt gewählt. Jörg Meyer hat gerade, im November, seine Bar *Le Lion* in Hamburg eröffnet. Seine mit dem Zusatz *Bar de Paris* versehene klassische Cocktailbar in der Rathausstraße ist rasch die führende Adresse in der Hansestadt, wenn es um Cocktails und Barkultur geht. Das hat mehrere Gründe: Erstens ist Jörg Meyer ein akribischer Bartender, der höchsten Anspruch an sich und seine Bar hat. Zweitens ist er einer der Aktivsten, wenn es darum geht, das Internet zu nutzen. Jörg Meyer versteht sich nicht als Bartender, der im Dunkeln der Nacht akkurate Getränke ausgibt, und sieht die Bar nicht als Ort, an dem die digitale Welt nichts zu suchen hat. Ganz im Gegenteil, er bloggt bereits von der Entwicklung der Baustelle des Le Lion oder produziert Podcasts, in denen er Menschen aus der Szene vorstellt, die ihn inspirieren oder ihm imponieren. Der umtriebige Macher im stets perfekt sitzenden Anzug ist ein Netzwerker, dem der richtige Umgang mit der Cocktailtradition ebenso am Herzen liegt wie deren Übersetzung in die Gegenwart. Dabei lässt er natürlich nie das Basisgeschäft aus den Augen: die Getränke. Und so erinnert er sich an seine Reise nach New York, an den Pegu Club und Audrey Saunders: »Ich hatte viel zu viele Whiskey Smash im Pegu Club, wo ich von Audrey Saunders und Dale DeGroff gelernt habe, wie man einen richtigen Whiskey Smash macht. Und so beschloss ich im Sommer 2008, einen Drink als Tribut an den Whiskey Smash zu erfinden. Wir tauften ihn *Gin Basil Smash*.«

Jörg Meyer
geb. 1975

Mit der Erfindung des Gin Basil Smash hat sich der umtriebige Vordenker und Betreiber der Bar Le Lion ein Denkmal gesetzt.

Der *Gin Basil Smash* ist im Grunde ein Gin Sour, der mit frischem Basilikum ergänzt wird. In seiner Farbe grün wie ein Laubfrosch, macht der Cocktail aus dem Hamburger Löwen rasch die Runde, auch dank der umtriebigen Netzaktivität seines Erfinders. Im Gegensatz zur Minze, deren Stiel man nicht mitmuddeln sollte und deren Blätter man nicht zu stark zerdrücken sollte, damit sie nicht bitter werden, muss beim Basilikum der Stiel in den Shaker und darf zerdrückt werden. »Wenn ich einen Gin Basil Smash sehe, erkenne ich schon an der Farbe, ob er passt oder nicht«, grinst Meyer, dessen Signature Drink beweist, dass es eben nicht immer etwas total Abgefahrenes sein muss. Er gilt aber auch als Paradebeispiel dafür, wie sehr frische Früchte – auch abseits von frisch gepressten Zitronen oder Limetten – in dieser Zeit Eingang in die Bar finden. Kräuter und Pflanzen in allen

Geschmäckern und Variationen gehören allmählich zur Grundausstattung, was so manchen Bartender zum Hobbygärtner werden lässt. Anders als bei Beispielen aus der Vergangenheit, wie dem Martinez oder dem Manhattan, von denen stets zwei oder drei Varianten für die Geburtsstunde in Frage kommen – eine für Historiker abenteuerliche und für Dramatiker ergiebige, aber manchmal auch etwas unbefriedigende Angelegenheit – wird der Gin Basil Smash stets mit Jörg Meyer in Verbindung bleiben.

Stellvertretend steht Jörg Meyer für die Beschleunigung der Szene in Deutschland. Kein deutscher Bartender muss mehr – wie zu Zeiten von »The Only William« vor 150 Jahren – den Kontinent verlassen, um seine Profession auszuleben und in ihr aufzublühen. Neben den klassischen Cocktailnationen USA und Großbritannien mit ihren Zentren New York und London, die schon immer experimentierfreudiger waren, setzen deutsche Bartender im neuen Jahrtausend neue Akzente. 2001 eröffnet die Berliner *Victoria Bar*, in der Bartender Gonçalo de Sousa Monteiro wirkt, der später mit seinem *Buck & Breck* neue Maßstäbe in der Verbindung von zeitgenössischem Speakeasy und klassischem Mixstil setzt. In München verschmelzt Klaus St. Rainer in seiner *Goldenen Bar* unabdingbare Qualitätsansprüche mit verschiedensten Einflüssen. Volker Seibert in seinem *Seiberts* in Köln steht wie kaum ein Zweiter für die Rolle des Bar-Koch, der der Vorbereitung und dem Mise en Place ebensolche Bedeutung zumisst wie dem eigentlichen Barbetrieb. Oliver Ebert operiert in seinem *Lost in Grub Street* in Berlin ohne Tresen und setzt fast ausschließlich auf regionale Spirituosen. Und zwischendrin netzwerkt der unermüdliche Jörg Meyer, der dem Portal *Inshaker* das Motto seines Tuns verrät: »Ich kann nicht aufhören, darüber nachzugrübeln: Was bringt Leute wirklich dazu, an einem speziellen Abend in eine spezielle Bar zu gehen?«

London Calling

Augenscheinlich wichtig für die Bar in ihrem zweiten Goldenen Zeitalter, in dem sie nun angekommen ist, ist die Verschmelzung von Mensch und Raum, von Machern und Gästen. Sasha Petraske im Milk & Honey, Hidetsugu Ueno im High Five, Audrey Saunders im Pegu Club oder Jörg Meyer im Le Lion mögen unterschiedliche Geschmäcker haben und unterschiedliche Orte schaffen, aber sie eint die Aura, die sie um ihre Bars kreieren – die Bar als Hort einer Philosophie. Sie sind die Speerspitze von Bars, die mehr sind als nur ein Ort, an dem Menschen Getränke konsumieren. Sie sind gegen die Masse an Happy-Hour-Bars immer noch in einer kleinen Minderheit, aber ihre Zahl ist kontinuierlich am Wachsen. Die Gäste werden anspruchsvoller und wollen etwas Spezielles geboten bekommen. Bars werden zu einem Ereignis, das man besucht wie ein Konzert oder ein Restaurant. Bars erzählen eine Geschichte, sie verpassen sich eine Identität. Der Gast will keine austauschbare anonyme Truppe, die hinter dem Tresen ihre Schicht abspult.

Bartender werden zu Marken, zu Regisseuren, die ihren Gästen diese einzigartige Vorführung bieten – und nirgendwo sieht man diese Entwicklung so gut wie im *Artesian* in London. Die Bar im

Langham Hotel, die von 2012 bis 2015 viermal in Folge zur besten Bar der Welt erklärt wird, feuert unter der Leitung von Alex Kratena und Simon Caporale ein Ideenfeuerwerk ab, das Originalität mit Eklektizismus verbindet und seinesgleichen sucht. Hier geht es nicht mehr darum, im Verborgenen oder Geheimen die Kunst der Reduktion zu zelebrieren, wie es etwa Sasha Petraske im Milk & Honey tat. Das Artesian ist das Gegenteil. Die Cocktails sehen aus wie Kunstwerke, wie eigens entworfene Skulpturen, in denen die Form der Präsentation ebenso zählt wie der Inhalt. Sie kommen in kleinen Glasquadern, die an Aquarien erinnern, oder in einer goldenen Metall-Ananas. Cocktails wie der *Selfie Compatible* bestehen aus zwei Gefäßen, wobei eines den Drink aus Rum, Floc de Gascogne, Verjus, Bier und Bitters enthält und in einem größeren steckt, das wiederum mit Rauch aus Grand Marnier und Schokolade gefüllt ist. Vor allem aber sind die beiden dafür bekannt, ihre hohen Ansprüche mit einer besonderen Verspieltheit zu kombinieren, um mit Klischees zu brechen. So gilt als einer ihrer bekanntesten Drinks ausgerechnet die vielgeschmähte Piña Colada, die noch dazu in einem Slusher ihre Runden dreht. Die beiden treten dabei nach außen immer nur zu zweit auf, ein unzertrennliches Duo, das sich als Marke etabliert. So wird ihre Bar zum globalen Bezugspunkt einer ganzen Szene, die sich immer wieder am Output des Artesian misst. Anstatt sich jedoch feiern zu lassen, sind die beiden Bartender stets bemüht, das Gesamte zu sehen. »Ein gutes Team ist immer nur so gut wie das schwächste Glied in der Kette. Wenn die Leute mich sehen, dann vergleichen sie mich manchmal mit einem Formel 1-Piloten, der seinen Boliden zielsicher durch Haarnadelkurven manövriert«, erklärt Alex Kratena. »Sie vergessen dabei jedoch Karosserie, Motor, Öl und Konstrukteure. Ohne die Leute im Hintergrund gäbe es gar keinen Piloten. Das ist in der Formel 1 genauso wie in der Bar.«

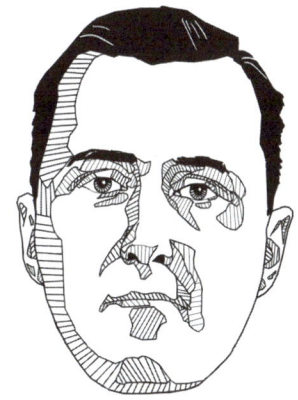

Alex Kratena
geb. 1981

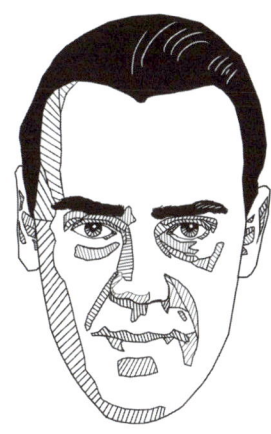

Simone Caporale
geb. 1986

Die beiden treten nur als Duo auf. Ihre augenzwinkernde Arbeit in der Artesian Bar in London wurde mehrfach ausgezeichnet.

Where do we go now …

Und so ist der Cocktail Mitte der 2010er Jahre eine sich in viele Verästelungen aufsplitternde Kunst geworden. Lange Zeit in einer Art Dornröschenschlaf vor sich hin schlummernd und von künstlichen Sour-Mixen stranguliert, drehen sich die Entwicklungen jetzt umso schneller. Die alten Vorbilder sind nun wieder zugänglich, denn die Zeiten, in denen Dale DeGroff ein altes Buch von Jerry Thomas auftreiben musste oder deutsche Bartender unter dem Tresen verstohlen im *Schumann's* geblättert haben, sind vorbei. Die neue Generation hat die Bücher von Jerry Thomas, Harry Johnson, David Embury oder Harry Craddock gelesen, sie nähern sich den Drinks wie Quentin Tarantino seinen Filmen: Man muss die Regeln kennen, um sie zu brechen.

Im Fokus aber bleibt das Handwerk und nicht die Show. Bartender übersetzen die Rezepturen auf den Gaumen des 21. Jahrhunderts, in dem die Spirituosen weitaus hochwertiger sind als im 19. Jahrhundert. Cocktails müssen nun weniger mit Zucker gestreckt werden, der allgemeine Geschmack ist trockener. Eine nie gesehene Produktvielfalt und Qualität an Zutaten und Spirituosen unterstützt sie in diesem Vorhaben, vorbei sind nämlich auch die Zeiten, als der Bartender nur einen Bombay Sapphire als Gin im Backboard stehen hatte oder Jerry Thomas Maraschino mit Triple Sec austauschen musste, um einen neuen Drink zu erfinden. Die Spirituosenindustrie hat die Bar als Katapult und Imagefaktor entdeckt, und die Bar zahlt es ihr mit Ideenreichtum zurück. Cocktails sind wieder en vogue, und vor allem: Sie sind auch wieder bei einem jungen Publikum beliebt. Hätte in den 1970er Jahren kein tanzwütiger Disco-Geher einen Cocktail angefasst, gehört es heute zum guten Ton, vor dem Club noch in der Stammbar einen Gin Basil Smash zu trinken. Die alten Klassiker wie Sazerac oder Old Fashioned werden in den Bars wieder richtig zubereitet und kommen beim Gast an. Die Szene ist vernetzt und austauschfreudig. Bartender erfinden und probieren, und was der eine heute in Neuseeland kreiert, weiß die Barcommunity morgen auf der ganzen Welt. Dieser Umstand bringt eine ganz neue Qualität abseits der Metropolen mit sich. Fand man früher einen halbwegs vernünftigen Martini nur in Großstädten oder sehr ausgewählten kleinen Oasen des guten Geschmacks, sprüht das Cocktail-Feuerwerk heute auch abseits der Hauptstädte und kosmopolitischen Schmelztiegeln. In den Provinzstädten mit ihren obligatorischen *Sex on the Beach*-Angebotstafeln finden sich immer mehr Bars, die auf hohem Niveau arbeiten und Pionierarbeit leisten. Diese Streuung spiegelt sich in den weltweiten Cocktail-Contests wider, die immer häufiger von enthusiastischen Bartendern und – ebenfalls immer häufiger – Bartenderinnen aus Kleinstädten bestritten werden. Und: Niemand versteckt wie einst Donn Beach die Rezepturen in einem verschlüsselten Code, sondern man gibt sie bereitwillig preis.

Bars entwickeln Konzepte und Barkarten wie Drehbücher. Sie stellen Regionalität in den Vordergrund oder produzieren eigene Filler. Längst reifen im Fass angesetzte Cocktails zu einer neuen Qualität im *Barrel-Aging* heran, wo den Cocktails durch die Holzlagerung ein neues Aroma hinzugefügt wird. Selbst der Punch, lange Zeit ein Stiefkind mit schlechtem Ruf und zweifelhaften Maibowlen vorbehalten, wird als Urvater der gemischten Getränke aus der Mottenkiste geholt und erstrahlt weltweit in neuem Glanz: In Zeiten der zunehmenden Individualisierung ist es eben schön, seine Drinks unter Freunden aus einer gemeinsamen Schüssel zu schöpfen. Bücher wie *Liquid Intelligence* von Dave Arnold brechen den Bartenderberuf und das Mixen eines Cocktails auf seine chemischen und physikalischen Vorgänge herunter. Techniken wie *Sous-Vide* erlauben es, durch Vakuumieren besonders aromaintensive Infusionen, Bitters, Cordials oder Sirups herzustellen, während man mit dem *Rotovapor* aromatisiertes Wasser für geschmackvolle Eiswürfel produzieren kann. Manch neue Cocktailerfindung liest sich wie eine Anleitung, mit der man sich drei Tage in ein Labor verziehen muss. Selbst das heilige Mantra, dass ein Cocktail durch Eis zusammengefügt werden muss, wird durch Cocktails auf Zimmertemperatur hinterfragt.

Vielleicht führt das aber alles auch zu einem »Weniger-ist-mehr«. Auf Wellen folgen bekanntlich Gegenwellen. Nach der Prohibition kam der Tiki-Rausch, auf die Instant-Seventies folgte das Zeitalter der Frische. Als Sasha Petraske in der Silvesternacht 2000 sein Milk & Honey eröffnete, hatte kaum jemand noch etwas mit der Prohibition am Hut. Heute sind Bartender mit Bart, Schnauzer oder Hosenträgern, die aussehen, als seien sie einem Ganovenfilm entsprungen, keine Seltenheit. Und Jeffrey Morgenthaler, der einflussreiche Bartender aus Portland, prophezeit, es wäre nun endgültig vorbei damit, so zu tun, als befinde man sich im Jahre 1922.

Aber eines bleibt: Es ist im 21. Jahrhundert eine Selbstverständlichkeit, in eine Bar zu gehen und einen Drink zu bestellen. Früchte sind aus aller Welt vorhanden. Kräuter stehen frisch zur Verfügung. Das Eis ist zweifach gefroren und in unterschiedlichen Formen verfügbar. Shaker sind ausgetüftelt und in ihrer Größe teilweise auf die physikalische Anforderung der Getränke abgestimmt. Die Gläser, aus denen getrunken wird, sind im Eisschrank vorgekühlt. Am Ende aber sollte ein Drink vor allem eines: Spaß machen und in guter Gesellschaft konsumiert werden. Deswegen schließen wir mit einem Schlusswort von Sasha Petraske, der im Jahr 2015 überraschend verstarb: »Man braucht Cocktails nicht über-intellektualisieren – man muss sie erleben.«

Craft Cocktails

Craft – ein Ausdruck, der sich auf die handwerkliche Herstellungsweise beruft und in den letzten Jahren eine inflationäre Anwendung erfahren hat – ist in der Bar selbstverständlich, wird doch jeder Cocktail per Hand hergestellt. Freilich aber meint der Begriff »Craft Cocktail« etwas anderes: Er bezieht sich auf Cocktails, in denen alle Zutaten selbst hergestellt werden: Vom eigenen Bitters über den Sirup bis zum selbst produzierten frisch geschabten Eis. Natürlich kommen herkömmliche Spirituosen zum Zug, sie geben dem Cocktail durch ihren Geschmack den Ton vor oder werden gelagert, geblendet oder infusioniert. Kurzum: Ein Craft Cocktail ist ein mit Hingabe und ohne Zeitdruck hergestelltes Getränk, in dem es einzig und allein um die Optimierung des Geschmacks geht.

Colletti Royale

(nach Julie Reiner)

4,5 cl Reposado Tequila, 1,5 cl Triple Sec,
1,5 cl Holunderblütenlikör,
1,5 cl frischer Blutorangensaft,
1,5 cl frischer Limettensaft,
2 Dashes Angostura Bitters, Champagner

/

GLAS: Weinglas
GARNITUR: Blutorange

/

Alle Zutaten bis auf den Champagner
auf Eiswürfeln im Shaker kräftig
10- bis 15-mal schütteln. Doppelt in das Glas
abseihen und mit Champagner toppen.

The Ranglum

(nach Gonçalo de Sousa Monteiro)

5 cl Rum (Bermudas, dunkel),
1,5 cl Wray and Nephew White Overproof,
2 cl Falernum, 2,5 cl frischer Limettensaft,
2 Dashes Zuckersirup

/

GLAS: Tumbler
GARNITUR: Limettenspalte

/

Alle Zutaten auf Eiswürfeln im Shaker
kräftig 10- bis 15-mal schütteln und auf
frische Eiswürfel abseihen.

Corpse Reviver No. Blue

(nach Jacob Briars)

2,25 cl Dry Gin, 2,25 cl Lillet Blanc,
2,25 cl Blue Curaçao, 3 cl frischer Zitronensaft,
0,25 cl Absinth

/

GLAS: Coupette
GARNITUR: Zitronenzeste

/

Alle Zutaten auf Eiswürfeln im Shaker
kräftig 10- bis 15-mal schütteln. Doppelt
ins vorgekühlte Glas abseihen.

Richmond Gimlet

der Navy-Evergreen im frischen Gewand

6 cl Dry Gin, 2,25 cl frischer Limettensaft,
1,5 cl Zuckersirup, 8 Minzblätter

/

GLAS: Martiniglas oder kleine Coupette
GARNITUR: Minzblatt

/

Alle Zutaten auf Eiswürfeln im Shaker
kräftig 10- bis 15-mal schütteln. Doppelt
ins vorgekühlte Glas abseihen.

Le Gurk

(nach Axel Klubescheidt)

4 cl Gin, 4 cl Apfelsaft naturtrüb,
2 cl frischer Zitronensaft, 2 cl Holunderblütenlikör,
1 cl Zuckersirup, 1/8 Salatgurke

/

GLAS: Highball
GARNITUR: Gurkenscheibe

/

Gurke, Zitrone und Zuckersirup in einen Shaker geben und mit dem Muddler zerstoßen. Restliche Zutaten beigeben und auf Eiswürfeln kräftig 10- bis 15-mal schütteln. Doppelt auf frische Eiswürfel abseihen.

South Carolina Swizzle

(nach Charlotte Voisey)

6 cl Gin, 3 cl frischer Limettensaft, 3 cl Zuckersirup, 2 cl Apricot Brandy, 1 cl Chartreuse Jaune

/

GLAS: Highball
GARNITUR: Limettenzeste

/

Alle Zutaten auf Eiswürfeln im Shaker kräftig 10- bis 15-mal schütteln. Doppelt auf gestoßenes Eis abseihen.

Earl Grey Marteani

(nach Audrey Saunders)

6 cl Earl Grey Infused Gin*,
2,25 cl frischer Zitronensaft,
1,5 cl Zuckersirup, 1/2 Eiweiß
/
GLAS: Martiniglas oder kleine Coupette
GARNITUR: keine
/
Alle Zutaten auf Eiswürfeln im Shaker kräftig 10- bis 15-mal schütteln. Doppelt ins vorgekühlte Glas abseihen.

Rufftime Margarita

(nach Klaus St. Rainer)

6 cl Mezcal, 3 cl frischer Limettensaft,
2 cl Agavensirup, 0,5 cl Triple Sec
/
GLAS: Coupette
GARNITUR: Salz-Zimt-Rand
/
Alle Zutaten auf Eiswürfeln im Shaker kräftig 10- bis 15-mal schütteln. Doppelt ins vorgekühlte Glas abseihen.

* *siehe Kapitel Homebar (Seite 244)*

Kanu–No

(nach Hidetsugu Ueno)

9 cl Aged Rum, 1 cl Oloroso Sherry,
0,5 cl Cream Sherry, 0,5 cl Ruby Portwein
/
GLAS: Tumbler
GARNITUR: Orangenzeste
/
Alle Zutaten auf Eiswürfeln im Rührglas gründlich verrühren, bis dieses beschlägt. Auf frische Eiswürfel abseihen.

Penicillin

(nach Sam Ross, Milk & Honey)

4,5 cl Islay Singe Malt Scotch Whisky,
3 cl Blended Scotch Whisky, 3 cl frischer Zitronensaft, 2 cl Honigsirup, 1 cl Ingwerlikör
/
GLAS: Tumbler
GARNITUR: Zitronenzeste
/
Alle Zutaten auf Eiswürfeln im Shaker kräftig 10- bis 15-mal schütteln. Doppelt auf frische Eiswürfel abseihen.

Benton's Old Fashioned

aus der PDT Bar in New York

6 cl Bourbon-Infusion mit Schinkenspeck*,
0,75 cl Ahornsirup, 2 Dashes Angostura Bitters
/
GLAS: Tumbler
GARNITUR: Orangenzeste
/
Alle Zutaten im Rührglas 20 bis 30 Sekunden lang verrühren und auf einen großen Eiswürfel abseihen.

Amaretto Sour

the »Jeffrey Morgenthaler Way«

4,5 cl Amaretto, 2,5 cl Bourbon, 3 cl frischer Zitronensaft, 1 BL Zuckersirup, 1/2 Eiweiß
/
GLAS: Tumbler
GARNITUR: Zitronenzeste
/
Alle Zutaten auf Eiswürfeln im Shaker kräftig 20- bis 30-mal schütteln und auf frische Eiswürfel abseihen.

---

* siehe Kapitel Homebar (Seite 244)

ARBEITSGERÄTE

Ein Cocktail besteht aus mehreren Zutaten. Will man diese zu einem gelungenen Drink zusammenfügen, muss man sich dem Vorgang nähern wie einem Bauvorhaben: Der Erfolg beginnt beim Werkzeug. Es gibt gewisse Standards, ohne die ein guter Drink nicht entstehen kann, weder zu Hause noch in der professionellen Bar. Die folgenden Tools sind unerlässlich für das Gelingen der einfachsten wie komplexesten Rezepturen. Ihre Vollständigkeit schützt vor späteren Ärgernissen.

1 ◆ SHAKER

Schon der Konquistador Hernán Cortés erwähnte im Jahre 1520 in seinem Brief an den spanischen König einen goldenen Behälter in Form eines Zylinders, in dem ein rituelles Gebräu der Azteken schäumte. Auch ein zusammengestecktes Becherpaar aus Augsburg, das auf etwa 1600 datiert wird, kommt im Aussehen einem Shaker verblüffend nahe. Die moderne Geschichte des Shakers, wie wir ihn heute kennen, beginnt jedoch irgendwann in der Mitte des 19. Jahrhunderts, seine Entstehung ist dicht verknüpft mit dem, was man heute das Goldene Zeitalter der Cocktailgeschichte nennt. Schon Jerry Thomas soll für sein berühmtes Buch, das 1862 erschien, mit Bechern aus Silber durch Europa getourt sein. Der Shaker ist wohl das Arbeitsgerät schlechthin, das man mit einem Cocktail assoziiert. Und dabei geht es nicht um den Showeffekt, durch den sich trainierte Oberarme präsentieren lassen. Mit seiner Hilfe lassen sich schwer vermischbare Zutaten wie Fruchtsäfte, Eier oder Sahne mit Spirituosen verarbeiten, die Basilikumblätter im Gin Basil Smash werden ebenfalls im Shaker zerdrückt. Es gibt ihn in verschiedenen Versionen, Profis greifen gerne auf den Boston Shaker zurück.

Boston Shaker

Dieser besteht aus zwei Teilen mit ungleich großen Öffnungen, so dass beide ineinander geklemmt werden können. Ein Teil des Boston Shakers besteht aus Glas, der andere aus Metall. Bestehen beide Teile aus Metall, nennt man das Ganze *Tin Tin Shaker*. Die Flüssigkeiten werden in dem kleineren Behältnis gemischt, der größere Teil wird mit dem Eis befüllt. Danach werden die beiden Teile zusammengesteckt und dem oberen Gefäß ein kurzer Schlag zwecks Versiegelung versetzt.

Als *French Shaker* bezeichnet man einen zweiteiligen metallenen Shaker, dessen Teile genau ineinander passen. Der Vorteil hierbei ist eine schnellere Leitung: Metallshaker erwärmen und kühlen schneller und benötigen dabei nicht viel Energie, wodurch sie einen geringen Einfluss auf die Temperatur des fertigen Drinks haben. Das Glas eines Boston Shaker hingegen hat eine höhere thermische Masse und ist auch schwerer als sein Metallpendant.

Cobbler Shaker

Der Cobbler Shaker wurde am 24. Juni 1884 von einem gewissen Edward J. Hauck in New York zum Patent angemeldet. Er erfreut sich heute nicht nur allergrößter Beliebtheit in Cocktail-Sets, die zu Sommerbeginn in Kaufhäusern angeboten werden, sondern in professioneller Anwendung vornehmlich in Japan. Mit ihm soll die japanische Shake-Technik – der Hard-Shake, durch den bei einer speziellen Drehung des Handgelenks etwas mehr Sauerstoff in den Drink gelangen soll – besonders gut umsetzbar sein. Die Meinungen, ob der Hard-Shake diese Wirkung tatsächlich erfüllt oder vielmehr eine rituelle japanische Eigenart symbolisiert, gehen auseinander. Fakt ist, dass der Hard-Shake auf jeden Fall eine sehr elegante Technik des Shakens darstellt. Charakteristisch für den Cobbler Shaker ist seine Zusammensetzung aus Basisbehältnis und Aufsatz, der als integriertes Sieb funktioniert, sowie dem Verschluss, der das Ganze versiegelt und das Shaken erlaubt.

2 ◆ RÜHRGLAS

Im Rührglas werden die Cocktails gemacht, die nicht geschüttelt werden. Als Faustregel gilt, dass es sich dabei um Drinks handelt, die keine Fruchtsäfte, Sahne oder Eiweiß aufweisen, sondern aus Spirituosen, Likören, Sirups und Bitters bestehen, wie beispielsweise ein Manhattan oder Martini. Ist kein Rührglas zur Hand, kann mal alternativ auch einen Teil des Shakers verwenden. Somit ist auch klar, wofür man sich entscheiden sollte, sollte für die Hausbar nur die Anschaffung eines Objektes möglich sein: In einem Shaker kann man auch rühren – aber mit einem Rührglas lässt sich schlecht shaken. Nichtsdestotrotz stellen beide unverzichtbare Elemente dar.

3 ◆ BARLÖFFEL

Einen eigenen Löffel für die Bar? Reicht nicht auch der aus der Küchenschublade? Im Notfall ja, im Zweifelsfall aber nein. Ein Barlöffel liegt aufgrund seines geriffelten Stils besser in der Hand, wenn es um die Erfüllung seiner wesentlichen Aufgabe geht: Den Cocktail zu verrühren. Gleichzeitig fungiert er auch als Messeinheit, da viele Cocktails nach nur einem Barlöffel einer Zutat verlangen, wie etwa Maraschino im Martinez. Auch für das Layern ist der Barlöffel notwendig. Darunter versteht man das Schichten von Flüssigkeiten, das bei sogenannten *Pousse Cafés* angewendet wird. Dabei lässt man die Flüssigkeit langsam über die Rückseite des an den Glasrand gehaltenen Barlöffels in das Glas laufen. Je höher der Zuckergehalt, desto schwerer die Flüssigkeit. In der modernen Bar werden Pousse Cafés kaum noch gemacht, als einer ihrer unverwüstlichsten Vertreter hat es jedoch der B-52 zu einiger Berühmtheit und Langlebigkeit gebracht.

4 ◆ JIGGER

Solange Sie noch nicht Meister im *Free-Pouring* sind – dem freihändigen Einschenken von Spirituosen auf Millilitergenauigkeit – schämen Sie sich nicht, einen Jigger zur Hand zu nehmen: Profis tun es zur Genüge, schon Harry Johnson schwor auf die Verwendung des Messbechers für die Zubereitung seiner *Bijous*. »Jeder Bartender sollte sich beim Mischen von Getränken eines Jiggers bedienen«, schreibt er in seinem *Bartender's Manual* von 1882, »so erhalten Gäste nicht nur stets dasselbe Quantum, sondern es wird auch der unnötigen Verschwendung von Schnaps vorgebeugt.« Mit einem Jigger erhält man also absolute Genauigkeit, die gerade zu Beginn von elementarer Wichtigkeit ist: 1 cl von einer Zutat zu viel oder zu wenig, und ein Drink kann in eine völlig andere Richtung kippen als vorgesehen. Zusätzlich bringt ein Messbecher den Vorteil, Rezepturen reproduzierbar umsetzen zu können. Man kann dadurch auch flexibler die Rezeptur auf den eigenen Geschmack anpassen. Schließlich ist keine Rezeptur in Stein gemeißelt. Gerade was den Faktor Süße betrifft, variieren die Geschmäcker stark – die einen wollen ihren Whiskey-Sour mit 3 cl Zucker, den anderen reicht 1 cl Zucker. Mit einem Jigger lassen sich die eigenen Vorlieben Stück für Stück skalieren.

5 ◆ ZESTENSCHNEIDER

Die dünne Schale einer Zitrone oder einer Orange, wie sie in einem Martini oder einem Cosmopolitan schwimmt, tut das nicht aus Zierde: Fruchtzesten sind wesentliche Elemente eines Drinks, der durch die in der Fruchtschale befindlichen ätherischen Öle einen letzten, entscheidenden Schliff bekommt. Ebenso elementar wie diese Komponente ist der Vorgang, durch den man zu den Zesten kommt. Ein Zestenschneider trennt die Schale von dem weißen, Albedo genannten Teil der Haut, ein wichtiger Schritt, da in diesem bittere Komponenten schlummern.

6 ◆ MUDDLER

Er hilft bei modernen Klassikern wie dem Gin Basil Smash sowie bei traditionellen Caipirinhas: der Muddler oder Stößel. Mit ihm lassen sich Früchte, Kräuter und Gewürze zerdrücken, um sie für den Cocktail gefügig zu machen. Ein Tipp: Unterdrücken Sie den Drang, alles kurz und klein zu muddeln. Weniger ist hier manchmal mehr. Gerade Kräuter wie Minze entfalten einen bitteren Geschmack, wenn man sie zu stark zerdrückt.

7 ◆ STRAINER

Um unerwünschte Reste und Zutaten davon abzuhalten, nach dem Shaken oder Rühren mit in das schön vorbereitete Trinkglas zu gleiten, kommen Strainer zum Einsatz. Zum einen wird dadurch verhindert, dass Reste, etwa von zermuddelter Minze, im Glas schwimmen und danach am Zahn kleben. Zweitens können Rückstände im Zitrusanteil den Drink mit der Zeit etwas säuerlich werden lassen. Drittens wird der Drink dadurch klarer.

Hawthorne Strainer

Der Hawthorne Strainer ist die populärste Variante des Barsiebs. Er wird auf den Teil des Shakers gesetzt, der den geschüttelten Cocktail beinhaltet, um ihn in das Trinkglas abzuseihen. Seine flexible Spirale, die sowohl Eis als auch andere Bestandteile zurückhält, passt sich dem Shaker wie auch dem Rührglas an. Gewiefte Bar-Tüftler haben der Spirale noch eine weitere Funktion verpasst: Um einem Eiweiß-Drink eine noch cremigere Textur zu verpassen, shaken sie diese mit den Zutaten – ohne Eis – mit. Im Grunde jedoch reicht in diesen Fällen ein einfacher Dry Shake völlig aus. Es gibt schließlich elegantere Arten, einen Drink zu machen, als eine klebrige Spirale aus dem Shaker zu fischen.

Julep Strainer

Der Julep Strainer kommt im Rührglas zum Einsatz. Er wird auf den kaltgerührten Drink gesetzt, was erlaubt, den Cocktail in das Trinkglas abzuseihen, ohne dass unerwünschte Eiswürfel in eben jenes mitpurzeln. Früher wurde er oft einem Mint Julep beigefügt, damit der Gast diesen durch den Löffel trinken konnte, während die Minze im Glas blieb.

8 ◆ TEESIEB

Häufig ist bei Cocktailrezepturen zu lesen, man solle den fertigen Drink »doppelt abseihen«. Das heißt nichts anderes, als ihn nicht nur durch einen Hawthorne Strainer sondern zusätzlich auch durch ein Teesieb in das Trinkglas laufen zu lassen. Dabei reicht ein handelsübliches Teesieb völlig aus. Dieser Vorgang des *Fine Straining* ist seit den 1990er Jahren populär.

9 ◆ HANDPRESSE

Würden wir in den 1970ern leben, würde die Handpresse an dieser Stelle wohl fehlen. Aber da die Zeit der vorgefertigten Sour-Mixe vorbei ist und frisch gepresste Säfte von Zitrone, Limette, Orange und Grapefruit ein fundamentaler Bestandteil der heutigen Cocktailkultur sind, ist sie nun in jeder Bar ein Muss. Mit einer guten Handpresse lässt sich schnell, flexibel und präzise arbeiten, ein weiterer Vorteil ist, dass sie im Gegensatz zu elektrischen Saftpressen mehr ätherische Öle aus den Schalen in den Drink bringt.

10 ◆ BARMESSER

Jeder kennt das Ärgernis, mit einem zu stumpfen Messer eine Scheibe Brot zu schneiden oder gar ein Stück Fleisch zu filetieren – nun stelle man sich das Ganze mit der wesentlich härteren Schale einer Zitrone oder Limette vor. Ein scharfes Messer ist bei der Herstellung von Cocktails unerlässlich. Zusätzlich erlaubt eine gute Klinge auch das Schneiden von dünnen, akkuraten Zesten. Für Letzteres gilt: Bitte in Geduld üben, denn Übung macht den Meister. Wenn Sie den Dreh erst raushaben, beginnt der Spaß: Zesten lassen sich in die unterschiedlichsten Formen schneiden und formen: Spiralen, Segel, Schleifen, mit einer Zackenschere zugeschnitten oder einfach grob und unbegradigt – finden Sie Ihren Favoriten!

11 ◆ BARZANGE

Schon Jerry Thomas wusste: Hände weg vom Eis! Sprich: Aus hygienischen Gründen dieses wesentliche Element niemals mit den Händen anfassen. Eine Barzange – auch liebevoll Pinzette genannt – erlaubt es, mit Eiswürfeln zu hantieren, ohne sie mit den Fingern zu berühren. Wen diese Argumente nicht überzeugen, der kann abwarten, bis ihm kalt gefrorene Eiswürfel an den Fingern kleben. Oder erkennen, wie wenig elegant es aussieht, den einen Eiswürfel zu viel aus dem bereits zubereiteten Drink zu fischen.

ARBEITSTECHNIKEN

Warum die einen Drinks schütteln und andere rühren? Und warum mit einer Zitronen- oder einer Orangenschale abschmecken? Die Art und Weise, wie ein Cocktail zubereitet wird, wirkt sich auf den Geschmack und die Konsistenz des fertigen Drinks aus. Sich mit der richtigen Technik vertraut zu machen, ist der erste Schritt zu einem gelungenen Cocktail.
Der zweite: Übung. Der dritte: Übung.

1 ◆ SHAKEN

Im Shaker vereinen sich die drei Vorgänge, die aus den einzelnen Zutaten erst einen Cocktail machen: Luftzufuhr, Verwässerung und Kühlung. Stellen Sie sich beim Schütteln breitbeinig auf und schütteln Sie kräftig vor der Schulter vor und zurück. Verwenden Sie einen Boston Shaker, dann achten Sie darauf, dass das Behältnis mit der größeren Öffnung in Ihre Richtung zeigt – Sie wollen ja nicht, dass der Inhalt bei einer unbeabsichtigten Öffnung Ihrem wartenden Gegenüber ins Gesicht fliegt. Schütteln Sie über die Schulter der Hand, die den Becher mit der größeren Öffnung umfasst. Machen Sie das Ganze so lange, bis der Shaker von außen beschlägt. Wenigstens aber für 10 bis 15 Sekunden.

2 ◆ RÜHREN

Möchte man einen Cocktail, der ohne schwer vermischbare Zutaten wie Eiweiß, Fruchtsaft oder Sahne auskommt, empfiehlt sich der Vorgang des Verrührens. Da Zutaten wie Spirituosen, Liköre oder Bitters ohne hohen physikalischen Aufwand vermengbar sind, reicht das Rühren aus. Das Rührglas sollte dabei mindestens zu zwei Dritteln mit Eis gefüllt sein, um den optimalen Grad von Verwässerung und Kühlung zu erreichen. Warum? Drei jämmerliche Eiswürfel lösen sich rascher in der Flüssigkeit auf, verwässern dabei den Drink zu stark und kühlen ihn noch nicht mal auf die richtige Temperatur runter. Geizen Sie im Rührglas nicht mit Eis. Rühren Sie so lange, bis das Glas von außen beschlägt, aber in etwa 20 bis 30 Sekunden.

3 ◆ ABSEIHEN

Nach der Zubereitung werden alle Cocktails, die nicht im Glas direkt »gebaut« wurden, in ein Trinkglas abgeseiht, also von Eis und etwaigen anderen festen Stoffen getrennt. Dazu wird ein Hawthorne Strainer in die Öffnung des Shaker-Bechers oder Rührglases gehalten, bei einem Cobbler Shaker übernimmt das eingebaute Sieb diese Aufgabe. Bei Drinks, die mit Kräutern, Früchten oder nicht gefiltertem Zitrussaft gemixt werden, empfiehlt sich »doppeltes« Abseihen, bei dem zwischen eigentlichen Strainer und Glas noch ein Teesieb (Fine-Strainer) gehalten wird.

4 ◆ ZESTENSCHNEIDEN

Die ätherischen Öle von Zitrusschalen spielen in der Parfum- und Seifenproduktion eine wichtige Rolle, eine aber fast noch wichtigere haben sie bei Cocktails inne: Sie können einen Drink ausbalancieren, ihm ein frisches Aroma verleihen oder ihn in eine komplexe Tiefe kleiden. Ob Sie dabei einen Zestenschneider oder ein scharfes Messer verwenden, sei Ihnen überlassen. Schneiden Sie ein etwa 3 x 5 Zentimeter großes Stück aus der Schale der Frucht, wobei Sie möglichst nichts von der weißen Haut, Albedo genannt, mitnehmen sollten. Nehmen Sie die Zeste mit der Hautseite zum Glas zwischen Daumen und die restlichen Finger und drücken Sie das Ganze durch. Wenn sich die ätherischen Öle wie ein leichter Spray über den Drink senken, haben Sie alles richtig gemacht.

RUM

RUM HAT SEIT SIR FRANCIS DRAKE ALS BASIS DER ERSTEN MISCHGETRÄNKE AUF HOHER SEE SEINEN PLATZ IN DER COCKTAILGESCHICHTE SICHER. FÜR MANCHE DIE VIELSEITIGSTE MIX-SPIRITUOSE ÜBERHAUPT, DARF ER NATÜRLICH IN KEINER HAUSBAR FEHLEN.

Daiquiri, Mojito oder Cuba Libre mit Rum oder Rhum, Caipirinha mit Cachaça – der Schnaps auf Zuckerrohrbasis ist Bestandteil weltweit beliebter Cocktails und Longdrinks. Besonders berühmt sind die Spirituosen aus dem karibischen Raum, insbesondere Kuba, sowie Mittelamerika.

Während *Rum* vornehmlich aus Melasse – dem Rest der Zuckerproduktion – hergestellt wird, werden *Rhum* und *Cachaça* aus frischem Zuckerrohrsaft produziert. Die Bezeichnung *Rhum Agricole* steht für Produkte aus den ehemaligen französischen Kolonien wie Martinique, Guadeloupe, Mauritius oder La Réunion, die sich durch ein sehr fruchtig-intensives Aroma auszeichnen.

Für die Verwendung in frischen Cocktails eignen sich vor allem Rumsorten mit leichtem Körper. Rumsorten mit schwerem Holzkörper, die durch eine längere Reifung im Holzfass aromenreicher sind, bieten sich zum puren Genuss oder für Old Fashioned-Varianten an. Cachaça, die brasilianische Nationalspirituose, wird großteils in Stahltanks gelagert.

Bei geblendetem Rum bezieht sich – im Gegensatz zum Whisky – die Angabe der Jahreszahl nicht auf die jüngste darin verwendete Abfüllung, sondern auf die älteste.

Rum wird schon seit dem 17. Jahrhundert hergestellt, doch als Begründer der modernen Rumherstellung gelten Don Bacardi und Felice Presto, die Mitte des 19. Jahrhunderts auf Kuba und Jamaika den ersten weißen Rum produzierten. Als *Overproof Rum* bezeichnet man Rum mit einer Trinkstärke von über 57,15 %, der heute fast ausschließlich in Cocktails zur Anwendung kommt. Bekannte Marken sind Bacardi (Puerto Rico), Havana Club (Kuba), Mount Gay (Barbados), Gosling's (Bermudas), Matusalem (Dominikanische Republik), Ron Zacapa (Guatemala), Appleton, Captain Morgan, Myers's, Wray & Nephew (alle Jamaika), Angostura 1919 (Trinidad & Tobago) oder Pampero (Venezuela). Rum wird jedoch weltweit produziert und das auf immer höherem Niveau, wie etwa Revolte Rum und Don Ruffin (Deutschland) zeigen. Bekannte Cachaça-Marken sind Berro, CanaRio, Pitú, Cachaça 51, Nêga-Fulô.

WHISKEY

WHISKEY IST DAS RÜCKGRAT KLASSISCHER COCKTAILS WIE MANHATTAN ODER OLD FASHIONED, DIE VOR ALLEM IN DEN USA IM 19. JAHRHUNDERT ENTSTANDEN SIND. IN DER BAR GEHT NICHTS OHNE DEN GETREIDESCHNAPS.

Whisky ist ein Getränk, dessen Basis Getreide wie Roggen, Gerste oder Mais ist. Amerikanische und irische Whiskeys tragen das »e« im Namen, während schottische und japanische Whiskys nur mit »y« geschrieben werden. Aber ganz egal wie man die Spirituose nun schreibt, das Wesentliche spielt sich stets am gleichen Ort ab: im Fass.

1 • AMERIKANISCHER WHISKEY
Bourbon Whiskey

Bourbon Whiskey ist ein Destillat, das zu mindestens 51 % aus Mais produziert und auf maximal 80 % Vol. destilliert wird. Danach muss das Destillat mindestens zwei Jahre in angekohlten Eichenfässern lagern. Bourbon ist in Kentucky entstanden, zu einer Zeit, als dieses noch ein Teil von Virginia war. Der Name geht entweder auf das gleichnamige französische Geschlecht zurück oder auf die Bourbon Street in New Orleans. Historiker sind sich in diesem Punkt uneinig. Lange Zeit galt der vom Baptistenprediger Elijah Craig im heutigen Bourbon-County hergestellte Whiskey als erster seiner Art, es wurde aber in der Gegend schon früher gebrannt. Bourbon wurde in seiner Entstehungszeit direkt nach der Destillation abgefüllt und getrunken, die Fasslagerung entwickelte sich erst Mitte des 19. Jahrhunderts. Nach einem Popularitätseinbruch nach dem Zweiten Weltkrieg hat Bourbon – nicht zuletzt als Bestandteil vieler Cocktailklassiker – eine Renaissance erlebt wie seit Zeiten der Prohibition nicht mehr. Der bekannte *Tennessee Whiskey* (u. a. Jack Daniels) ist eine Unterart des Bourbon und wird einer Filtration durch Holzkohle unterzogen. Bekannte Bourbon-Marken sind Elijah Craig, Jim Beam, Bulleit, Maker's Mark, Blanton's, Wild Turkey und Knob Creek.

Rye Whiskey

Rye Whiskey wird zu mindestens 51 % aus Roggen produziert, auch er wird auf höchstens 80 % Vol. gebrannt. Danach muss wie auch beim Bourbon eine Reifung von mindestens zwei Jahren in angekohlten Eichenfässern erfolgen. Nachdem in der ersten Zeit der Kolonisierung der USA Gin und Rum die beliebtesten Spirituosen waren, erfolgte mit Erschließung des Westens eine Konzentration auf indigene Rohstoffe wie Äpfel und Getreide – vor allem Roggen. In dieser Zeit war Rye Whiskey die vorherrschende Whiskey-Art, was sich in der Tatsache widerspiegelt, dass Cocktail-Ur-Klassiker wie Old Fashioned oder Sazerac in ihrer Rezeptur nach Rye verlangen. Als Dinosaurier der Spirituosen beinahe von der Bildfläche verschwunden, hat Rye Whiskey wie kaum eine andere Spirituose von der Cocktail-Renaissance profitiert. Heute darf er in keiner Bar mehr fehlen. Bekannte Marken sind u. a. James E. Pepper 1776 Rye, Sazerac, Old Overholt, Pikesville, Black Maple Hill Rye oder Rittenhouse.

2 ✦ SCOTCH WHISKY

Beim Whisky aus Schottland wird nach vier Regionen unterschieden: Highlands, Speyside, Islay und Lowlands. Die Stadt Campbeltown, früher eine eigene Herkunftsangabe, spielt heute so gut wie keine Rolle mehr. Scotch muss aus gemälzter Gerste (Malt) oder ungemälztem Getreide (Grain) und Wasser hergestellt werden und mindestens drei Jahre in einem Eichenfass reifen. Beim *Single Malt* muss der gemälzte Gerstenbrand aus derselben Destillerie stammen, darf aber mit anderen Malts aus dieser einen Destillerie verschnitten werden. Beim *Blended Malt* werden Malts aus verschiedenen Destillieren miteinander verschnitten. Lange Zeit als zu teuer und wertvoll empfunden, um ihn in einem Cocktail mit anderen Zutaten zu vermischen, erfreuen sich auch Scotch-Cocktails abseits von Klassikern wie dem Rusty Nail oder dem Rob Roy einer steigenden Beliebtheit.

Die Länge der Fassreife gilt heute als das Qualitätsmerkmal von Scotch schlechthin, bis in das Jahr 1915 war es jedoch nicht üblich, den Whisky allzu lange in Fässern zu lagern. Erst mit dem *Immature Spirit Act* wurde eine Mindestlagerzeit von zwei Jahren beschlossen – und ein Jahr später auf die noch heute gültigen drei Jahre angehoben. Alkohol würde mehr Schaden anrichten als alle deutschen U-Boote zusammen, meinte damals der britische Schatzkanzler und spätere Premierminister David Lloyd George. Ganz konnte der Alkoholgegner den Schnaps nicht verbieten, da das unter dem Krieg leidende Volk rebelliert hätte, also besteuerte er ihn. Einflussreiche Unternehmer aus der Whisky-Branche sorgten jedoch dafür, dass dies vor allem Whisky betraf, der jünger war als sechs Monate. Je länger der Whisky lagerte, desto geringer die Steuern. Das erreichte Peter Mackie von der späteren White Horse Distillers Ltd durch einen cleveren Schachzug: »Die Erfahrung lehrt uns, dass ein Großteil des aufrührerischen und aufsässigen Verhaltens von Betrunkenen auf den jungen, feurigen Alkohol zurückzuführen ist, der verkauft wird«, so Mackie, »während Männer, die sich übermäßig einem gereiften Whisky hingeben, schläfrig … jedoch nicht kampfeslustig werden.«

Scotch unterteilt sich in folgende Varianten:

SINGLE MALT SCOTCH WHISKY
wird in einer einzigen Destillerie hergestellt

SINGLE GRAIN SCOTCH WHISKY
darf auch mit anderem Getreide als Gerstenmalz hergestellt werden

BLENDED MALT SCOTCH WHISKY
Verschnitt von Single Malts aus mehr als einer Destillerie

BLENDED GRAIN SCOTCH WHISKY
Verschnitt von Single Grain Scotch aus mehr als einer Destillerie

BLENDED SCOTCH WHISKY
Verschnitt von mindestens einem Single Malt mit einem oder mehreren Single Grain Scotch

Bekannte Scotch-Marken sind u. a. Laphroaig, Lagavulin, The Macallan, Bunnahabhain, Glenfiddich, Ardbeg (alle Single Malt) oder Chivas Regal, Black Bottle, Johnnie Walker und Whyte & Mackay (alles Blended).

3 ◆ JAPANISCHER WHISKY

Japanischer Whisky wird bei *Single & Vatted Malts* mit gemälzter Gerste hergestellt, in der Blended-Version kommt ungemälztes Getreide mit gemälzter Gerste zum Zug. Die Lagerung erfolgt mindestens drei Jahre in Eichenholzfässern. Der Alkoholgehalt beträgt 40 bis 65 % Vol. 1924 wurde in Yamazaki die erste Destillerie Japans in Betrieb genommen, gegründet von Shinjiro Torii, der Masataka Taketsuru als Master Destiller engagierte, der in Schottland die Kunst des Destillierens erlernt hatte. Lange Zeit als Imitat der schottischen Abfüllungen betrachtet und nur in Japan beliebt, erfreut sich japanischer Whisky seit Anfang des Jahrtausends einer stark wachsenden internationalen Popularität. Bekannte Marken sind etwa Nikka und Yamazaki.

4 ◆ IRISCHER WHISKEY

Ist der, der in den Irish Coffee kommt. Irischer Whiskey wird aus gemälzter und ungemälzter Gerste gewonnen, die Reifung erfolgt mindestens drei Jahre in Eichenholzfässern, die Trinkstärke beträgt 40 bis 60 % Vol. Auch hier unterscheidet man *Grain Whiskey*, der nur zum Verschnitt verwendet wird, von *Blended Whiskey*, zu dem das immer gleichbleibende Produkt geschnitten wird. Der große Unterschied im Blending zu schottischen Whiskys ist jedoch die Kombination verschiedener Reifeprozesse in verschiedenartigen Fasstypen, wie etwa Sherry-, Bourbon- oder Portweinfässern. Dadurch wird der Geschmack wesentlich beeinflusst. In Irland spricht man auch vom *Vatting*. In Cocktails spielt irischer Whiskey eine – bisher – eher vernachlässigte Rolle. Bekannte Marken sind Jameson, Ballantines, Tyrconnell, Tullamore Dew und Bushmills.

GIN

GIN IST DIE TRÄGERSÄULE DES KLASSISCHEN MARTINI, DAS FUNDAMENT DES MODERNEN GIN BASIL SMASH. SCHON IMMER HATTE DER WACHOLDERSCHNAPS GROSSEN EINFLUSS AUF DIE BARKULTUR, UND ER HAT ES NOCH. ABER WIE WAR DAS NOCHMAL MIT DEM WACHOLDER? UND WAS IST EIGENTLICH GENEVER?

Keine Spirituose hat in den letzten Jahren einen derartigen Boom erlebt wie Gin. Man könnte durchaus sagen: Gin war die Lokomotive der Entwicklung hin zu einer immer stärkeren Diversifizierung und breiteren Qualität, die auch auf andere Spirituosen übergegriffen hat. Das große Missverständnis der »Wacholderspirituose« ist natürlich, dass keine Wacholderbeeren für die Herstellung des Gins destilliert werden. Gin ist in seiner Ausgangsform ein Agraralkohol, der aus Rohstoffen wie Getreide, Zuckerrüben, Kartoffeln oder gar Obst gewonnen wird. Der Wacholder kommt ins Spiel, wenn der Alkohol damit aromatisiert wird. Dabei ist er jedoch bei weitem nicht das einzige *Botanical*: eine Vielzahl von Kräutern, Gewürzen und Früchten finden Eingang in das Endprodukt, ob Rosmarin, Lavendel oder Zitrone.

Gerade die explodierende Produktvielfalt der letzten Jahre hat dafür gesorgt, dass ausgefallene Zutaten wie Tonka-Bohne oder Affenbrotbaum dem Gin eine neue Aromenfärbung geben. Stark aromatisierte Gins sollte man bei der Umsetzung von Cocktailrezepturen zu Beginn jedoch meiden, da sie durch den starken Eigengeschmack das Ergebnis verändern. Sie eignen sich hingegen bestens für diverse Experimente mit jenem Highball, der wie kaum ein anderer den Gin-Boom trägt und auch in der Hausbar in höchster Güte eingenommen wird: der Gin & Tonic.

The Gin Craze

Für Cocktails sollten *London Dry Gins* verwendet werden. Darunter versteht man einen ungesüßten Gin, dem am ehesten ein zitronigharziger, frischer Unterton mitgegeben wird. *Old Tom Gin* ist die Bezeichnung für traditionellen leicht gesüßten Gin, eine Variante, die früher populärer war und deshalb in Rezepturen alter Cocktailbücher wie denen von Jerry Thomas oder Harry Johnson häufiger zu finden ist. Auch er wird heute wieder in kleinen Mengen produziert, bleibt aber ein Nebenakteur. Noch süßer ist *Sloe Gin,* der den Gin zwar im Namen trägt, aber als Schlehenlikör auf Gin-Basis eher der Familie der Liköre zuzurechnen ist.

Weit verbreitet ist die Meinung, Gin sei ein Nachfahre des *Genever*. Britische Soldaten hätten dieses in Holland verbreitete Destillat im 17. Jahrhundert mit zurück auf die Insel genommen, nachdem sie den Holländern im Kampf gegen die Spanier beigestanden waren – und oft auf die Hilfe von »Dutch Courage« zurückgegriffen hätten. Auf der Insel wäre aus *Genever* der Name *Gin* geworden. So einfach jedoch ist es nicht. Bei Genever handelt es sich um *Moutwijn* (Malzbrand), das sind verschiedene Malz- und Kornbrände, deren Aromen vermischt und dann mit Botanicals angereichert werden. Beim Gin hingegen geht es darum, den Neutralalkohol als Träger für die Aromen der Botanicals zu nutzen. Genever ist somit ein Vorläufer des Gins, aber keine Vorstufe.

Natürlich aber hat der Gin auf den britischen Inseln den größten Eindruck hinterlassen. Um nicht zu sagen: für eine Weile auch den desaströsten. Wer einen Blick zurückwirft, wird in der britischen Historie auf den *Gin Craze* treffen, die Gin-Epidemie, die die Insel und vor allem ihre Hauptstadt London in der ersten Hälfte des 18. Jahrhunderts traf. Was war passiert? Nachdem William III. von Oranien-Nassau 1688 den britischen Thron bestiegen hatte, unterstützte er den Import von holländischem Genever sowie die lokale Produktion von britischem Gin, wodurch vor allem die Einfuhr von französischem Brandy verhindert werden sollte. Zudem wurde zwei Jahre später das Monopol der London Guild of Distillers aufgehoben, wodurch der Markt der Ginproduktion geöffnet wurde. Wer Gin brennen wollte, konnte das nun tun. Gleichzeitig sorgte die Modernisierung der Landwirtschaft für eine Überproduktion von Getreide, was den Schnaps in Folge stark verbilligte und vor allem für eine ärmere Bevölkerungsschicht zugänglich machte.

Die Folge war, dass diese ärmeren Schichten dem Gin völlig verfielen. Die Sterberate in London überstieg zeitweise die Geburtenrate, die Kindersterblichkeit lag bei 75 Prozent.

Berühmt etwa ist die Darstellung *Gin Lane* von William Hogarth. Darauf sind Menschen als halbe Skelette abgebildet, die sich an Flaschen klammern, Schnapsleichen werden auf Schubkarren abtransportiert, im Zentrum des Bildes lässt eine Frau ein Kind über eine Treppe fallen. Bereits 1721 war ein Viertel der Einwohner Londons in der Produktion oder mit dem Verkauf von Gin beschäftigt. Gewalt und Verwahrlosung waren oftmalige Begleiterscheinungen. Um die Bevölkerung nicht weiter auf diesem Weg in den Wahnsinn laufen zu lassen, brachte das Parlament fünf *Gin Acts* auf den Weg, 1729, 1736, 1743, 1747 und 1751. Prominente Befürworter waren Hogarth selbst oder auch der Autor Daniel Defoe *(Robinson Crusoe)*, ursprünglich ein Verfechter der lokalen Produktion der Spirituose, der sich während des ausufernden Gin Craze jedoch gegen deren allgemeine Verfügbarkeit wendete.

Gin wird seriös

Damit nicht jeder, der ein paar Säcke Weizen und eine Brennblase besaß, einen Schnaps herstellen konnte, wurden die Kriterien verschärft, um die Herstellung aufwendiger zu machen und dabei die Qualität zu verbessern. Steuern, Abgaben und Lizenzen sollten den Zugang zu Gin erschweren. Die Produktion gelangte auf diese Weise in die Hände von respektablen Produzenten, in deren Produkten weniger Zucker und bessere Verarbeitung zum Tragen kamen und den Gin von seinem Image des billigen Fusels befreiten, von Männern wie James Burrough, einem Apotheker, der mit 28 Jahren eine alte Brennerei im Londoner Stadtteil Chelsea übernahm und seinen Beefeater Gin produzierte.

Durch diese Maßnahmen begann sich die Gin-Epidemie allmählich zu legen, 1757 war der *Craze* endgültig vorbei. Gleichwohl manche Historiker der Meinung sind, dass der Rückgang weniger auf die legislativen Eingriffe zurückzuführen sei, sondern schlichtweg auf den mäßigenden Einfluss von Mutter Natur: Ein paar schlechte Erntejahre und damit gestiegene Getreidepreise sorgten dafür, dass der Gin nicht mehr für jedermann erschwinglich war. Tatsächlich aber wurden in dieser Zeit die Grundsteine gelegt, die England lange Zeit zum führenden Produzenten von Gin werden ließen.

Gin kann aus vielen Rohstoffen hergestellt werden und muss nicht jahrelang in Holzfässern reifen, die Lagerung erfolgt für kurze Zeit in Stahltanks, Glas- oder Steinbehältnissen. Die internationale Craft-Bewegung der letzten Jahre hatte Gin in ihrem Fokus, wodurch der Markt heute zwischen großen Marken und kleinen Newcomern höchste Qualitäten bietet wie kaum ein Zweiter. Bekannte Marken sind Adler Gin, Beefeater, Black Gin, Bombay Sapphire, Elephant Gin, Gin Sul, Hendrick's, Gin Mare, Monkey 47, Rutte, Sipsmith, Tanqueray, The Botanist, The Duke und Windspiel.

COGNAC

COGNAC KOMMT AUS FRANKREICH. UND NUR VON DORT. DER VERMUTLICH BEKANNTESTE SPIRITUOSENEXPORT DES LANDES STAND SCHON MAL KURZ VOR DER ZERSTÖRUNG. SCHULD DARAN WAR EINE LAUS.

Er ist Frankreichs Exportschlager Nummer Eins, mehr als die Hälfte aller Cognac-Ausfuhren gehen dabei in die USA. Betrachtet man die Geschichte, ist das nicht verwunderlich: Als ursprüngliche Basis des Mint Juleps oder des Sazeracs im amerikanischen Süden, die erst mit der Zeit vom dortigen lokalen Whiskey ersetzt wurde, zählt Cognac zu den Grundpfeilern der Cocktailkultur. Auch in einem Klassiker wie dem Vieux Carré trägt französischer Cognac im Tanz mit amerikanische Rye Whiskey zur mixologischen Völkerverständigung bei.

Cognac darf sich nur der Weinbrand nennen, der in der Gegend um das nur knapp 19.000 Einwohner zählende gleichnamige Städtchen im Südwesten Frankreichs produziert wird. Der Wein wird zu 90 % aus der Rebsorte Trebbiano gewonnen, andere Sorten sind Folle Blanche oder Colombard. Der Wein wird in den Wintermonaten in der traditionellen Brennblase *Alambic charentais* gebrannt und muss danach mindestens zwei Jahre im Eichenholzfass lagern. Diese Brände werden dann mit dem Zusatz *VS* gekennzeichnet. Brände, die mindestens vier Jahre lagern, werden als *VSOP, Vieux, VO* oder *Réserve* gekennzeichnet, Destillate, die mindestens fünf Jahre lagern, als *VVSOP* oder *Grande Réserve*. Cognacs, die länger als fünf Jahre reifen, tragen den Zusatz *Extra, Napoléon, XO* oder *Vieille Réserve*.

Die Reblausplage, die durch die amerikanische Weinrebe *Vitis aestivalis* importiert wurde, zerstörte ab 1863 ein Goldenes Zeitalter des Weinbaus in Frankreich und ließ die nationale Weinproduktion um 75 Prozent schrumpfen. Als Folge verschwand auch Cognac beinahe von der Bildfläche, erst zum Wechsel ins 20. Jahrhundert erholte sich die Industrie langsam von dem Schock. Bekannte Marken sind Bowen, Camus, Chabot, Courvoisier, Davidoff, Dupeyron, Hennessy, Hine, Martell, Rémy Martin Salignac.

BRANDY

BRANDY GIBT ES DORT, WO ES WEINTRAUBEN GIBT. DER WEINBRAND IST DER URVATER DER GEBRANNTEN SPIRITUOSEN, HAT ABER NICHT DEN TRENDIGEN RUF VON GIN ODER WHISKEY. TROTZDEM IST ER ALLES ANDERE ALS AUS DER ZEIT GEFALLEN.

Als Weinbrand bzw. Brandy werden Spirituosen bezeichnet, bei denen Wein zu einem Destillat verarbeitet wird. Sie gehören zu den ältesten Destillaten der Welt, die schon um 1000 n.Chr. im arabischen Raum gebrannt wurden. Nach der Destillation reift die Spirituose zumeist in Eichenholzfässern, die Länge dieser Fasslagerung ist von Land zu Land unterschiedlich. Zu den bekanntesten Nationen, die Brandy herstellen, zählen Weinländer wie Frankreich, Deutschland, Italien, Portugal sowie südamerikanische Produzenten wie Peru und Chile (dort wird der Brand jedoch nicht gereift).

Der bekannteste Brandy ist spanischer Weinbrand mit seinem Zentrum Jerez de le Frontera im Süden des Landes; *Brandy de Jerez* ist ein geschützter Begriff. Französischer Brandy aus der Gascogne wird *Armagnac* genannt, der bekannteste Vertreter ist hingegen *Cognac*, der im Anbaugebiet um die gleichnamige Stadt nahe Bordeaux entsteht. Auch der an Popularität gewinnende südamerikanische *Pisco* ist ein Weinbrand. Im Gegensatz zu seinen europäischen Pendants, die mit Wasser auf Trinkstärke herabgesetzt werden, wird Pisco in einem einzigen Brennvorgang direkt auf Trinkstärke destilliert. Brandy ist nicht die am häufigsten verwendete Spirituose in Cocktails, aber jede Entdeckung wert und in Klassikern wie Sidecar unentbehrlich. Bekannte Vertreter sind Asbach, Cardenal Mendoza, Carlos-I, Chevalier, Vecchia Romagna, Veterano oder Barsol Pisco.

TEQUILA

TEQUILA IST EIN SPÄTEINSTEIGER IN DIE COCKTAILGESCHICHTE. ERST MIT DER MARGARITA TAUCHT DAS AGAVENDESTILLAT AM DRINKHORIZONT AUF, WO ES BEINAHE AUCH GLEICH WIEDER VERSCHWINDET. DABEI HAT MAN ES BEI DEM MEXIKANISCHEN NATIONALHEILIGTUM MIT EINER DER SPANNENDSTEN SPIRITUOSEN ÜBERHAUPT ZU TUN.

Tequila hat in den 1980er und 1990er Jahren als Namensgeber des Tequila Sunrise und als Shot mit Orange oder Zitrone einen zweifelhaften Ruf erworben, der erst langsam aus den Köpfen der Menschen verschwindet. Die Wahrheit ist nämlich: Das Agavendestillat ist ein herrliches Elixier, zum Purgenuss ebenso geeignet wie für eine Unmenge an Cocktails, allen voran natürlich der Margarita.

Als Name ist *Tequila* eine geschützte Herkunftsbezeichnung eines in einer bestimmten Region von Mexiko produzierten Destillats. Er wird zu mindestens 51 % aus fermentiertem Saft der Agavensorte *Weber Azul* hergestellt und oft mit fermentiertem Zuckerrohrsaft ergänzt. Dem gegenüber stehen hochwertigere Tequilas aus 100 % Agave. Die Agave erreicht ihre Reife nach etwa sechs Jahren, woraufhin die Herzstücke geerntet, gekocht und fermentiert werden. *Tequila Blanco* wird in Stahltanks gelagert, ebenso *Tequila Gold*, der seine Farbe nicht durch Fasslagerung, sondern durch den Zusatz von Karamell erlangt. Darüber hinaus unterscheidet man zwischen *Reposado*, der zwischen zwei und zwölf Monaten im Eichenholzfass reift, *Añejo*, der zwischen 12 und 36 Monaten im Eichenholzfass reift, sowie *Extra Añejo* bei einer Fasslagerung von mehr als drei Jahren.

Bei der Verarbeitung von Tequila in einem Cocktail kann man anstatt auf Zucker bzw. Zuckersirup gerne auf den heute leicht verfügbaren Agavendicksaft als Süßungskomponente zurückgreifen, da dieser die Agavenaromen des Tequilas wunderbar unterstützt, wie in der Tommy's Margarita oder in der Buttermilch Margarita par excellence vorgemacht wird. Bekannte Tequila-Marken sind 1800, Corralejo, Don Julio, José Cuervo, Gran Centenario, Olmeca, Sierra Tequila oder Patrón.

VODKA IST DAS, WAS MAN IN IHM SEHEN WILL. EIN BLASSER KAMERAD OHNE EIGENEN CHARAKTER. ODER EINE LEINWAND, AUF DER MAN ZEICHNEN KANN. DAS NEUTRALDESTILLAT, DAS SEINEN URSPRUNG IM OSTEN EUROPAS HAT, HAT IN JEDEM FALL EINE GROSSE FANGEMEINDE.

Fragt man in Polen, wer den Vodka erfunden hat, behaupten sie: »Wir!« Fragt man in Russland, behaupten sie: »Nichts da – wir!« Die Frage nach der Herkunft des Destillats wird nie ganz geklärt werden, aber Vodka hat sich vor allem in der Zeit nach dem Zweiten Weltkrieg rasend schnell verbreitet, eine Entwicklung, die in den 1990er Jahren ihren Gipfel erreichte. Vodka-Orange, Vodka-Cranberry, Vodka-Tonic – in Clubs wuchsen ganze Generationen mit dem Neutraldestillat auf, das aus Getreide, Gemüse oder Obst gewonnen wird.

Während im Osten aromenreichere Destillate angesagt sind, die bei Zimmertemperatur genossen werden, zeichnen sich ihre westlichen Pendants durch Geschmacksneutralität aus.

Diese Neutralität ist der Grund, weswegen viele Bartender Vokda als uninteressante Mixspirituose empfinden, andere wiederum sehen ihn als weiße Leinwand, die andere Aromen perfekt transportiert. Welcher Fraktion man sich auch immer zugehörig fühlt, der Cosmopolitan bleibt seit seiner Entstehung ein Evergreen auf den Barkarten, und gegen einen kühlen Moscow Mule ist nichts einzuwenden. Darüber hinaus kommen auch vermehrt Vodkas auf den Markt, die sich durch einen Eigengeschmack von den auf Geschmackszusätzen basierenden *Flavoured Vodkas* unterscheiden. Bekannte Marken sind u.a. Absolut, Bazic, Beluga, Belvedere, Chopin, Grey Goose, Moskovskaya, Parliament, Russian Standard, Stolichnaya, Lotus, Skyy, Smirnoff und Wyborowa.

EAU DE VIE

»EAU DE VIE« KLINGT WEITAUS WELTGEWANDTER ALS »OBSTBRAND«. DIESE VIELSEITIGE KATEGORIE GILT ALS SENKRECHTSTARTER IN DER COCKTAILKULTUR, DEREN VIELFALT UND MIXABILITY SCHIER GRENZENLOS SCHEINT. ABER DAS WAR NICHT IMMER SO.

Eau de Vie ist die französische Übersetzung des lateinischen Begriffes *Aqua vitae*, der übersetzt wiederum »Lebenswasser« oder »Wasser des Lebens« bedeutet. Diese Bezeichnung kommt auch nicht von ungefähr. Denn wenn man so will, stand das Eau de Vie am Anfang von allem, was heute an Spirituosen in den Cocktailshakern und Rührgläsern dieser Welt landet.

Wie alles begann …

Den genauen Ursprung der Destillation wird man wohl nie ganz feststellen können. Einige primitive Völker sollen Spirituosen hergestellt haben, aber es wird bezweifelt, dass sie tatsächlich den Vorgang der Destillation beherrschten, da dieser eine Technik erfordert, die erst mit dem Mittelalter aufkam. Das Grundwissen war jedoch schon lange vorhanden. Bereits Aristoteles schrieb: »Salzwasser wird süß, wenn es zu Dampf wird, und der Dampf wird nicht wieder zu Salzwasser, wenn er kondensiert. Das weiß man durch Experiment. Dasselbe kann auf alles angewendet werden: Wein und alle Flüssigkeiten, die verdampfen und wieder flüssig werden, sind Wasser.«

Etwas Feines

Das, was wir jedoch den Grundstein der modernen Destillation und somit des »Wassers des Lebens« nennen, kommt aus dem arabischen Raum, von dort, wo auch das Wort Alkohol entsteht – *al khol* oder *al-ghawl*, was so viel bedeutet wie »etwas Feines«. Es beginnt mit den Arbeiten und Forschungen des arabischen Wissenschaftlers und Mediziners al-Kindi (ca. 800 – 873) und erreicht über al-Farabi (ca. 872 – 951) und Avicenna (980 – 1037, der auch als der Urvater der Aromatherapie gilt) Europa. Dort greift

der französische Wissenschaftler Arnaud de Villeneuve (ca. 1235–1311) das Wissen auf und benutzt erstmals den Begriff *aqua vitae* – oder eben *Eau de Vie* auf Französisch. Weitere Gelehrte, die die Kunst der Destillation vorantreiben, sind Ramon Llull (ca. 1232–1316) oder der deutsche Dominikanermönch Albertus Magnus (1206–1280).

Als der deutsche Wundarzt Hieronymus Brunschwig (ca. 1450 – 1512) im Jahr 1500 sein Werk *Das Buch der rechten Kunst zu distillieren die eintzigen Ding* herausbringt, der Nachwelt besser bekannt als *Kleines Destillierbuch*, nehmen die Dinge nicht zuletzt durch die Erfindung des Buchdrucks ihre rasante Entwicklung. In seinem Werk erörtert Brunschwig interessante Methoden, die Qualität des Destillats zu verbessern, indem man etwa ein luftdicht verschlossenes befülltes Gefäß wochenlang in Pferdemist vergräbt. Auch dass ein mit Blumen befülltes Glas vierzehn Tage in einem Ameisenhaufen vergraben werden soll, mag den Leser aus heutiger Sicht eher amüsieren. Aber vor allem beschreibt der Arzt, der 1512 sein *Großes Destillierbuch* folgen lässt, Aufsätze wie den *Alembic* und weitere Methoden, die auch heute noch so bezeichnet werden.

Von Mönchen und Alchemisten

Nicht von ungefähr werden die Destillate, die mit diesen Geräten entstehen, »Wasser des Lebens« genannt: Sie entstammen einer Zeit, in der sie schlichtweg dazu erdacht und entwickelt wurden, das Leben zu verbessern und zu verlängern. Destillate sind haltbar und werden im Gegensatz zu Wein, Bier oder Wasser nicht schlecht und somit gesundheitsgefährdend. Das ist nicht unwichtig für eine Bevölkerung, die sich gerade erst von den großen Pest-Pandemien erholt hat. Schlechtes Wasser wird mit Alkohol verdünnt wieder trinkbar gemacht. Die Lagerfähigkeit der Spirituosen ist auch in der Zeit der Entdeckungen und der transatlantischen Schifffahrt ein entscheidender Vorteil. Zur langen Haltbarkeit kommt eine weitere sehr praktische Eigenschaft: Ein Fass Schnaps benötigt wesentlich weniger Platz als zehn Fässer Bier. Schließlich sind gebrannte Destillate als Mittel zur Desinfektion von Wunden ein wesentlicher Teil der Medizin – nicht von ungefähr wurde ihre Entwicklung von dieser vorangetrieben. (Wir kennen alle die Bilder von Cowboys, die sich eine Kugel aus dem Körper holen, aber in der Abgeschiedenheit der Wildnis nicht viel mehr tun können, als auf ein Stück Holz zu beißen und den letzten Whiskey über die Wunde laufen zu lassen.)

So steht auch in Brunschwigs Buch der medizinische Aspekt im Mittelpunkt, nicht der Genuss. Die Kunst der Destillation entsteht nicht durch Landwirte, die ihr übriges Getreide oder ihre übrig gebliebenen Früchte verarbeiten wollen, sondern durch Ärzte, Mönche, Alchemisten; Menschen die – durchaus gegen konservative Strömungen und oft unter Einsatz des Lebens oder wenigstens des persönlichen Rufes – das tun, was Wissenschaftler schon immer taten: dem Leid der menschlichen Existenz etwas entgegensetzen. Sie forschen und arbeiten an dem, was sie »Wasser des Lebens« nennen, weil es genau diesen Zweck erfüllen soll.

Der Effekt war natürlich auch ein anderer. Die Menschen waren derartig starke Spirituosen schließlich nicht gewohnt. So manche

Berichte aus dieser Zeit haben in ihrem Kern die überraschte Feststellung, dass Männer, deren Konstitution gerne mit denen von Baumstämmen verglichen wird, nach dem Konsum von zu viel aqua vitae der Länge nach ausgestreckt auf dem Boden landen. Damals wie heute eben gilt: Es ist ein Unterschied, ob man drei Becher Bier oder drei Becher Schnaps trinkt. Diese ersten Komatrinker waren auch der Grund, weswegen so manch mahnende Stimme im »Wasser des Lebens« durchaus auch sein Gegenteil sah.

Wenn Begriffe laufen lernen

Aber dennoch begegnete man ihm in dieser Zeit überall und ständig. Auch der Ausdruck *Whisky* geht auf Aqua Vitae zurück, selbst wenn beide Begriffe auf den ersten Blick nicht viel gemeinsam zu haben scheinen. 1494 wird der Begriff *aquavite* erstmals verwendet, als der Benediktinermönch John Cor rund 400 Flaschen auf Anordnung des Königs James IV. herstellt, wobei *aquavite* die Übersetzung des gälischen *Uisge Beatha* ist. Dies zeigt auch die wichtige Rolle, die Klöster in der damaligen Zeit in der Produktion und Verbreitung des Lebenswassers hatten. Damals entstanden einige heute noch in jedem Barbetrieb vorhandene Spirituosen wie Chartreuse oder Bénédictine. Natürlich ist auch *Aquavit*, der vor allem in Skandinavien bekannte Kümmel-Dill-Brand, ein linguistisches Kind dieser Zeit.

Aber ob Whisky oder Aquavit, diese Sprösslinge stehen heute längst auf eigenen Beinen, und obwohl Eau de Vie nach wie vor als Oberbegriff auch dafür verwendet werden kann, versteht man heute hauptsächlich Obstbrände darunter. Auch die Herstellung hat sich sehr verändert, seit Brunschwig seine Rohstoffe in einem Ameisenhaufen vergrub. Das zeitgenössische Eau de Vie wird aus Kernobst, Steinobst, Beerenfrüchten oder Trester (dem Überrest der Weinmaische) gewonnen. Beim Kern- wie Steinobst wird die vergorene Fruchtmaische verarbeitet, Beerenfrüchte werden zuerst mazeriert und anschließend destilliert. Die Lagerung erfolgt in Ton-, Glas- oder Steinbehältnissen, wobei teilweise auch Eichenholzfässer verwendet werden, wie etwa beim *Calvados,* dem Apfelbranntwein aus der französischen Normandie, der, aus Cidre oder Birnenmost gebrannt, zweifach destilliert wird und heute weitestgehend den klassischen amerikanischen *Applejack* ersetzt hat.

Dazu ein kleiner Exkurs: Applejack wurde in den britischen Kolonien an der amerikanischen Ostküste hergestellt und ist Bestandteil vieler klassischer Cocktails. Der *Jack Rose*, der auf Applejack beruht, ist eine der sechs Basiskategorien, die David Embury in seinem wegweisenden Buch *The Fine Art of Mixing Drinks* aus dem Jahre 1948 kategorisiert. Weniger bekannt ist, dass der berühmte Spruch »An apple a day keeps the doctor away« auf Applejack zurückgeht. Die Alkoholgegner der Prohibitionsbewegung zerstörten Apfelbäume, weil diese die Grundlage für Applejack waren. Der Spitzname der Spirituose lautete aufgrund ihres hohen Alkoholgehalts und ihrer durchaus unberechenbaren Folgen auch *Jersey Lightning*.

Kerngebiete

Die Hauptbrenngebiete von Eau de Vie – in denen auch die höchsten Qualitäten erzielt werden – sind traditionell jedoch Deutschland, Frankreich, Schweiz, Österreich und Italien, mitunter auch Länder aus dem osteuropäischen Raum. In der Cocktailkultur hatten Obstbrände lange Zeit ein schlechtes Image – oder vielmehr ein nicht vorhandenes. In der Bar spielten vornehmlich die Big Five die ersten Geigen: Whisk(e)y, Gin, Rum, Tequila und Cognac. Der Obstbrand war etwas, das als Kirschwasser, als Williams-Birne oder als Grappa auf der Digestif-Karte der Restaurants schlummerte und als kurzer Verdauungsschnaps für den Herrn Ministerialrat zum Einsatz kam. In der Tiki-Kultur hatte Obstbrand nichts zu suchen, in den Flying-Cangaroos-Seventies schon gar nicht. Auch die ersten Revivals der 1990er Jahre beschäftigten sich vornehmlich mit alten Rezepturen aus dem 19. Jahrhundert, die sich eben um die großen Spirituosen drehten. Bis auf ein paar Ausnahmen in kleinen Barzirkeln waren die Eaux de Vie von der Teilnahme am Cocktailspiel ausgeschlossen. Erst mit der Renaissance der Bar im neuen Jahrtausend hat auch der Obstbrand zu einer Neudefinition gefunden und sein verstaubtes Image hinter sich gelassen. Der Grund ist leicht erklärt: Die hohe Schaffenskraft einer vitalen Barkultur trifft auf eine noch nie dagewesene Qualität aus den Brennblasen der Produzenten.

Die Qualität der Eaux de Vie ist hoch wie nie, ihre Reinheit und Geschmacksintensität erlaubt es, völlig neue Wege einzuschlagen. Welches Obst man auch mag, hervorragende Produkte stehen bereit, seien es klassische Geschmacksrichtungen wie Mirabelle, Quitte, Aprikose, Himbeere, Williamsbirne oder Kirschwasser oder auch neue Aromen wie Walnuss, Gurke, Rote Beete oder Fichtensprosse. Brenner wie Christoph Keller in der Schwarzwälder Stählemühle, Hans Reisetbauer in Österreich oder Florian Faude am Kaiserstuhl – um nur einige zu nennen – destillieren alles von der ausgefallenen Wurzel bis zu Nadelhölzern, und wenn mal jemand alte Schuhe einmazeriert, um ein Lederaroma zu kreieren, würde das auch keinen mehr wundern. Christoph Keller beschwört die »Seele der Frucht«, die er in seinen Destillaten zum Vorschein bringen will. Nur handverlesene Früchte kommen in diese Eaux de Vie, denn diese Brenner wissen, dass auch nur ein einzelner saurer oder schlechter Pfirsich einen Einfluss auf das gesamte Resultat haben kann. Manche dieser Produzenten können einzelne Flaschen ihrer Range einzelnen Bäumen ihrer Wiesen zuordnen.

Die neue Vielfalt

Diese Vielfalt erlaubt es Bartendern wiederum, nie gesehene Kombinationen auf den Cocktailkarten umzusetzen. Eaux de Vie sind auf diese Weise integrale Bestandteile eines ganzen Barkonzepts. So »übersetzt« Arnd Henning Heissen in seiner *Fragrances*-Bar im Berliner Ritz-Carlton bekannte Parfums ins Glas. Die hohe Qualität der Obstbrände und ihr ausgeprägtes Aromenprofil erlauben es ihm, Parfums von Annick Goutal oder Issey Miyake zu dekonstruieren und mit Spirituosen wieder zusammenzustellen. Das Resultat im Glas schmeckt dann auf dem Gaumen wie der Duft in der Nase. »Der Ansatz sollte sein: Obstbrand ist ein Flavoured Vodka, der Früchte in Drinks ersetzen kann. Wenn man Birnenbrand erzeugt, warum sollte ich einen Flavoured

Vodka nehmen, der aus purer Chemie besteht? Ein Obstbrand ist ehrlicher und authentischer. Durch einen hochwertigen Brand kann ich Zucker ersetzen, ebenfalls ein wichtiges Thema in einer Zeit, in der immer mehr Menschen auf Zucker verzichten«, so der quirlige Heissen.

In seinem *Lost in Grub Street* hat Oliver Ebert ebenfalls eine ganze Sektion seiner Karte regional produzierten Obstbränden gewidmet. »Obstbrand ist die Königsdisziplin des Brennens«, erklärt der führende Bartender dem Magazin *Mixology*. »Er bietet ein unglaubliches Aromenspektrum und einen extrem langen Abgang. Ein hochwertiger Brand lockt Aromen hervor, die man in der frischen Frucht gar nicht schmecken kann, die Schärfe des alkoholischen Brandes ist dabei gleich Null. Man kann wirklich nach der Frucht gehen und sich wie beim Essen im Restaurant fragen: Habe ich Lust auf Mandarine in Kombination mit Koriander?«

Es muss aber auch nicht immer ein intellektuell-konzeptioneller Überbau sein. Es geht auch einfacher, wie beispielsweise der Cocktail *One Pear for the Road* aus dem Stuttgarter *Ciba Mato* beweist – bestehend aus Williamsbirne, St. Germain, Cointreau, Limettensaft und weißem Rohrzucker. Aber all diese Beispiele verdeutlichen: Die moderne Bar entreißt das Eau de Vie sukzessive den Digestif-Sektionen schmieriger Kleinstadtrestaurants.

Eyes wide open

Eine Folge dieser Entwicklung ist, dass viele Brenner ihr eigentliches Kerngeschäft erweitern und ihre hohe Brennkompetenz in andere Produkte einbringen, die wiederum zum Kerngeschäft einer Bar gehören. So entsteht eine gegenseitige Befruchtung, die sich in den Backboards der Bars wiederfindet. Gin kommt aus England, Rum aus der Karibik, Whisky aus Schottland? Mitnichten. Die in der Nähe von Hamburg gelegene Feingeisterei begeistert mit ihrem Don Ruffin Rum, Felix Kaltenthaler aus Worms importiert für seinen Revolute Rum Melasse aus Papua-Neuguinea und fermentiert sie mit eigens gezüchteter Hefe. Hans Reisetbauer brachte bereits 2006 seinen gefeierten Gin Blue auf den Markt. Inspirationsquelle für den österreichischen Brennmagier war ein Besuch in einer Bar, und das nicht in irgendeiner: 2005 war er im *Pegu Club* von Audrey Saunders und trank einen augenöffnenden Gin & Tonic. Nicht von ungefähr wurde der Gin-Hype der letzten Jahre vom in der Stählemühle entworfenen Monkey 47 entscheidend angeschoben.

Augenöffnend ist vielleicht der Prozess, der das symbolisiert, was mit Eau de Vie passiert. Das »Wasser des Lebens« dient heute nicht mehr wie in den Zeiten seiner Entstehung als flüssiges Schweizermesser zwischen Medizin und Mahlzeit. Es ist ein hochwertiges Medium, um Geschmäcker und Aromen zu transportieren, die eine riesige Spielwiese voller Düfte, Aromen, Farben und Fantasien ergeben. Geeignet für den Purgenuss ebenso wie für umwerfende Cocktails.

LIKÖRWEINE

LIKÖRWEINE WERDEN AUCH SÜDWEINE GENANNT. DAMIT IST IHRE HERKUNFT AUCH SCHON PREISGEGEBEN: SIE SIND EINE TRADITION DER SÜDLICHEN EUROPÄISCHEN LÄNDER, VORNEHMLICH SPANIEN, PORTUGAL, ITALIEN UND FRANKREICH.

Das Charakteristikum für Likörweine ist die Beigabe von hochprozentigem Alkohol während des Gärungsprozesses. Dieser Vorgang nennt sich *Mutage*. Die aufgespriteten Weine nehmen eine wichtige Rolle in der Aperitif- und Digestifkultur ein.

1 • MADEIRA

Beim Madeira werden die aufgespriteten Weine in Edelstahltanks erhitzt. Die klassische Methode, diese auf natürliche Art und Weise dem karamellisierenden Effekt der Sonnenhitze auszusetzen, wird kaum noch angewendet. Die Reifung erfolgt in Eichenholzfässern, der Alkoholgehalt liegt bei 18 bis 21 % Vol. Die Weine dürfen nicht vor dem 31. Oktober des zweiten Jahres nach der Weinlese in Flaschen abgefüllt werden.

2 • SHERRY

Spanischer Sherry wird vornehmlich aus der weißen Rebsorte *Palomino Fino* hergestellt. Die Reifung geschieht in Eichenholzfässern. Erfolgt die Füllung so, dass der gelagerte Wein viel Kontakt mit Luft hat, entsteht ein Hefeteppich, *Flor* genannt, der den Wein bei nicht stark aufgespriteten Sorten vor Oxidation schützt. Hier ist als Endprodukt der *Fino* zu nennen. Der *Oloroso* ist ein trockener Sherry, der ohne Florschicht unter oxidativem Einfluss entsteht und kräftiger ist als ein Fino. Alle Sherrys lagern mindestens drei Jahre im speziellen Solera-System, bei dem mehrere Fässer übereinander gestapelt werden. Die Abfüllung wird jeweils dem letzten, untersten entnommen, das dabei aber nie leer gemacht wird, sondern immer von den oberen befüllt wird. Dieses Blending wird heute großteils automatisch erledigt.

3 • PORT

Portwein stammt aus der Region Douro im Nordosten Portugals. Er reift mindestens zwei Jahre im Holzfass und danach in der Flasche, der Alkoholgehalt beträgt 19 bis 22 % Vol. *Ruby* ist hauptsächlich in der Flasche gereifter Portwein aus roten Trauben, als *Tawny* wird im kleinen Fass weitergereifter Portwein bezeichnet. Hinzu kommen noch *Rosé Port* und *White Port* aus weißen Trauben, der sich einer steigenden Beliebtheit in Longdrinks mit Tonic Water erfreut. Niemals mischen sollte man hingegen den sündhaft teuren, oft Jahrzehnte in der Flasche gereiften *Vintage Port*.

WERMUT

WERMUT IST EIN ESSENTIELLER BESTANDTEIL DER COCKTAILKULTUR. OB TROCKEN ODER SÜSS, STELLT DER SPARRINGSPARTNER VIELER KLASSISCHER DRINKS EINE BESONDERE FORM DES SÜSSWEINS DAR.

Manhattan, Martini, Martinez – kein Klassiker aus der zweiten Hälfte des 19. Jahrhunderts, dem goldenen Zeitalter des Cocktails, der nicht als Modifier den aufgespriteten Wein, den Antonio Benedetto Carpano 1786 in Turin erfunden hat, zur Seite stehen hat.

Wermut zeichnet sich dadurch aus, dass Wein mit Zucker, Kräutern, Früchten und Gewürzen aromatisiert und mit Alkohol aufgespritet wird. Der vorgeschriebene Alkoholgehalt muss zwischen 14,5 und 21,9 % Vol. betragen. Die Hauptgattungen sind trockener, süßer (roter) Wermut und extra trockener (weißer) Wermut. Herstellungsländer sind vor allem Italien, Frankreich und Spanien, aber die wieder erstarkte Wertschätzung des aufgespriteten Weins führt dazu, dass Wermut weltweit produziert wird. Bekannte Marken sind Belsazar, Burschik, Carpano Antica Formula, Cinzano 1757, Dolin, La Quintinye, Martini e Rossi, Noilly Prat und Yzaguirre.

CHAMPAGNER

CHAMPAGNER IST DER PERLENDE KÖNIG DER SCHAUMWEINE. FÜR VIELE PURISTEN IST DESSEN VERARBEITUNG IN EINEM COCKTAIL EIN SAKRILEG. ABER DIE HABEN VIELLEICHT NOCH KEINEN OLD CUBAN ODER FRENCH 75 GETRUNKEN.

»Ich trinke Champagner nur bei zwei Gelegenheiten: Wenn ich verliebt bin und wenn ich es nicht bin.« (Coco Chanel) Oder: »Champagner! Im Sieg hat man ihn verdient, in der Niederlage hat man ihn nötig.« (Napoleon Bonaparte) Oder: »Zur Erinnerung, Gentlemen, wir kämpfen nicht nur für Frankreich – wir kämpfen für Champagner!« (Winston Churchill)

Wohl kaum ein Getränk kann auf eine derart ruhmreiche Zitatsammlung verweisen wie der französische Edelschaumwein. Nur Produkte aus der französischen Region Champagne dürfen sich *Champagner* nennen. Andere französische Schaumweine, deren Gärung in der Flasche stattfindet, werden *Crémant* genannt, die spanischen Vertreter heißen *Cava*, in Deutschland sagt man *Sekt* bzw. *Winzersekt* dazu. Champagner jedoch unterliegt den strengsten Vorschriften, wie etwa der händischen Ernte der Trauben. Zunächst wird durch alkoholische Gärung der Grundwein hergestellt, für die meisten Champagner werden verschiedene Jahrgänge miteinander verschnitten. Die zweite Gärung erfolgt durch Zugabe von Hefe in der Flasche. Die Geschmacksrichtungen gehen von *Ultra Brut* (sehr trocken) über *Brut*, bis *Sec* und *Demi Sec* (am meisten Restzucker pro Liter).

Cocktails wie dem French 75, dem Bellini oder dem Old Cuban verleiht Champagner eine spritzige Note, der Champagner Cocktail ist einer der zehn ersten Cocktails, die in Jerry Thomas' Buch von 1862 erwähnt wurden. Schon dessen Zeitgenosse Mark Twain wusste: »Alles, von dem man zu viel hat, ist schlecht. Aber zu viel Champagner ist gerade richtig.«

COCKTAIL BITTERS

COCKTAIL BITTERS HABEN DEN COCKTAIL URSPRÜNGLICH ERST ZU DIESEM GEMACHT. NACH WIE VOR SIND DIE WÜRZTINKTUREN ESSENTIELLE ZUTATEN DER TRINKKULTUR. DIE BITTERE WAHRHEIT IST: VIELLEICHT SOGAR MEHR DENN JE.

Bitters sind alkoholische Würzzutaten, die im Gegensatz zu den Bitterspirituosen dem Cocktail in Form von *Dashes*, also kleinen Tropfen, beigegeben werden. Die mittels Mazeration hergestellten Tinkturen sind ein wesentliches Element der Cocktailkultur. Sie stellen entweder eine Geschmacksrichtung in den Vordergrund – wie *Chocolate* oder *Celery Bitters* – oder sind Würzmischungen mit verschiedenen Aromen, sogenannte *Aromatic Bitters*, wie der bekannteste aller Bitters, der Angostura. Kein Old Fashioned, kein Manhattan, kein Dirty Old Bastard ohne diese vom deutschen Arzt Johann Gottlieb Benjamin Siegert erfundenen Bitters, die ursprünglich dem Kampf gegen Tropenkrankheiten dienen sollten.

Gerade in den 2000er Jahren hat der Trend zu selbst gemachten Bitters die Barkultur stark beeinflusst. Die 2006 in München gegründete Firma The Bitter Truth sorgte für ein breites Sortiment verfügbarer Bitters, auch der Cocktail-Guru Gary Regan bringt seinen eigenen Bitters auf den Markt, ebenso »King Cocktail« Dale DeGroff. Ein großer Klassiker ist Peychaud's Bitters, ein weiterer wichtiger Hersteller ist die seit dem 19. Jahrhundert in Familienbesitz befindliche Firma Fee Brothers.

ABSINTH

ABSINTH WIRD AUCH »DIE GRÜNE FEE« GENANNT. IM 19. JAHRHUNDERT ALS INSPIRATIONSQUELLE NAHEZU IM ALLEINGANG VERANTWORTLICH FÜR DIE HALBE KULTURGESCHICHTE, WURDE ER LANGE ZEIT WEGEN SEINER VERMEINTLICHEN NEBENWIRKUNGEN IN DIE KATAKOMBEN VERBANNT. HEUTE DARF DIE FEE WIEDER IN DEN GLÄSERN GLÄNZEN.

Absinth stammt vom französischen *absinthe*, das ursprünglich *Wermut* bedeutet. Bei der Herstellung werden »Wermut«, Anis und Fenchel in Neutralalkohol mazeriert und mit Pflanzen wie Koriander, Wacholder, Muskat, Ysop oder Zitronenmelisse destilliert. Ein Bestandteil des ätherischen Öls des Wermuts ist Thujon, dem die dem Absinth im 19. Jahrhundert zugeschriebenen Effekte wie Halluzinationen, Schwindel, Wahnvorstellungen und geistiger und körperlicher Verfall zugerechnet wurden. Der Grund war aber vielmehr der hohe Alkoholgehalt (bei schlechter Qualität des Ausgangsstoffes) des Absinths, der 30 bis 90 % Vol. betragen kann.

Absinth ist in der zweiten Hälfte des 18. Jahrhunderts im schweizerischen Val-de-Travers entstanden, dem heutigen Kanton Neuenburg (Neuchâtel). Ursprünglich Bestandteil von ersten Cocktails wie dem Sazerac, aber auch unentbehrlich im *Corpse Reviver No. 2* oder in einigen von Donn Beachs ursprünglichen Tiki-Rezepturen, wurde Absinth in der Zeit seines Verbots durch Alternativen wie Pastis ersetzt, der mit 40 bis 45 % Vol. wesentlich weniger Alkoholgehalt aufweist. Wie andere Anisspirituosen wie Raki oder Ouzo wird Absinth mit Wasser verdünnt getrunken, teilweise auch mit Zucker. Bei der Verwendung in Cocktails ist es eine populäre Methode, das Trinkglas lediglich mit Absinth auszuschwenken bzw. zu benetzen, um die Anisnote in den Drink zu bekommen. Hersteller sind Absinthe Ordinaire, Elixir du Pays des Fées, François Guy, Gaudentia Persoz, L'Interdite, Nemesinthe, Slaur, Tabu, Viridis Auxilium.

AMARO

AMARO ODER KRÄUTERBITTER WIRD GERNE NACH DEM ESSEN ALS DIGESTIF EINGENOMMEN. DAS VERSTAUBTE IMAGE DES VERDAUUNGSSCHNAPSES ALLERDINGS MUSS NICHT SEIN UND DARF AUFGEBROCHEN WERDEN.

Wenn es nach dem Essen an die Verdauung geht, greifen viele Menschen auf einen Magen- oder Kräuterbitter zurück. Das ist eine jahrhundertealte Tradition, auch wenn der Alkoholanteil der verdauungsfördernden Wirkung eher im Wege steht. Aber man erzähle das einem Italiener, der seinen Ramazotti schwingt!

In Cocktails kommen die Magenbitter seltener zum Zug. Ausnahmen bilden Klassiker wie der Hanky Panky von Ada Coleman. Allerdings hat der Gaumen des 21. Jahrhunderts das Bittere als Genuss erkannt und legt die Reste der Evolution ab – bitterer Geschmack galt unseren Vorfahren als Zeichen von giftigen und gefährlichen Stoffen und weniger als Genussmittel. Das erklärt im Umkehrschluss auch den Hang zum Süßen.

Amari kommen nun vermehrt in Cocktails zum Einsatz und legen ihr Image als Verdauungsschnaps ab. Auch in Longdrinks etwa mit Tonic Water darf man sie probieren. Die Aromatisierung der Basisspirituose wird mit natürlichen oder naturidentischen Geschmacksstoffen erzielt, und das Produkt muss einen Alkoholgehalt von mindestens 15 % Vol. aufweisen. Bekannte Marken sind Averna, Cynar, Fernet Branca, Gammel Dansk, Jägermeister, Ramazotti, Underberg, Unicum.

LIKÖRE

LIKÖRE SIND OFT DAS SALZ IN DER COCKTAIL-SUPPE. WENN SIE NICHT SO SÜSS WÄREN. DIE FAMILIE DER LIKÖRE IST EIN SCHWER ZU KATEGORISIERENDES SAMMELSURIUM AN AROMEN, STÄRKEN, FARBEN UND ZUCKERGEHÄLTERN. ABER SIE TAUCHEN IMMER WIEDER IN COCKTAILS AUF UND SIND IN MANCHEN UNENTBEHRLICH.

Liköre sind Spirituosen mit einem Anteil von mindestens 100 Gramm Zucker pro Liter. Da Zucker lange Zeit ein Luxusgut war, galten Liköre bis in das 17. Jahrhundert als ein Vergnügen der oberen Schichten. Sie werden durch Mazeration gewonnen, heute neben der klassischen Technik auch durch Mischung von Fruchtsirup und Aromen mit Zucker, Alkohol und Wasser. In der arbeitsintensiven Erntezeit friert man Fruchtauszüge oft ein, um bei Bedarf die Liköre frisch herzustellen. Ihre Farbe erhalten viele Produkte durch Farbstoffe.

1 • KRÄUTERLIKÖR

Kräuterlikör wird ein auf der Basis verschiedener Kräuter, Pflanzen und Gewürze hergestellter Likör genannt. Oft wird er in einem Atemzug mit klassischen Magenbittern wie Fernet genannt.

Chartreuse

Dieser intensive Kräuterlikör gilt als Bartender-Liebling. Es gibt Chartreuse in den Farben grün (*Chartreuse Verte,* 55 % Vol.) und gelb (*Chartreuse Jaune,* 40 % Vol). Bereits zu Beginn des 17. Jahrhunderts von den Kartäusermönchen in Frankreich hergestellt, soll das Geheimnis der Essenz auch heute nur zwei Mönchen im Mutterkloster, der Großen Kartause bei Grenoble, bekannt sein.

D.O.M. Bénédictine

Und schon wieder ein Klosterlikör: Der Vorläufer dieses Likörs ist bereits 1510 entstanden, zur – selbstverständlich geheimen – Rezeptur sollen 27 Kräuter und Gewürze gehören. Bei 40 % Alkoholgehalt und 330 Gramm Zucker pro Liter ist der Bénédictine ein intensiver Likör, der als Modifier im Vieux Carré dient, aber, wie in einem Monk Sour, auch die Basis eines Cocktails bilden kann.

Campari

Als wichtiger Bestandteil des Negroni gehört der Kräuterbitter aus Italien in den meisten Bars in den Pouring-Bereich. Mit 25 % Alkoholgehalt ist der rote Klassiker mit dem bittersüßen Geschmack im mittleren Bereich angesiedelt. Laut Campari werden 86 verschiedene Wurzeln, Kräuter, Gewürze und Früchte verarbeitet; bis heute wird nach dem Originalrezept hergestellt. Die Zutaten werden in destilliertem Wasser eingeweicht und mit Ethylalkohol versetzt.

Aperol

Geschmacklich ähnlich dem Campari, weist der ursprünglich aus der Gegend um Padua stammende Likör mit 15 % jedoch wesentlich weniger Alkohol auf. Wird aus Rhabarber, Bitterorangen, Enzian, Chinarinde und verschiedenen Kräutern hergestellt.

Pimm's

Namensgebend für die Likörmarke war James Pimm (1798–1873), ein Austernhändler, der um 1823 sein *Pimm's Oyster Warehouse* eröffnete. Als Begleitung zu den Austern soll Pimm um 1840 einen *House Cup,* ein Mixgetränk auf der Basis von Gin, serviert haben. Dabei soll es sich um den Vorläufer des heutigen *Pimm's No. 1* gehandelt haben. Die Nummerierung beruht auf der Tatsache, dass es mehrere Varianten gab – wie *Pimm's No. 2* mit Whisky. Der kräutrig-würzige Likör weist 25 % Alkoholgehalt auf.

Galliano

Wenn von Galliano die Rede ist, ist meist der *Galliano Vanilla* gemeint. Dieser süß-würzige Vanillelikör mit 30 % Alkoholgehalt war bis 2008 als einziger außerhalb Italiens zu erhalten. Er ist etwas leichter als der wieder erhältliche *Galliano l'Autentico,* der aus mehr als 30 verschiedenen Kräutern hergestellt wird und mit 42,3 % Vol. hochprozentiger, schärfer und würziger ist.

2 ♦ FRUCHTLIKÖR

Fruchtliköre bestehen aus hochprozentigem Alkohol, der mit Zucker und Frucht gemischt wird. Das Produkt muss einen Fruchtanteil von 20 % aufweisen, bei den meisten ist der Anteil wesentlich höher. Der Alkoholgehalt beträgt zwischen 15 und 40 % Vol.

Curaçao bzw. Orangenlikör

Dieser wird aus den Schalen der charakteristischen Pomeranzen-Frucht der Insel Curaçao gewonnen und ist eine essentielle Zutat für viele Cocktails, etwa die White Lady oder die Margarita. Der Mindestalkoholgehalt des Likörs beträgt 20 % Vol., solche mit über 30 % werden *Triple Sec* genannt. Bekannte Produkte sind Bols, DeKuyper, Cointreau, Grand Marnier oder Pierre Ferrand Dry Curaçao.

Maraschino

Maraschino ist ein Kirschlikör und wird aus der Maraska-Kirsche hergestellt, einer aus Dalmatien stammenden Sauerkirschsorte. Nach der europäischen Spirituosenverordnung hat Maraschino einen Mindestalkoholgehalt von 24 % Vol. und einen Mindestzuckergehalt von 250 Gramm pro Liter. Er darf für einen Martinez oder einen Last Word in keiner Hausbar fehlen. Die einzig ernsthafte Marke ist der Maraschino aus dem kroatisch-italienischen Hause Luxardo.

Apricot Brandy

Apricot Brandy kann ein aus fermentierten Aprikosen destillierter Eau de Vie sein oder ein aus Aprikosen und Kernen produzierter Likör. Typische Produkte stammen von Bols, Maraska Apricot und Marie Brizard Apry.

Beerenliköre

Eine große Familie, von der der Chambord Liqueur Royale de France zu nennen ist, ein französischer Vertreter mit 16,5 % Vol., der aus schwarzen Himbeeren, Brombeeren, XO Cognac, Madagaskar-Vanille, Honig, Zitronenzesten und Kräutern hergestellt wird.

3 ♦ CRÈME-LIKÖRE

Der Zusatz »Crème« steht nicht etwa für Sahne, sondern für Liköre mit einem besonders hohen Zuckergehalt. Für in der Europäischen Union vertriebene Produkte sind mindestens 250 Gramm pro Liter bei einem Alkoholgehalt von mindestens 15 % Vol. vorgeschrieben, in vielen Fällen ist noch deutlich mehr Zucker enthalten.

Crème de Cassis

Der Likör auf der Basis von schwarzen Johannisbeeren stammt ursprünglich aus der Gegend um das französische Dijon. Die Beeren müssen innerhalb von 24 Stunden nach der Ernte verarbeitet werden. Als Sweetener vor allem im Kir Royal verwendet.

Crème de Menthe

Der Pfefferminzlikör wird in der Bar vor allem mit einem Cocktail assoziiert: dem Grasshopper, einer Mischung aus Crème de Menthe, Crème de Cacao und Sahne. Auch wenn man besser die Variante von Jeffrey Morgenthaler mit Fernet Branca, Salz und Vanilleeis probieren sollte.

Crème de Violette

Der Veilchenlikör ist der Vorläufer des *Parfait Amour*, einer um 1900 beliebten Zutat in Cocktails und den in mehreren Likörschichten gelayerten Pousse Cafés, der jedoch in Vergessenheit geriet. Der Likör mit der markanten blauvioletten Farbe ist Bestandteil in Cocktails wie dem Aviation und wird mittlerweile wieder hergestellt, u. a. von Giffard, Monin und The Bitter Truth.

Crème de Cacao

Den Kakaolikör gibt es in zwei Varianten, braun und weiß (farblos). Die helle Variante ist etwas süßer und hat den Vorteil, dass sie den Drink nicht färbt. Der dunkle hat einen höheren Kakaoanteil und ist etwas herber im Geschmack.

Crème de Mûre

Der Brombeerlikör Crème de Mûre ist Bestandteil von Dick Bradsells Neo-Klassiker Bramble.

4 • KAFFEE- & NUSSLIKÖRE

Kaffeelikör besteht aus gebrühtem Kaffee und hochprozentigen Spirituosen, etwa Vodka, Tequila, Rum, Obstbrand oder Whisky.

Kahlúa

Der mexikanische Likör auf der Basis von Kaffee, Vanille und Zuckerrohr hat 20 % Vol. Alkoholgehalt. Spätestens seit sich Jeff Bridges als The Big Lebowski in den 1990er Jahren einen White Russian nach dem anderen hinter die Binde kippte, kommt keine Bar mehr ohne Kaffeelikör aus.

Tia Maria

Kein spanischer Likör, wie der Name (übersetzt: »Tante Maria«) vermuten lässt, sondern eine Erfindung aus Jamaika. Vanille, Blue-Mountain-Kaffee und jamaikanischer Rum bilden die Grundlage dieses Likörs.

Amaretto

Der ursprünglich aus Italien stammende Likör muss mindestens 15 % Vol. und wenigstens 100 g Zucker je Liter enthalten. Sein nussiger, marzipaniger Geschmack stammt von Aprikosenkernen, die man heute in der Herstellung verwendet, seinen Namen hat er jedoch von den weitaus teureren Bittermandeln, die traditionell für seine Zubereitung verarbeitet wurden.

5 ◆ WHISKYLIKÖR

Whiskyliköre werden gerne mit Honig, Kräutern und Gewürzen wie Zimt und Nelken verarbeitet. Sie werden pur oder auf Eis getrunken, ihre Verarbeitung in Cocktails ist seltener.

Drambuie

Der schottische Likör mit dem Alkoholgehalt von 40 % Vol. hat eine lange Geschichte, die auf den schottischen Freiheitskampf zurückgeht. Er wird aus altem Malt Whisky, Grain Whisky, Honig und Kräutern hergestellt. Als Cocktailzutat hat er es vor allem im Rusty Nail zu Ruhm gebracht.

Southern Comfort

Oft wird der Southern Comfort irrtümlich für Whiskey gehalten, tatsächlich hat man es mit einem auf Neutralalkohol basierenden Likör mit den Aromen von Whiskey, Pfirsich, Orange, Vanille und Zimt zu tun. Southern Comfort wird in verschiedenen Stärkegraden hergestellt.

Baileys

Diese Mischung aus Irish Whiskey, Sahne, Vanille und Schokolade gilt als der meistverkaufte Likör der Welt, zudem hat er die Kategorie der Sahneliköre überhaupt erst auf die internationale Bühne gebracht. Der vermeintliche irische Namensgeber Andrew Bailey ist allerdings eine Erfindung des Marketings. Sahneliköre sollten aufgrund ihrer Wucht in Cocktails eher keine Rolle spielen, es empfiehlt sich der Pur-Genuss als Digestif.

6 ◆ GEWÜRZLIKÖRE
Ouzo

»Ich trink Ouzo, was machst du so?« Mit kaum einem Satz kann man einem Bartender ein müderes Lächeln aufs Gesicht zaubern als mit dem Spruch über den griechischen Gewürzlikör. Anis und Fenchel bestimmen dessen Aromenspektrum, sein Mindestalkoholgehalt muss 37,5 % Vol. betragen.

Sambuca

Der mit Anis, Sternanis und Süßholz gewürzte Likör stammt aus Italien und hat zwischen 38 und 42 % Vol. Alkoholgehalt. Farblos und klar, wird er oft mit Kaffeebohnen serviert, deren Bitterkeit einen Kontrast zu dem sehr süßen Likör bilden soll.

Danziger Goldwasser

Der klare, würzig-süße Likör mit den charakteristischen Blattgoldflocken wird seit Ende des Zweiten Weltkriegs nicht mehr in Danzig hergestellt. Er hat 40 % Vol. Alkoholgehalt und Aromen von Kardamom, Lavendel, Zimt, Kümmel, Zitronen und Pomeranzen.

BAR-OBST

Warum sind Cocktails gesund? Weil darin jede Menge Obst zu finden ist.
Zumindest in manchen. Keine Bar, die etwas auf sich hält, kommt
heute ohne frisches Obst und Früchte aus, um daraus Säfte zu pressen oder
Zesten zu schneiden. Auch zu Hause sollte man diesen Anspruch
haben. Ein Überblick über die wichtigsten Bar-Früchtchen.

1 • ZITRONE

Kein Sour, kein Fizz, kein Smash ohne Zitrone – alleine schon deswegen ist der gelben Frucht der Platz im Cocktailhimmel nicht zu nehmen. Gäbe es an der Bar nur eine Frucht, es wäre die Zitrone, die einen höheren Fruchtzuckeranteil, aber einen geringeren Fruchtsäureanteil als die Limette besitzt. Abgesehen von Bio-Qualität als Standard sollten Sie vor allem einmal versuchen, die großen, ovalen und grobschaligen Sorten aus Portugal, Spanien oder von der Amalfiküste zu bekommen. Der höhere Preis zahlt sich aus.

2 • LIMETTE

Das Rautengewächs mit dem würzig-aromatisch-sauren Geschmack vereint Margarita, Caipirinha, Last Word und Daiquiri. Sie ist seit den 1990er Jahren auch in Europa in jedem Supermarkt zu finden. Achten Sie beim Kauf darauf, pralle Früchte mit elastischer Haut und nicht zu dunkler, leuchtend grüner Farbe zu kaufen – dann sind Reifegrad und Saftgehalt perfekt. Dunkelgrüne Früchte mit grobporiger, harter Schale hingegen enthalten oft so gut wie gar keinen Saft.

3 ◆ ORANGE

Neben dem Saft verleihen besonders ihre Zesten Klassikern wie dem Negroni, dem Cosmopolitan oder vor allem dem Old Fashioned den letzten Schliff. Hierbei sollte man keine überreifen Orangen verwenden, da sich deren schlappe Schale schlecht mit dem Zestenschneider verträgt.

4 ◆ GRAPEFRUIT

Die Grapefruit ist ein vergleichsweise junger oder zumindest seltener Gast in der Bar, auch wenn sie gerade in Mexiko ein gern gesehener Partner des Tequila ist. Die Kreuzung aus Orange und Pampelmuse eignet sich hervorragend zur Kombination mit Gin, Holunderblüte, Mandel und Mandarine.

Säfte von Zitrusfrüchten sollten immer frisch gepresst und niemals fertig gekauft werden. Wenn Sie Gäste erwarten und eine größere Menge benötigen, können Sie den Saft vorpressen und einige Stunden in einer verschlossenen Flasche aufbewahren. Vor der Verarbeitung können Sie den Saft »auffrischen«, indem Sie ein Stück Zeste mit in die Flasche geben.

5 ◆ KIRSCHE

Die Cocktailkirsche steht an dieser Stelle vor allem aus einem Grund: Weil es ihre Bestimmung ist, einen Manhattan oder Aviation zu versüßen. In ihrer ursprünglichen Form handelte es sich dabei um kroatische Maraska-Kirschen, die in Maraschino eingelegt wurden. Lange Zeit als industriell gefertigtes grellrotes Produkt verwendet, legen Bars heute wieder ihre eigenen Kirschen in Weinbrand oder Likör ein. Ein Aufwand, der sich über die Maßen lohnt!

6 ◆ ANANAS

Die Tropenfrucht mit dem imposanten grünen Blatt-Schopf erfreut sich besonders in letzter Zeit wieder gesteigerter Popularität bei vielen Bartendern. Lange Zeit verschrien, da sie in Form von Nektar in viele Sahne-Schnaps-Bomben Eingang fand, besinnen sich viele Bars heute wieder auf die vielfältigen Einsatzmöglichkeiten der säuerlich-würzigen Frucht. Eine echt puerto-ricanische Piña Colada jedenfalls kommt nicht ohne reife Ananas aus. Wenn Sie Ananassaft kaufen wollen, entscheiden Sie sich bitte für den mittlerweile gut verfügbaren Direktsaft.

KRÄUTER & GEWÜRZE

Kräuter und Gewürze waren Bestandteile der ersten jemals zusammengemischten Getränke – und sie sind in der heutigen Barwelt wichtiger als je zuvor. Die Aromen von Minze, Rosmarin & Co. verleihen Cocktails Komplexität: Sie unterstützen die flüssigen Zutaten eines Cocktails wunderbar oder öffnen ihnen völlig neue Dimensionen. Und Ausreden gelten nicht: Sie sind meist nur einen Einkauf entfernt.

1 • MINZE

Die Minze ist die wohl unangefochtene Nummer Eins in der Barwelt. Als wesentliche Zutat kommt sie in Klassikern wie dem Mojito oder dem Mint Julep vor, moderne Interpretationen finden sich im Old Cuban wieder. Da sie als sehr widerstandsfähige Pflanze gilt, steht auch einem Anbau im eigenen Garten oder auf dem eigenen Balkon nichts im Weg.

2 • BASILIKUM

Mit dem Gin Basil Smash von Jörg Meyer hat wohl kaum ein Kraut in den letzten Jahren einen rasanteren Siegeszug durch die Barwelt hingelegt als Basilikum. Und das zu Recht. Mit seinem blumig-würzigen Duft und der leichten Schärfe ist die Pflanze heute in Fizzes, Smashes und Juleps zu finden.

3 • ROSMARIN

Rosmarin ist ein Bestandteil von Kräuterlikören, Wermut oder Amari, in Cocktails findet er mit seinem harzig-bitteren, ätherischen und mitunter zitralem Duft Anwendung in Variationen von Old Fashioneds und Sours. Sowie immer mehr als bereichernde Garnitur für einen klassischen Gin & Tonic.

4 • MUSKATNUSS

Die kleine unscheinbare Nuss ist das vielleicht älteste je in einem Mischgetränk – einem Punch – angewendete Gewürz. Heute hat sie etwas an Aktualität eingebüßt, was sie nicht daran hindert, auf modernen Klassikern wie dem Monk Sour ein Tänzchen zu wagen.

5 • GRÜNER KARDAMOM

Grüner Kardamom fügt einem Drink floral-erfrischende Noten hinzu, sollte jedoch aufgrund seiner Intensität vorsichtig eingesetzt werden. Dem aus dem südindischen Raum stammenden Gewürz wird eine aphrodisierende Wirkung zumindest nachgesagt.

6 • ZITRONENMELISSE

Die Zitronenmelisse ist eine filigrane Alternative zu ihrer Verwandten, der Minze. Sie eignet sich hervorragend für Smashes und Juleps und harmoniert vor allem mit Gin, leicht-floralen Rumsorten oder Obstbränden. Außerdem ist sie ein idealer Partner für frische Früchte wie Ananas oder Passionsfrucht.

7 • ZITRONENGRAS

Mit diesem Süßgras lassen sich viele klassische Rezepturen hervorragend um eine erfrischende Note twisten. Es wird im Shaker gemuddelt, kommt aufgeschnitten in den Highball oder wird verwendet, um Spirituosen zu infundieren. Besonders die weißlich-violetten Halme und die Blattansätze strömen ein pikant-frisches Zitrusaroma aus.

GLÄSER

Steht an einem entlegenen Strand nichts anderes zur Verfügung, dann kann ein Cocktail im Notfall auch mal in einen Plastikbecher gekippt werden. Ansonsten aber gilt: Jedem Drink sein entsprechendes Glas! Mit diesen Trinkbehältnissen finden Sie für jeden Cocktail das passende Kleid.

1 • MARTINIGLAS

Das Martiniglas trägt seinen Namen nicht grundlos: Diese V-förmige Cocktailschale ist die Wiege der Ikone Martini. In ihr sollten Cocktails serviert werden, die aus verschiedenen Spirituosen bestehen, wie etwa Martinez, Manhattan oder Vieux Carré.

2 • COUPETTE (COCKTAILSCHALE)

Die Cocktailschale ist der ältere Verwandte des Martiniglases und hat ein etwas höheres Fassungsvermögen. Hier kommen Cocktails zum Zug, die ebenfalls ohne Eis serviert werden, aber ein etwas höheres Volumen oder z. B. einen Saftanteil aufweisen, wie White Lady oder Aviation. Vor der Verwendung vorkühlen.

3 • TUMBLER

Im Tumbler werden Getränke auf Eis serviert. Er wird auch Old Fashioned-Glas genannt und ist in Größen von einem Fassungsvolumen von 30 cl bis 45 cl erhältlich. Hier kommen Sours, Negronis oder eben Old Fashioneds zum Zug.

4 • HIGHBALL- BZW. LONGDRINKGLAS

In diesem Glas werden Cocktails serviert, die mit Fillern wie Soda oder Tonic Water aufgefüllt werden, wie etwa Fizzes. Gleichzeitig fungiert es als Longdrinkglas für Getränke wie Cuba Libre oder Añejo Highball. Ist kein Tiki-Mug zur Hand, fasst es auch die zumeist voluminösen Tiki-Drinks.

5 ◆ CHAMPAGNERGLAS

Aus dem Champagnerglas werden Schaumweine pur genossen sowie Cocktails, die mit Schaumwein gemacht werden, allen voran der French 75. Es sollte nicht zu schmal sein, damit auch üppigere Champagner ihre Aromen entfalten können.

6 ◆ JULEP-BECHER

Metalle besitzen eine hohe Leitfähigkeit und halten Cocktails besonders lange kalt. Einen unschlagbaren Vorteil bietet diese Eigenschaft für den Mint Julep, dessen Charakteristikum in der langsamen Verwässerung von Whiskey, Crushed Ice und Minze besteht.

HOMEBAR

Ob im Wohnzimmer, in der Küche oder als verstellbares Modul unter einer Treppe: Es ist egal, wo die Homebar steht. Hauptsache, sie hat die notwendige Ausstattung. Und bekommt die richtige Zuwendung. Denn nichts ist schöner, als sich selbst und seinen Gästen den perfekten Drink zu servieren.

I ◆ DER ORT

Schon wieder die Siebziger! Schon wieder sind die Seventies Schuld! Woran? An dem Umstand, dass Homebars in dieser Zeit außer Mode kamen. Vielleicht waren aber auch nicht die Bee Gees oder *Flashdance* Schuld, sondern einfach nur die Menschen, die Kellerbars zu miefigen, folkloreerstickten Räumen werden ließen. Und irgendwann zum Platz für die Waschmaschine und den Trockner. Der Großmut einer gut ausgestatteten Hausbar war in diesen Zeiten nur noch bekennenden Hedonisten wie Harald Juhnke überlassen, der noch in den Siebzigern mit einem formidablen Cobbler Shaker in der Hand in seiner Hausbar posierte. Aber in der breiteren Gesellschaft wurden Hausbars in Schränke im Wohnzimmer verbannt, in denen der Blue Curaçao aus dem Supermarkt, der Amaretto für den sonntäglichen Kaffeetratsch oder der Whisky aus dem Duty-Free-Shop abgestellt wurden.

Nun aber hat sich das Blatt gewendet. Die Trendnadel schlägt wieder in Richtung Homebar: Bei einem Essen unter Freuden steht nicht nur der passende Rotwein neben dem perfekt durchgegarten Roastbeef auf dem Tisch, man will seine Gäste auch mit Cocktails verwöhnen. Cocktails und Longdrinks stehen wieder für Modernität und Abwechslung, für ein Savoir-vivre, das man gerne teilt. Nichts schlägt einen perfekt gerührten Negroni als Aperitif, und sollte das bei der Vorbereitung des gelungenen Dinners nicht zu schaffen sein, keine Sorge: Der Negroni ist ein Allrounder, der auch wunderbar als Digestif funktioniert.

Es gibt auch keine Ausreden, dass in der Wohnung kein Platz für eine Hausbar vorhanden wäre. Natürlich ist es am Schönsten, wenn sich die Homebar in das Wohnzimmer integrieren lässt, da, wo die Gäste sie auch sehen können. Aber die Idee »Wohnzimmer« als solches löst sich in modernen Wohnkonzepten auf, und manchmal ist schlichtweg der Platz nicht vorhanden. Blicken Sie sich um in ihren Räumlichkeiten, fragen Sie sich, welcher Ort bei Ihnen am besten geeignet ist. Sie brauchen vorerst nicht so viel Platz. Es gibt Menschen, die sich ein Möbel bauen lassen, das sich unter die Treppe schieben und bei Bedarf als Hausbar herausfahren lässt. Andere Homebar-Fetischisten kaufen alte Fernsehschränke, die sie umbauen und mit Flaschen füllen. Es geht aber auch einfacher und günstiger: Man kauft ein elegantes Tablett, auf dem man die Flaschen auf einem Sideboard drapiert. Wer es richtig praktisch haben will – und sich im Klaren ist, dass er trinkfreudige und experimentierfreudige Gäste hat – kann die Homebar auch in die Küche integrieren: Dort, wo die Möglichkeiten, die Shaker und Utensilien zu waschen und spülen, am besten gegeben sind. Denn ein Gastgeber, der nach jedem geschüttelten Drink mit dem Shaker eine Tropfspur vom Wohnzimmer bis in die Küche und zurück hinterlässt, verliert auch bald die Lust am Do-it-yourself-Drink.

Sie brauchen genügend Platz für Ihre Flaschen, die Arbeitsgeräte sowie ein Schneidebrett, am besten ein großzügiges: Jeder kennt den Anblick zu kleiner Bretter bei improvisierten Strand- oder Standbars, die schon bei zwei Caipirinhas von den Limetten überfordert sind, welche in alle Richtungen kullern und das Umfeld verkleben. Die Zubereitung eines Cocktails sieht mühelos aus – zumindest sollte sie das –, aber sie ist Arbeit. Einen Cocktail zu schütteln oder zu rühren ist eine Handlung, die Kräfte und Säfte freisetzt. Ein ausreichend großes Schneidebrett ist ein im wahrsten Sinne des Wortes unentbehrliches Fundament, auf dem sich die Leidenschaft aufbauen lässt.

Aber wo auch immer man die Homebar aufbaut, sie funktioniert nur unter einer Voraussetzung: Man muss sie auch verwenden. Und es gibt nur eine Möglichkeit, herauszufinden, ob sie auch richtig platziert ist und wie man das Set-up verbessern kann: Man muss Drinks machen.

2 ◆ DAS EIS

Nun hat man die besten Zutaten gekauft, die richtigen Arbeitsgeräte gewählt und die Arbeitstechniken genau befolgt, aber der Whiskey Sour schmeckt trotzdem unbefriedigend. Irgendwie lasch und wässrig und trotzdem so stark, dass es beim Schlucken nahezu schmerzt. Mit einem Wort: eine enttäuschende Angelegenheit. Dabei haben Sie noch extra die Eiswürfelform mit all den kleinen Eiswürfeln akkurat mit Leitungswasser befüllt und wirklich eine ganze Nacht lang durchfrieren lassen … und da haben Sie auch schon den Fehler: Das Eis.

Sie können den Cocktail zur Not in einer verschlossenen Marmeladendose schütteln oder in Ihrem alten Turnschuh, aber niemals ohne gutes Eis! Professionelle Bars verwenden heute doppelt gefrorenes Eis, das nach der Entstehung in der Eismaschine in einem Gefrierschrank nachgefroren wird. Profi-Eismaschinen schaffen Eiswürfel höchster Qualität, indem sie gefiltertes Wasser verwenden. Ihren Gefriervorgang kann man sich vorstellen wie das Gefrieren eines Sees, wo das Wasser von einer Seite nach unten gefriert und die Luft vor sich herschiebt. Professionell hergestelltes Eis hat daher keine Blasen. Wasser aus der Leitung ist verunreinigt und bildet Luftlöcher in der Mitte. Dadurch sind die Eiswürfel erheblich weniger kompakt und schmelzen leichter. Zusätzlich trüben sie den Drink. Wenn Sie Eis selbst gefrieren, verwenden Sie daher unbedingt gefiltertes oder stilles Wasser aus der Flasche. Ansonsten gibt es Eis aus dem Supermarkt, von der Tankstelle oder vom lokalen Lieferservice.

Eis ist auch ein guter Gradmesser, ob man sich in einer Bar befindet, in der man es sich gemütlich machen sollte – oder in einer Absteige, aus der man lieber sofort die Flucht antritt. Schwimmt ein einziger trüber Eiswürfel traurig im Gin & Tonic, kann man den Laden auch sofort wieder verlassen. Zum einen ist der Würfel schneller geschmolzen, als man die Jacke anziehen kann, zum anderen ist es ein Zeichen, dass sich die Bar nicht mit ihrem Eis auseinandersetzt – und es ist anzunehmen, dass diese Unachtsamkeit auch auf den Rest zutreffen wird. Der Umstand verhält sich in etwa so, als würde man in einem Restaurant für eine Minestrone bezahlen, aber eine Dose passierte Tomaten vorgesetzt bekommen. Anders gesagt: Einer Bar, die sich nicht für ihr Eis interessiert, der ist auch alles andere egal – oder sie hat eben keine Ahnung. Beides Gründe, sofort wieder zu gehen.

Ein Gin & Tonic sollte üppig auf Eiswürfeln serviert werden, die stolz im Highball-Glas thronen, und nicht als Auffangbecken für ein kümmerliches Würfelchen dienen. Wenn Sie es nicht gerade mit Oliver Ebert zu tun haben, der in seiner Berliner Bar Lost in Grub Street die Kühlung mancher Cocktails durch die Beigabe von gekühltem Wasser erreicht und sie im kalten Rührglas mit einem Milchschäumer mixt, ist die oberste Regel eines gelungenen Cocktails: Eis, Eis, und nochmal Eis!

Dem Eis kommt dabei eine mehrfache Bedeutung zu. Natürlich ist die Kühlung des Cocktails seine offensichtlichste Funktion. Zum anderen wird durch den Vorgang des Schüttelns oder Rührens aber Sauerstoff freigesetzt, es kommt Luft in das Getränk. Das freigesetzte Schmelzwasser bindet den Cocktail, nicht zuletzt der Grund, weswegen viele alte Rezepte nach der Beigabe von Wasser verlangen. Die Eiswürfelform mit den vielen kleinen Löwen, die Sie zum Geburtstag bekommen haben, mag ein optisch netter Gag sein, im Glas – und erst recht im Shaker – ist ihr Brüllen jedoch ein leises Miauen. Sparen Sie also nie beim Eis! Gerne auch mit zwei Ausrufezeichen: niemals!!

3 ♦ DIE ZUTATEN

»Das Wichtigste ist, gute Spirituosen zu verwenden. Alles andere ist pure Dummheit. Die Kunst, einen großartigen Cocktail zu machen, liegt in der Grundlage – wenn diese nicht stimmt, ist es egal, was man sonst noch macht. Das ist wie beim Kochen. Ein guter Koch verwendet in seinen Gerichten auch

keinen billigen Wein. Und ein Bartender ist wie ein Koch. Für den Koch ist sein Teller die Leinwand, für den Bartender das Glas.«

Das sagt Salvatore Calabrese, und der muss es wissen, schließlich arbeitet der »Maestro« genannte Italiener hinter dem Tresen, seit er als Elfjähriger in einem süditalienischen Hotel begann. Man kann es nicht oft genug sagen: Ein guter Cocktail beginnt bei einer guten Spirituose. Das heißt nicht immer, dass dies die teuerste Flasche ist, die das Spezialitätengeschäft hergibt – aber es ist bestimmt nicht die billigste im Supermarkt. Aber welcher Whiskey, welcher Gin, welcher Rum soll es nun sein? Es empfiehlt sich, ein wenig Nachforschung zu betreiben, einschlägige Seiten zu lesen, Tests und Ergebnisse zu vergleichen – und natürlich auf seinen eigenen Geschmack zu hören.

Schritt Eins

Bei der Auswahl der ersten Flaschen gilt: Es muss sich nicht jede auf diesem Erdball verwendete Spirituose in der Hausbar wiederfinden. Gerade am Anfang steht die Regel: Weniger ist mehr. Zu Beginn ist es wichtig, sich mit den Eigenschaften der Basisspirituosen vertraut zu machen. Kosten Sie sie pur. Riechen Sie am Glas oder am Flaschenhals. Schließen Sie dabei die Augen, lassen Sie das Aroma einströmen in die Nase. Als Grundausstattung sollten jeweils ein Bourbon und ein Rye Whiskey, ein nicht zu rauchiger Scotch, ein Tequila Blanco und Reposado, ein Gin, ein Vodka, sowie ein weißer und ein brauner Rum gehören. Zusätzlich muss ein süßer sowie ein trockener Wermut ins Regal, darüber hinaus Campari, ein Orangenlikör wie Cointreau oder Triple Sec und ein Kirschlikör

wie Maraschino. Als unverzichtbare letzte Zutaten zwei Bitters: Angostura Aromatic Bitters sowie Orange Bitters.

Mit diesen wenigen Flaschen ergeben sich – in Kombination mit frischem Zitronen- oder Limettensaft sowie Zuckersirup, der vorausgesetzt wird – bereits viele klassische Kombinationen, wie sie in diesem Buch zu finden sind: *Martini* (Gin und trockener Wermut), *Manhattan* (Rye, süßer Wermut, Angostura) *Old Fashioned* (Bourbon oder Rye, Zuckersirup, Aromatic Bitters) *Martinez* (Gin, süßer Wermut, Maraschino, Orange Bitters), *Negroni* (Gin, süßer Wermut, Campari), *Americano* (Campari, süßer Wermut, Soda), *Daiquiri* (Rum, Zuckersirup, Limettensaft), *Margarita* (Tequila, Cointreau, Limettensaft), *White Lady* (Gin, Cointreau, Zitronensaft) und natürlich jede Form von Sours.

Wir erinnern uns, was Salvatore Calabrese gesagt hat: Man sollte sich dem Cocktail wie ein Koch dem Essen nähern. Das Essentielle am Kochen ist Probieren. Niemand sollte sich also ärgern oder gar schämen, wenn der erste Whiskey Sour nicht so perfekt abgestimmt daherkommt wie in der Stammbar. Apropos Kochen: Wenn ein Topf frischer Basilikum zu Hause steht, ist das schon die halbe Miete für die wunderbare Erfrischung namens Gin Basil Smash.

Schritt Zwei

Sitzen die ersten Getränke, kann der neugierige Genießer über die erste Erweiterung der Flaschensammlung nachdenken. Dazu gehören etwa ein Cognac oder Brandy, Absinth, Drambuie, Chartreuse Verte sowie Bénédictine.

Auch ein Agavendicksaft ist heute in jedem Supermarkt erhältlich. Mit diesen zusätzlichen Ingredienzen lässt sich die Drinks-Klaviatur bereits um einige Töne erweitern. Dazu gehören etwa *Sidecar* (Cognac, Cointreau, Zitronensaft), *Sazerac* (Rye, Zuckersirup, Aromatic Bitters, Absinth), *Rusty Nail* (Scotch, Drambuie), *Tommy's Margarita* (Tequila, Limette, Agavendicksaft), Monk Sour (Bénédictine, Zitronensaft, Honig, Eiweiß, Orange Bitters), *Vieux Carré* (Rye, Cognac, Bénédictine, Wermut, Bitters) oder *Last Word* (Gin, Maraschino, Limettensaft, Chartreuse Verte).

Hangeln Sie sich diese Getränke entlang. Überstürzen Sie nichts. Am sinnvollsten ist es, das Sortiment der Hausbar mit der Zeit anwachsen zu lassen. Wer seine Hausbar wirklich nutzt, wird sich ohnehin von Zeit zu Zeit Flaschen kaufen. Der Vorteil nämlich ist: Sie hantieren nicht mit verderblichen Waren, Sie müssen Ihr Sortiment nicht so rasch aufbrauchen wie das Gemüse im Kühlschrank. Spirituosen sind geduldig. Sie warten auf Sie.

Zusammenfassung:

GRUNDAUSSTATTUNG
Bourbon Whiskey, Rye Whiskey, Scotch Whisky, Gin (London Dry), Rum weiß, Rum gereift, Tequila Blanco, Tequila Reposado, Vodka, Campari, Wermut süß, Wermut trocken, Orangenlikör (Cointreau), Angostura Bitters, Orange Bitters

ERWEITERUNG
Absinth, Brandy (Cognac), Drambuie, Chartreuse Verte, Bénédictine, Sherry oder Portwein, Mezcal, Agavendicksaft

4 ♦ DAS SELBERMACHEN

Es muss nicht immer der Schritt ins nächste Fachgeschäft sein. Oft tut es auch der Weg in die eigene Küche.

Zuckersirup

Nehmen Sie weißen Rohrzucker und Wasser im Verhältnis 2:1 (nach Gewicht, nicht nach Füllstand des Behältnisses). Geben Sie den Zucker in das Wasser, erhitzen die Mischung langsam und rühren Sie, bis sich der Zucker aufgelöst hat. Lassen Sie das Ganze abkühlen und füllen es in eine Flasche. Diese gekühlt lagern.

Rum-Rosinen-Infusion
(siehe »Creole Rum Shrub«, Kapitel 8)

Rum (1 Tasse) und Rosinen (2/3 Tasse) in einem Einmachglas versiegeln und zwei Stunden im Wasserbad bei bis zu 65,5 Grad erwärmen. Danach 20 Minuten im Eisbad (1/2 Eis, 1/2 Wasser) abkühlen.

Earl Grey Infused Gin
(siehe »Earl Grey Marteani«, Kapitel 10)

Einen Teebeutel Earl Grey für ein paar Minuten im Gin ziehen lassen.

Demerara-Zuckersirup
(siehe »Grilled Lime & Spiced Mojito«, Kapitel 1)

Braunen Demerara-Zucker im Verhältnis 2:1 mit Wasser erwärmen und rühren, bis sich der Zucker im Wasser gelöst hat. Abkühlen lassen und in einer verschließbaren Flasche gekühlt lagern.

Lapsang-Souchong-Sirup
(siehe »Dirty Old Bastard«, Kapitel 2)

Aus Zucker und Wasser im Verhältnis 1:1 einen Sirup kochen. Den heißen Sirup mit der doppelten Menge Lapsang-Teeblättern aufbrühen, wie normalerweise zur Zubereitung eines Tees notwendig wären. Ziehen lassen, in eine Flasche abseihen und gekühlt lagern.

Bourbon-Infusion mit Schinkenspeck
(siehe »Benton's Old Fashioned«, Kapitel 10)

Schinkenspeck fünf Minuten braten und dabei umrühren. Zusammen mit dem Bourbon in einem gut verschließbaren Gefäß verrühren, vier Stunden ziehen lassen und danach noch mal zwei Stunden in den Kühlschrank stellen. Danach das erstarrte Fett abschöpfen und den Bourbon durch ein feines Tuch abseihen.

Limettensaft von gegrillten Limetten
(siehe »Grilled Lime & Spiced Mojito«, Kapitel 1)

Limettenhälften auf einem Holzkohlegrill grillen, bis sie dunkelbraun karamellisieren. Etwas abkühlen lassen und auspressen.

Honigwasser
(siehe »Q.B. Cooler«, Kapitel 6)

Der gleiche Vorgang wie beim Zuckersirup. Honig und heißes Wasser im Verhältnis 1:1 mischen, umrühren, bis der Honig aufgelöst ist, abkühlen lassen.

Añejo Highball

würzig-fruchtige Erfrischung

4,5 cl gereifter Rum, 2,25 cl Triple Sec,
2,25 cl frischer Limettensaft,
1 Dash Angostura Bitters, Ginger Beer

/

GLAS: Highball
GARNITUR: Orangen- und Limettenscheibe

/

Alle Zutaten bis auf das Ginger Beer im Shaker auf Eiswürfeln 10 bis 15 Sekunden lang schütteln. Auf Eiswürfel abseihen und mit Ginger Beer auffüllen.

Horse's Neck

vollmundig-frischer Klassiker

5 cl Bourbon Whiskey oder Cognac,
2–3 Dashes Angostura Bitters, Ginger Ale

/

GLAS: Highball
GARNITUR: lange Zitronenzeste

/

Bourbon auf Eiswürfel im Glas füllen. Angostura darüber spritzen, mit Ginger Ale auffüllen.

Gin Rickey

spritzig, knackig, belebend

6 cl Gin, 1,5 cl frischer Limettensaft,
0,75 cl Zuckersirup, Soda

/

GLAS: Highball- oder Collinsglas
GARNITUR: Limettenzeste

/

Alle Zutaten bis auf das Soda auf Eiswürfeln im Shaker 10 bis 15 Sekunden lang schütteln. Auf Eiswürfel abseihen und mit Soda auffüllen.

Gin Gin Mule

ein moderner Evergreen

4,5 cl London Dry Gin, 2,5 cl frischer Limettensaft,
3 cl Zuckersirup, Ginger Beer, 6–8 Blätter Minze

/

GLAS: Highball
GARNITUR: Minzzweig

/

Minzeblätter, Limettensaft und Zuckersirup im Shaker muddeln, den Gin hinzugeben und auf Eiswürfeln 10 bis 15 Sekunden lang schütteln. In das mit Eiswürfeln befüllte Highball-Glas doppelt abseihen und mit Ginger Beer auffüllen. Wer es gerne noch würziger hat, kann im ersten Schritt frischen Ingwer mitmuddeln.

Cuba Libre

simpel & zeitlos – nur echt mit Limette!

6 cl weißer kubanischer Rum, 1 cl frischer Limettensaft, Cola, 2 Dashes Angostura Bitters

/

GLAS: Highball
GARNITUR: Limettenachtel

/

Alle Zutaten ins Glas geben und sanft verrühren.

Pink Asian

blumig-verführerischer Aperitif

5 cl blumiger Gin (z.B. Hendrick's), 2 Dashes Peychaud's Bitters, Fentimans Rose Lemonade, 1 Stange Zitronengras

/

GLAS: Highball
GARNITUR: keine

/

Das Zitronengras so zuschneiden, dass es einige Zentimeter länger ist als das Glas hoch, und kräftig mit der Seite eines Kochmessers andrücken. Das Glas von innen mit dem Halm ausstreichen, diesen im Glas lassen und Eiswürfel dazugeben. Restliche Zutaten einfüllen und verrühren.

Moscow Mule

anregend scharf & erfrischend

6 cl Vodka, 1,5 cl frischer Limettensaft, Ginger Beer

/

GLAS: Kupferbecher bzw. Highball
GARNITUR: Limettenscheibe oder Gurkenscheibe

/

Vodka und Limettensaft im Glas auf Eiswürfel geben, mit Ginger Beer auffüllen und sanft verrühren. Ersetzt man den Vodka durch dunklen Rum, hat man einen *Dark 'n' Stormy*, die Gin-Variante wird *London Buck* genannt.

Scotch & Soda

klassisch, trocken, elegant

4–6 cl Scotch Whisky nach Wahl, Soda

/

GLAS: Highball oder Tumbler
GARNITUR: keine

/

Whisky auf Eiswürfel ins Glas geben, mit Soda auffüllen, sanft verrühren.

REZEPTE VON A–Z

A
- Air Mail 100
- Aku Aku Lapu 87
- Amaretto Sour 145
- Americano / MiTo (Milano-Torino) 75
- Añejo Highball 247
- Appletini 125
- Aviation 43

B
- Batida de Maracuja 101
- Batida de Passoa 113
- Bellini 73
- Benton's Old Fashioned 145
- Beuser & Angus Spezial 43
- Birnen-Gimlet 16
- Bloody Mary 63
- Bombay Crushed 110
- Boulevardier 72
- Bramble 115
- Breakfast Martini 122
- Buttermilch Margarita 111

C
- Caipirinha 103
- Caipirissima de Uva 113
- Champagne Cocktail 55
- Chartreuse Swizzle 113
- Claridge Cocktail 55
- Clover Club 125
- Colletti Royale 141
- Contessa Negroni 75
- Corpse Reviver No. Blue 141
- Cosmopolitan 122
- Creole Rum Shrub 113

- Cuba Libre 249

D
- Daiquiri 99
- Dirty Old Bastard 28

E
- Earl Grey Marteani 143
- El Draque 15
- El Floridita Daiquiri 100
- Empire Riverside Punch 17
- Espresso Martini 125

F
- Fedora Punch 17
- Fogcutter 88
- French 75 65

G
- Gimlet 15
- Gin Basil Smash 127
- Gin Fizz 43
- Gin Gin Mule 247
- Gin Rickey 247
- Grilled Lime & Spiced Mojito 15

H
- Hanky Panky 63
- Horse's Neck 247
- Hurricane 89

I
- Improved Gin Cocktail 44

J
- Jasmine Cocktail 75

K
- Kanu-No 145

L
- Laphroaig Project 123

M
- Mai Tai (nach Don the Beachcomber) 87
- Mai Tai (nach Victor Bergeron) 77
- Maid in Cuba 99
- Manhattan 47
- Margarita 111
- Martinez Cocktail 45
- Martini Cocktail 33
- Match Spring Punch 89
- Mint Julep 19
- MiTo (Milano-Torino) / Americano 75
- Mojito 15
- Monk Sour 125
- Moscow Mule 249

N
- Negroni 67
- Norwegian Wood 65
- Nuclear Daiquiri 99

O
- Oaxaca Old Fashioned 31
- Old Cuban 16
- Old Fashioned 31

P
- Penicillin 145
- Philadelphia Fish House Punch 87
- Piña Colada 91
- Pink Asian 249

- Last Word 65
- Le Coquetiez du Lion 45
- Le Gurk 142
- Lemonbalm Julep 31
- Lucien Gaudin 73

- Planter's Punch 7

Q
- Q.B. Cooler 88

R
- Ramos Gin Fizz 43
- Richmond Gimlet 141
- Rob Roy 55
- Rosita 75
- Royal Bermuda Yacht Club 99
- Rufftime Margarita 143
- Rum Daisy 101
- Rusty Nail 28

S
- Sazerac Cocktail 29
- Scotch & Soda 249
- Sherry Cobbler 29
- Sidecar 63
- South Carolina Swizzle 142
- Straits Sling 65

T
- The Ranglum 141
- Tommy's Margarita 110

U
- Umeshu 55

V
- Vieux Carré 31

W
- Whiskey Smash 123
- Whiskey Sour 44
- White Lady 63
- White Negroni 72

Z
- Zombie 87

SPIRITUOSEN VON A–Z

ABSINTH

Corpse Reviver No. Blue 141
Maid in Cuba 99
Mai Tai
   (nach Don the Beachcomber) 87
Zombie 87

AMARI

Hanky Panky 63

AQUAVIT

Norwegian Wood 65

BRANDY / COGNAC

Fedora Punch 17
Fogcutter 88
Horse's Neck 247
Philadelphia Fish House Punch 87
Sazerac Cocktail 29
Sidecar 63
Vieux Carré 31

CACHAÇA

Batida de Maracuja 101
Batida de Passoa 113
Caipirinha 103
El Draque 15

CHAMPAGNER, SCHAUMWEIN

Air Mail 100
Bellini 73
Champagne Cocktail 55
Empire Riverside Punch 17
French 75 65
Match Spring Punch 89

COCKTAIL BITTERS

Añejo Highball 247
Benton's Old Fashioned 145
Champagne Cocktail 55
Colletti Royale 141
Creole Rum Shrub 113
Cuba Libre 249
Dirty Old Bastard 28
Horse's Neck 247
Improved Gin Cocktail 44
Laphroaig Project 123
Le Coquetiez du Lion 45
Lemonbalm Julep 31
Mai Tai
   (nach Don the Beachcomber) 87
Manhattan 47
Martinez Cocktail 45
Martini Cocktail 33
Monk Sour 125
Oaxaca Old Fashioned 31
Old Cuban 16
Old Fashioned 31
Pink Asian 249
Planter's Punch 7
Q.B. Cooler 88
Rob Roy 55
Royal Bermuda Yacht Club 99
Rum Daisy 101
Sazerac Cocktail 29
Straits Sling 65

Umeshu 55
Vieux Carré 31
White Negroni 72
Zombie 87

GIN

Birnen-Gimlet 16
Bombay Crushed 110
Bramble 115
Breakfast Martini 122
Claridge Cocktail 55
Clover Club 125
Contessa Negroni 75
Corpse Reviver No. Blue 141
Earl Grey Marteani 143
Empire Riverside Punch 17
Fogcutter 88
French 75 65
Gimlet 15
Gin Basil Smash 127
Gin Fizz 43
Gin Gin Mule 247
Gin Rickey 247
Hanky Panky 63
Improved Gin Cocktail 44
Jasmine Cocktail 75
Last Word 65
Le Coquetiez du Lion 45
Le Gurk 142
Lucien Gaudin 73
Martinez Cocktail 45
Martini Cocktail 33
Negroni 67

Pink Asian 249
Ramos Gin Fizz 43
Richmond Gimlet 141
South Carolina Swizzle 142
Straits Sling 65
White Lady 63
White Negroni 72

LIKÖRE

Amaretto Sour 145
Americano / MiTo
  (Milano-Torino) 75
Añejo Highball 247
Beuser & Angus Spezial 43
Boulevardier 72
Bramble 115
Breakfast Martini 122
Chartreuse Swizzle 113
Claridge Cocktail 55
Colletti Royale 141
Contessa Negroni 75
Corpse Reviver No. Blue 141
Cosmopolitan 122
Creole Rum Shrub 113
El Floridita Daiquiri 100
Empire Riverside Punch 17
Espresso Martini 125
Fedora Punch 17
Improved Gin Cocktail 44
Jasmine Cocktail 75
Laphroaig Project 123
Last Word 65
Le Gurk 142

Lucien Gaudin 73
Mai Tai
   (nach Don the Beachcomber) 87
Mai Tai (nach Victor Bergeron) 77
Margarita 111
Match Spring Punch 89
Monk Sour 125
Negroni 67
Norwegian Wood 65
Nuclear Daiquiri 99
Penicillin 145
Rosita 75
Rufftime Margarita 143
Rum Daisy 101
Rusty Nail 28
Sidecar 63
South Carolina Swizzle 142
Straits Sling 65
Vieux Carré 31
White Lady 63
White Negroni 72
Umeshu 55
Zombie 87

OBSTBRÄNDE

Appletini 125
Birnen-Gimlet 16
Norwegian Wood 65
Philadelphia Fish House Punch 87
Straits Sling 65

RUM

Air Mail 100
Aku Aku Lapu 87
Añejo Highball 247
Caipirissima de Uva 113
Creole Rum Shrub 113
Cuba Libre 249
Daiquiri 99
El Floridita Daiquiri 100
Fedora Punch 17
Fogcutter 88
Grilled Lime & Spiced Mojito 15
Hurricane 89
Kanu-No 145
Maid in Cuba 99
Mai Tai
   (nach Don the Beachcomber) 87
Mai Tai (nach Victor Bergeron) 77
Mojito 15
Nuclear Daiquiri 99
Old Cuban 16
Philadelphia Fish House Punch 87
Piña Colada 91
Planter's Punch 7
Q. B. Cooler 88
Royal Bermuda Yacht Club 99
Rum Daisy 101
The Ranglum 141
Zombie 87

TEQUILA, MEZCAL

Buttermilch Margarita 111
Colletti Royale 141

Margarita	111
Oaxaca Old Fashioned	31
Rosita	75
Rufftime Margarita	143
Tommy's Margarita	110

VODKA

Appletini	125
Bloody Mary	63
Cosmopolitan	122
Espresso Martini	125
Match Spring Punch	89
Moscow Mule	249

WEIN, SHERRY, PORTWEIN ETC.

Corpse Reviver No. Blue	141
Fogcutter	88
Kanu-No	145
Le Coquetiez du Lion	45
Sherry Cobbler	29
Umeshu	55
White Negroni	72

WERMUT

Americano / MiTo (Milano-Torino)	75
Boulevardier	72
Claridge Cocktail	55
Contessa Negroni	75
Hanky Panky	63
Lucien Gaudin	73
Manhattan	47
Martini Cocktail	33

Negroni	67
Norwegian Wood	65
Rob Roy	55
Rosita	75
Vieux Carré	31

AMERICAN WHISKEY / BOURBON

Amaretto Sour	145
Benton's Old Fashioned	145
Boulevardier	72
Fedora Punch	17
Horse's Neck	247
Lemonbalm Julep	31
Manhattan	47
Mint Julep	19
Old Fashioned	31
Sazerac Cocktail	29
Vieux Carré	31
Whiskey Sour	44
Whiskey Smash	123

SCOTCH / IRISH / JAPANESE WHISK(E)Y

Dirty Old Bastard	28
Laphroaig Project	123
Penicillin	145
Rob Roy	55
Rusty Nail	28
Scotch & Soda	249
Umeshu	55

IMPRESSUM

© GRÄFE UND UNZER VERLAG GMBH,
München, 2016

Idee & Konzept
Helmut Adam, Jens Hasenbein, Nils Wrage
(Mixology – Magazin für Barkultur, Berlin)

Texte
Stefan Adrian

Redaktion
Nils Wrage

Lektorat
Langenbuch & Weiß, Hamburg

Gestaltung & Satz
studio grau, Berlin

Illustrationen
studio grau, Berlin

Repro
Repro Ludwig, Zell am See

Druck & Bindung
Firmengruppe Appl, Wemding

Fotografien
Tim Klöcker & Sebastian Böhme (OTTTN);
Kapitel 9+10: Tim Klöcker & Nils Wrage
Fotografiert in der Windhorst Bar (Berlin) und im Prinzipal Kreuzberg (Berlin) mit besonderem Dank an die Inhaber.
Sämtliche fotografierten Getränke wurden ausschließlich mit Originalzutaten gefertigt.

Projektleitung
Jens Hasenbein

Projektbetreuung
Bernhard Kellner

ISBN 978-3-8338-5725-6

Das Making-Of des Titelbildes

Liebe Leserin und lieber Leser,
wir freuen uns, dass Sie sich für ein HALLWAG-Buch entschieden haben. Mit Ihrem Kauf setzen Sie auf die Qualität, Kompetenz und Aktualität unserer Bücher. Dafür sagen wir Danke! Ihre Meinung ist uns wichtig, daher senden Sie uns bitte Ihre Anregungen, Kritik oder Lob zu unseren Büchern. Haben Sie Fragen oder benötigen Sie weiteren Rat zum Thema? Wir freuen uns auf Ihre Nachricht!

Wir sind für Sie da!
Mo – Do: 9 – 17 Uhr
Freitag: 9 – 16 Uhr
Tel.: 00800/72 37 33 33*
Fax: 00800/50 12 05 44*
(*gebührenfrei in D, A, CH)

E-Mail: leserservice@graefe-und-unzer.de

GRÄFE UND UNZER Verlag
Leserservice · Postfach 86 03 13 · 81630 München

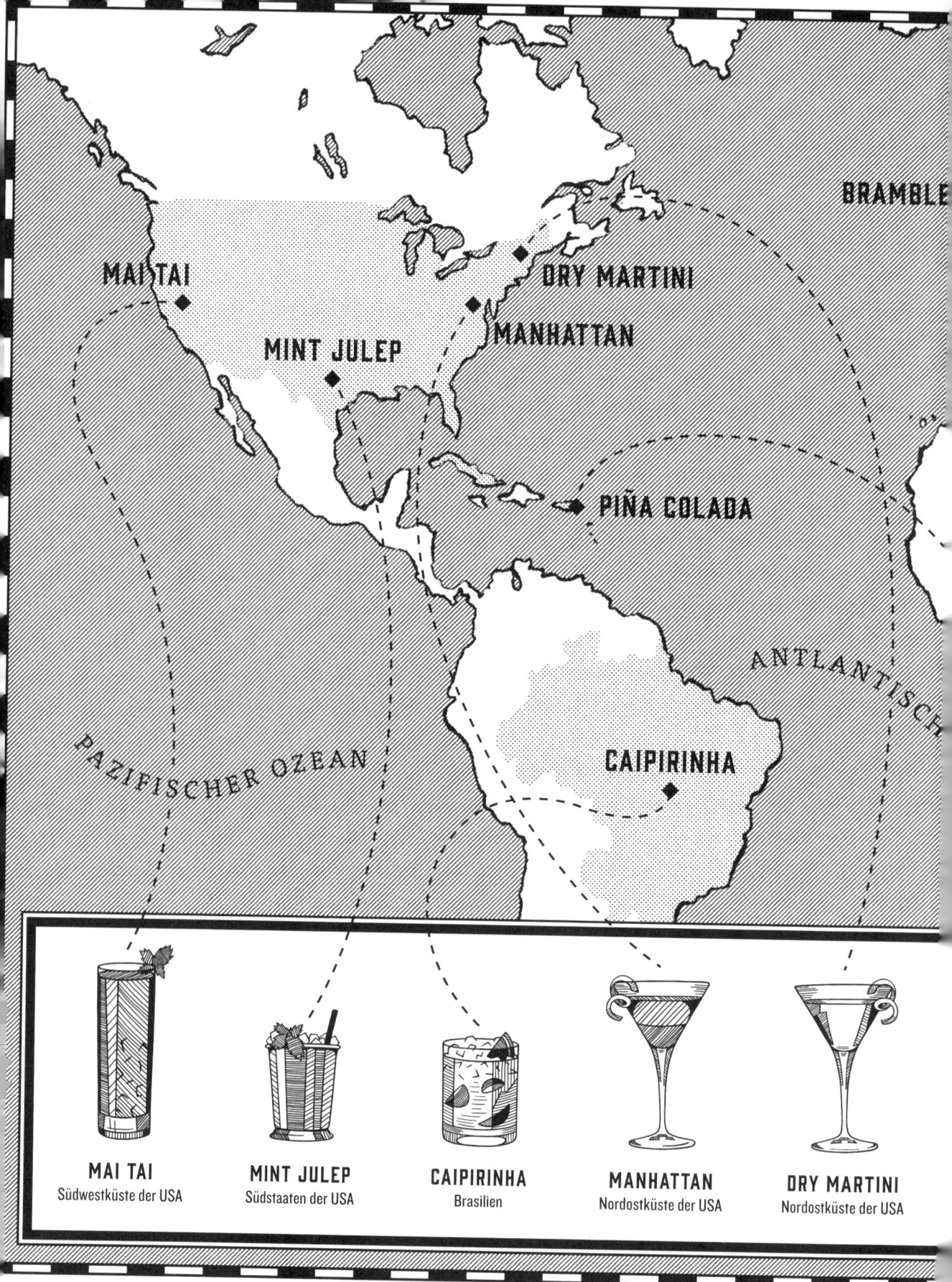